BOGENHAUSEN

BOGENHAUSEN

Vom bäuerlichen Pfarrdorf zum noblen Stadtteil

Mit Beiträgen von
Reinhold Häfner, Willibald Karl, Dieter Klein, Walter Kuhn, Fritz Lutz

Herausgegeben von Willibald Karl
mit Unterstützung des Stadtarchiv München

1992

Buchendorfer Verlag

Die Deutsche Bibliothek – CIP-Einheitsaufnahme
Bogenhausen : Vom bäuerlichen Pfarrdorf zum noblen
Stadtteil / hrsg. von Willibald Karl. – München :
Buchendorfer Verl., 1992
ISBN 3-927984-11-6
NE: Karl, Willibald (Hrsg.)

Produktion: Tillmann Roeder, München
Satz: Uhl + Massopust, Aalen
Reproduktion: Brend'amour, München
Druck und Bindung: Huber, Dießen

ISBN 3-927984-11-6

Printed in Germany

Inhalt

Vorwort, *Willibald Karl* 7

Lage und Grenzen Bogenhausens, *Willibald Karl* 13

Frühe Geschichte Bogenhausens, *Willibald Karl* 17

Barocke Adelssitze in Bogenhausen, *Willibald Karl* 26

Wandel des Bauerndorfs im 19. Jahrhundert, *Willibald Karl* 38

Die Sternwarte in Bogenhausen im Wandel ihrer Geschichte, *Reinhold Häfner* 61

Die Eingemeindung Bogenhausens
in die königliche Haupt- und Residenzstadt München, *Fritz Lutz* 72

Alt-Bogenhausen
St. Georg – Kirche und Friedhof · Die Betzsche Gastwirtschaft,
Willibald Karl/Walter Kuhn 94

Wohnen in Bogenhausen, *Dieter Klein* 109

Neue Schulen – neue Kirchen, *Walter Kuhn* 147

Von Nachkriegszeit zu Nachkriegszeit, *Willibald Karl/Walter Kuhn* 167

Parkstadt Bogenhausen, *Walter Kuhn* 198

Arabellapark, *Walter Kuhn* 213

Nachwort, *Willibald Karl* 237

Bildnachweis 239

Vorwort

Willibald Karl

Bereits eine Generation vor der Eingemeindung Bogenhausens nach München sind im Jahr 1865/66 »Einige Beiträge zur Geschichte des Pfarrdorfes Bogenhausen bei München gesammelt von dem damaligen Pfarrer Michael Lampart« im Oberbayerischen Archiv 26 erschienen. Fast 50 Jahre später widmete Theodor Wilmersdoerffer eine umfassende Studie unter dem Titel »Beiträge zur Geschichte der Vorstädte Münchens. I. Neuberghausen.« der Entstehung und dem Werdegang dieses Bogenhauser Edelsitzes (Obb. Archiv 58/1913). Diese detailreiche Abhandlung enthält mit fünf Exkursen und 69 Personal-Beilagen auch einen Großteil der Geschichte des Dorfes Bogenhausen und seiner Besitzverhältnisse seit dem hohen Mittelalter.

Anders als bei vielen Münchner Stadtvierteln ist es später jedoch – und bis auf den heutigen Tag – zu keiner Gesamtdarstellung des wichtigsten Pfarrdorfes rechts der Isar im Münchner Raum und des großbürgerlichen Stadtteils Bogenhausen gekommen. Kirchenführer haben Überblicke und Zusammenfassungen neben speziellen kirchen- und kunstgeschichtlichen Ausführungen festgehalten; übergreifende Gesamtdarstellungen haben da und dort interessante Details berichtet und Daten und Fakten aus Bogenhausen in einen jeweils anderen Zusammenhang gestellt. (z. B. Walter Kuhn)

Erst in allerjüngster Zeit sind neuere Forschungen über Bogenhausen erschienen, die dieser Publikation mit zugrundegelegt werden durften. Den Anfang machte der Nestor der altbayerischen Kunstgeschichte, Norbert Lieb, mit seiner Monographie »St. Georg in München-Bogenhausen« im Jahr 1987. In den Publikationen des Geschichtswettbewerbs der Landeshauptstadt München sind in den letzten Jahren immer wieder kleinere Beiträge mit Bezug auf Bogenhausen erschienen. Der letzte Band »In München geboren – von München angezogen – nach München verschlagen« von 1991 war diesbezüglich besonders ertragreich. Fritz Lutz, der Altmeister der Geschichte des Münchner Nordostens und Mitautor dieses Buches, veröffentlichte darin seine Abhandlung »Erzwungene Heimat. Italienische Saisonarbeiter in den Ziegeleien des Münchner Ostens«. Gerhard Selmayr, ein Nachfahre des letzten Bogenhauser Bürgermeisters, steuert im gleichen Band den in Form einer Erlebniserzählung auf der Basis exakten Quellenmaterials geschriebenen Aufsatz »Die Bogenhauser Brücke«, die Geschichte der Eingemeindung, bei. Last not least ist im Jahr 1991 die Dokumentation »Aus der Vergangenheit des Priel bei München-Bogenhausen« von Fritz Lutz erschienen, die viele erstaunliche Einzelheiten über den ehemals fürstbischöflichen Prielwald und einen fast vergessenen Ortsteil Bogenhausens der Nachwelt überliefert.

Das Unterfangen dieses Bildbands, der rechtzeitig zu den Gedenkveranstaltungen und Feiern der Eingemeindung Bogenhausens nach München (1. 1. 1892) erscheint, ist es, erstmals eine Gesamtdarstellung der Geschichte Bogenhausens zu versuchen.

Das Team der Autoren verdankt das Entstehen seiner Beiträge oft langjähriger Kontakte im Stadtviertel, mündlicher Erörterung in Seniorengesprächskreisen zur Stadtteilgeschichte oder Volkshochschul-Stadtteilführungen und zahlreichen Zeitzeugenaussagen. Besonders gedankt sei an dieser Stelle, auch stellvertretend für viele Bogenhauser Mitbürgerinnen und Mitbürger, Frau Helene Andreas für die Überlassung unveröffentlichter Aufzeichnungen ihrer Mutter und Herrn Dr. Artur Model für die Sicherstellung des Großteils des Bildmaterials aus der Sammlung Weickmann, eigene Fotografien und zahlreiche Hinweise. Für die Überlassung von Bildmaterial sei gedankt vielen Einzelpersönlichkeiten, Schulen und Kirchen, Firmen und Einrichtungen im Stadtviertel. Ein besonderer Dank gilt der Universitäts-Sternwarte und vor allem der Firma TOGAL; die u. a. den Farbbildteil des vorliegenden Buches ermöglichte. Die Zusammenarbeit mit dem Münchner Stadtarchiv und die Unterstützung bei der Auswahl und Zusammenstellung der Bildquellen durch seine Mitarbeiterin, Frau Eva Graf, sichert dieser Publikation die Erfahrung langjähriger Erarbeitung Münchner Fotografie und Bilddarstellung. Dies wird durch Material der Denkmalschutzbehörde und der Münchner Bau- und Stadtentwicklungsbehörden dankenswerterweise vielfach ergänzt. Der Bezirksausschuß des 29. Stadtbezirks widmete der Entstehung des Bildbands ein reges Interesse.

Die ersten Kapitel des Buches behandeln Lage und Grenzen und die frühe Geschichte Bogenhausens vom 8. bis zum 18. Jahrhundert; den ehemals glänzenden, längst verschwundenen Adelssitzen Stepperg und Neuberghausen und dem Wandel des Bauerndorfs im 19. Jahrhundert einschließlich der wirtschaftlich-sozialen Bedeutung des Ziegeleiwesens sind die nächsten Kapitel gewidmet. Ein »Solitär«, eine kostbare Besonderheit in diesem Bildband, ist die textliche und bildliche Darstellung der ruhmreichen Geschichte der königlichen Sternwarte, jetzt Universitätssternwarte, in Bogenhausen.

Die Vorgeschichte und Dokumentation der Eingemeindung bildet das Kernstück des Buches, den Anlaß seines Entstehens.

Die ganze Breite des Ausdrucks großbürgerlichen Bauens und Wohnens macht den Wandel des neuen Stadtteils Bogenhausen deutlich, der bald auch neue Schulen und Kirchen erhält. Seine wandlungsreiche Geschichte »Von Nachkriegszeit zu Nachkriegszeit« führt zur Parkstadt Bogenhausen und zum Arabellapark mit neuen Wohn- und Arbeitsstätten und postmodernder Architektur.

Im Heranführen bis an die unmittelbare Gegenwart wird hier Stadtteilgeschichte dokumentiert und aktualisiert und für künftige Generationen als wertvolle Erinnerung an den Weg Bogenhausens durch das 20. Jahrhundert erhalten.

Erste wirklichkeitsnahe Darstellung Bogenhausens auf einer Landkarte von 1716 (Stab. Karte Bayer. Hauptstaatsarchiv, Plansammlung Nr. 668/V).
In der Mitte die Kirche St. Georg, noch mit Spitzhelm, rechts davon der Edelsitz Neuberghausen mit Gartenanlage; darunter der Preissing'sche Garten mit Gebäuden, das spätere Bad Brunntal, um die Straße nach Ismaning einstöckige, bäuerliche Gehöfte in Haufenlage. Im oberen Drittel der Edelsitz Steppberg mit den ehemals Schobingerischen Gartenanlagen. Ein Seitenarm der Isar am linken Bildrand ist als »Canal auf die Ziegelhütten« bezeichnet, der Wasserweg zur 1716 gegründeten kurfürstlichen Ziegelei am Priel

Die Gegend um München. Landkarte um 1780

»Schöne Bogenhauserin«, Kellnerin in der Grünwald-Betz'schen Wirtschaft. Gemälde von Wilhelm Wanderer, um 1840

Bogenhausen.

Daß die meisten Ortschaften, welche Münchens nächste Umgebung bilden, um Jahrhunderte älter als die Hauptstadt sind, ist bekannt. Zu diesen gehört auch das, jenseits der Isar auf grüner Anhöhe liegende, mit dem englischen Garten durch eine eigene Brücke zusammenhängende freundliche Pfarrdorf Bogenhausen. Dürfte man Bubenhusen als mit Bogenhausen identisch annehmen, so wäre sein Daseyn schon zur Zeit Herzogs Thassilo II. urkundlich erwiesen.

Natur und Kunst haben sich vereiniget, den Weg, welcher von dem Königlichen Hofgarten her durch den Englischen Garten, Tivoli vorbei, nach Bogenhausen führt, mit den größten Reizen auszustatten. Nicht mindere Schönheiten anderer Art bieten sich auf einem Spaziergange dar, welcher über den Gasteig auf dem hohen Ufer der Isar dahin unternommen wird. Während hier unter des Wanderers Füßen die Isar den glänzenden Schaum ihrer grünen Wellen brausend fortwälzt, breitet sich gegenüber die herrliche Königsstadt, mit ihren schönen und weitgedehnten Vorstädten, vor dem entzückten Auge aus; rechts und rückwärts aber zeichen sich in magischer Beleuchtung mit ihren Scheiteln und Spitzen die bläulichten Alpen des vaterländischen Hochlandes.

Die Pfarrkirche ist weder durch Alterthum noch durch Kunst ausgezeichnet, aber geräumig und reinlich.

Etwas besitzt Bogenhausen, das noch unsern spätesten Enkeln verehrungswürdig bleiben wird, das höchst einfache Landhaus des großen Staatsmannes Grafen von Montgelas. Bayerns Annalen werden dankbar aufbewahren, daß unter Königin Maximilian I. glorreicher Regierung, in den für des Vaterlandes Existenz und Integrität gefährlichsten Zeiten, desselben Rettung, Vergrößerung und Flor in diesen kleinen unscheinbaren Zimmern entworfen, berathen und ausgeführt wurden. Die gleichmäßigen hohen Verdienste des Bayerischen Heeres werden auf einem anderen Blatte rühmende Anerkennung finden.

Für Erfrischung und Unterhaltung der lebensfrohen Münchner des höheren Standes und aus dem des Volkes ist hier mehrfach gesorgt. Neben dem alten Bogenhauser Wirtshause besteht auch am Fuße des Hügels, im Brunnenthale, von welchem bereits in Urkunden zwischen den Jahren 1140 und 1153 und vom Jahre 1183 Erwähnung geschieht, und dessen Quellen zu einer städtischen Wasserleitung benützt werden, eine reinliche und bequeme Badeanstalt mit einem Gasthause. Überdieß ist in der neuesten Zeit das vormalige Landhaus des Finanzministers Freiherrn von Hompesch in einen allgemeinen Belustigungsort unter dem Namen »Neuberghausen« umgeschaffen worden. Überall laden Küchen, Keller, Tanzsäle zum mannigfaltigen Genusse ein.

Entnommen aus: Malerische Topographie des Königreichs Bayern... von C. Lebschée, München 1830

Ansicht Bogenhausens mit Kirche St. Georg, Pfarrhof, dem ehemaligen Edelsitz, dann Ausflugsgaststätte Neuberghausen und Bad Brunntal. Stich von Lebschée um 1830

Lage und Grenzen Bogenhausens

WILLIBALD KARL

Auf dem rechten Isarhochufer liegt auf den Schottermassen der letzten beiden Eiszeiten eine Lößlehmschicht. Sie erstreckt sich etwa vom Fasangarten zwischen Giesing und Perlach im Süden bis nach Ismaning im Norden. Im Westen reicht sie bis an die Hangkante des Isarsteilufers zwischen Ismaning und Rosenheimer Berg (Lüften), wo sie etwas östlich zurückweichend nach Süden verläuft. Im Osten wird ihr nördlicher Teil von den Ausläufern des Erdinger Mooses begrenzt, ihr südlicher von dem Tal des Hachinger Bachs und der Perlacher Haid. Sie hat damit eine zungen- oder schiffskielartige Form, ist bei einer Dicke von rund zwei Metern etwa 16 Kilometer lang und an der breitesten Stelle – zwischen Bogenhausen und Denning – knapp drei Kilometer breit.

Der Lößlehm ist ein von den Sickerwässern seit der letzten Eiszeit von Kalk ausgeschwemmter schwerer Lehmboden. Von der Münchner Schotterebene wurde er durch spätere Oberflächenentwässerung größtenteils wieder abgetragen. Außer der hier beschriebenen Lößlehmzunge östlich der Isar sind nur kleinere Restinseln bei Solln, Laim (Name!) und Lochhausen stehengeblieben. Mit einer durch pflanzliche Verwitterung entstandenen Humusschicht bildet dieser kalkarme Lößlehm einen schweren, fruchtbaren Ackerboden.

Das Gebiet der Lößlehmzunge gehört damit zum Altsiedelland, in dem zahlreiche vorgeschichtliche Funde, beginnend mit der Jungsteinzeit (ca. 4500–1800 v. Chr.) und der Bronzezeit (1800–1200 v. Chr.), zu verzeichnen sind. Die bäuerlichen Dauersiedlungen der frühgeschichtlichen Zeit (Kelten, Romanen, Germanen) haben sich am Saum der Lößlehmzunge gebildet (z. B. bei Denning und Englschalking). Seit dem frühen Mittelalter haben sich hier bajuwarische Dörfer gebildet, deren Namen bis in die Gegenwart fortbestehen: Ismaning, Unter-, Oberföhring, Bogenhausen und Haidhausen am Westsaum, Johanneskirchen, Englschalking, Denning, Zamdorf, Baumkirchen, Berg am Laim und Ramersdorf am Ostsaum der Lößlehmzunge.

Dieser Siedlungsraum wird seit römischer Zeit von einer überregionalen (Militär-)Straße durchschnitten, die Rätien und Noricum in östwestlicher Richtung durchzieht und Augusta Vindelicorum (Augsburg) mit Oberösterreich (Wels, Wien) verbindet. Daß es sich bei dieser Gegend aber nicht um ein reines militärisches Durchzugsgebiet handelt, zeigt die Siedlung – wohl ein großer römischer Gutshof mit Bad – bei Denning (ausgegraben 1928). Der traditionsreiche Isarübergang bei Oberföhring wurde im Mittelalter immer mehr zu einer wichtigen Fernhandelsverbindung namentlich für die Salztransporte aus dem Salzburgischen und dem Berchtesgadener Land Richtung Augsburg. Die Zerstörung des Isarübergangs von Oberföhring und seine Verlegung südwärts »ze den munichen« läßt München als Markt- und Brückenort und später als Stadt in das Licht der Geschichte treten.

Den Westsaum dieses Siedlungsraums bildet die siedlungstragende Hangkante und der Abhang zur Isar sowie das Augelände des Isartals mit seinen durch Hochwässer immer wieder wechselnden

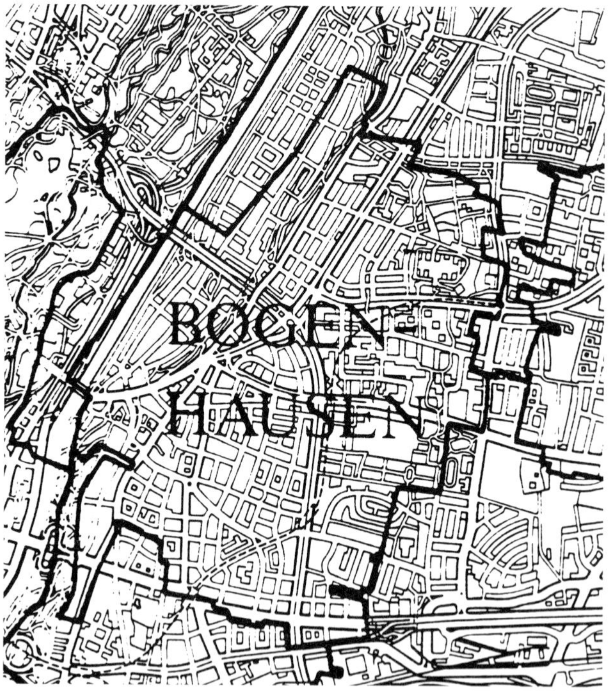

Heutiges Stadtgebiet von München.
Aufdruck: Steuergemeinde Bogenhausen um 1860

Kiesschwemminseln und Wasserläufen. Erst die Begradigung des Isarbetts im 19. Jahrhundert und letztendlich die Wasserentnahme zur Stromerzeugung im 20. Jahrhundert haben zur Festigung der Geländegrenzen geführt. Damit war eine Eintiefung des Isarbetts von etwa sieben Metern und eine Bändigung des einst reißenden Isarstroms verbunden.

In dieser geographischen Lage, am Westrand der breitesten Stelle der Lößlehmzunge und an Hangkante und Hang gelegen, entwickelt sich seit dem frühen Mittelalter die bäuerliche Siedlung des Pfarrdorfs Bogenhausen. Die Nachbarorte sind Oberföhring im Norden, Englschalking und Denning im Osten, Haidhausen im Süden und – jenseits der Isar und ihrer Auen und Änger – Schwabing im Westen.

Über Jahrhunderte hinweg bildet die Südgrenze des Prielwaldes zwischen Bogenhausen und Oberföhring die Nordgrenze Bogenhausens und zugleich die Landesgrenze zwischen dem Landgericht Wolfratshausen des Herzogtums, später Kurfürstentums

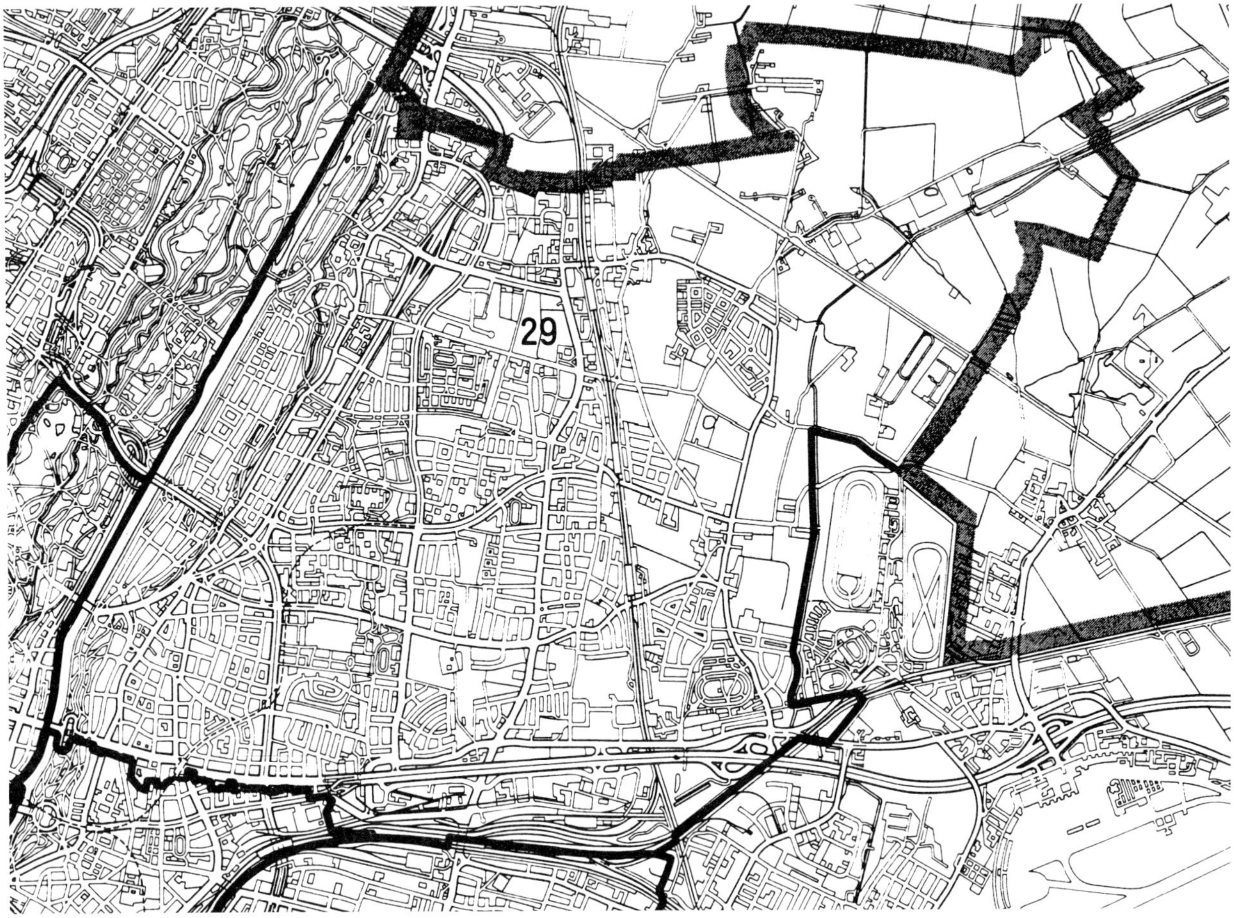

Stadtbezirkseinteilung 1990 (Städt. Vermessungsamt)

Bayern, und der Grafschaft Ismaning des Hochstifts, d. h. geistlichen Fürstentums Freising.

Nach der Beseitigung des Hochstifts Freising und seiner Grafschaft Ismaning als eigenem Hoheitsgebiet in der Säkularisation 1802/03 kam das Gebiet des Priel nach seiner Versteigerung zunächst zur Gemarkung von Oberföhring (1809), ab 1812 zur Gemarkung von Bogenhausen. Dazu gehört auch der südliche Teil der Isarauen bis zur ehemaligen Prielgrenze, der nach der Urbarmachung der Talauen seit Ende des 18. Jahrhunderts und der Isarregulierung des 19. Jahrhunderts als feste Gemarkung entstanden war. Zusammen mit dem nördlichen Teil des Auengebietes, dem unterhalb des Priel gelegenen Oberföhringer Feldes, bildete dieser neue Tallandstrich den späteren Herzogpark.

Zu Bogenhausen zählte ferner im äußersten Südosten der Gemarkung der Weiler Steinhausen, nicht dagegen der südwestliche Isarhang, der vom Gasteig bis eng an den alten Dorfkern Bogenhausens heran zum Burgfrieden Münchens gehört. Hier hat König Maximilian II. einen großen Park anlegen lassen.

So stellt sich Bogenhausen um 1860 nach dem Steuerkataster etwa in folgenden Grenzen[1] dar:

- im Westen: entlang der Isar (Westufer) zwischen heutigem Isarring (John-F.-Kennedy-Brücke) und Einmündung des Eisbachs einerseits und Bogenhauser (Max-Josephs-)Brücke andererseits – über die Brücke – Bad Brunnthal einschließend, die Maximiliansanlagen ausschließend, den Uferhang ansteigend zur Maria-Theresia-Straße (ausschließend den Zipfel der Höchlstraße bis zur Ismaninger Straße) – diese an der Westseite entlang, die Prinzregentenstraße überquerend bis zur Langerstraße;

– im Süden: die Langerstraße östlich zum Klinikum Rechts der Isar – von dort die Ismaninger Straße (Ostseite) wieder nordwärts über die Prinzregentenstraße bis zur Holbeinstraße (die Südseite ausschließend) – über die Lamontstraße (bei der Kopernikusstraße auf die Ostseite wechselnd) zur Prinzregentenstraße (Südseite). Diese (Prinzregentenstadion, Prinzregentenplatz und St. Gabriel einschließend) bis zur Richard-Strauss-Straße – Leuchtenbergring – diesen nach Süden bis zur Einsteinstraße – diese nach Osten bis zum Vogelweideplatz (Steinhausen);
– im Osten: durch den Ostteil der Parkstadt Bogenhausen auf der Linie Vogelweidestraße (den Verlauf der Barbarossastraße als Zipfel nach Westen ausschließend) – Scharfweg zum Schreberweg – diesen ostwärts bis zur Gotthelfstraße – nach Norden weiter die Rothhofsportanlage durchziehend bis zur Denninger Straße – diese ostwärts bis zur Vollmannstraße – diese entlang, kurz vor Ecke Elektrastraße auf die westliche Seitenstraße wechselnd und die Häuserzeile ausschließend bis zur Englschalkinger Straße – die Cosimastraße weiter – die Westecke Odin-/Cosimastraße ausschließend – bis ca. 100 Meter vor der Wahnfriedallee;
– im Norden: nördlich der Wahnfriedallee und Gurnemanzstraße auf deren Höhe zur Effnerstraße – weiter zur Lohengrinstraße (Nordseite) zurück zur Ecke Oberföhringer/Wahnfriedstraße – die Oberföhringer Straße an der Isarleite entlang bis in Höhe Fideliostraße, dann den Hang absteigend nach Grüntal – dort in scharfem Knick südwärts zwischen Mauerkircher und Flemmingstraße bis zur Felix-Dahn-Straße und von dort in rechtwinkligem Knick zur Isar (ca. 150 Meter nördlich des Isarrings).

Bei der Eingemeindung am 1. 1. 1892 wurde aus der Landgemeinde Bogenhausen der 22. Stadtbezirk Münchens (Fläche: 441 Hektar). Bei der Bezirksneugliederung 1909 wird dieser aufgelöst und dem 14. Stadtbezirk (Haidhausen) angegliedert. Die Bezirksneugliederung von 1925 bildet einen 29. Stadtbezirk, bestehend aus den ehemaligen Gemarkungen von Oberföhring (Eingemeindung 1913) und Bogenhausen. Diesem wurde nach Eingemeindung von Daglfing (1930) in der Bezirkseinteilung von 1937 die alten Siedlungskerne Johanneskirchen, Englschalking, Daglfing und Denning sowie durch Wiederabtrennung von Berg am Laim die Ortsflur von Zamdorf zugeschlagen. 1937 wurde die Südgrenze Bogenhausens auf die südliche Häuserzeile der Prinzregentenstraße einschließlich Friedensengel, Prinzregentenplatz und St. Gabriel begradigt.

Die heutige Gestalt Bogenhausens als 29. bzw. bald nach der noch in Gang befindlichen Neugliederung als 13. Stadtbezirk ist gegenüber den oben skizzierten Grenzverläufen und Prozessen wesentlich einfacher; sie verläuft im Westen entlang der Isar bis zur Prinzregentenbrücke, schließt den Friedensengel ein und verläuft, die Stuckvilla ausschließend, straßenmittig bis zum Prinzregentenstadion, schließt dieses und das Prinzregententheater samt den Prinzregentenplatz mit ein, verläuft bis zum Vogelweideplatz und den Bahnkörper entlang mit einer sackartigen Ausstülpung nach Osten, kehrt bei der Feldkirchner Straße zum Hüllgraben zurück, verläuft diesen entlang bis zur alten Salzstraße und diese bis zum Dornacher Weg, der die Grenze nach Osten bildet. Sie umschließt im Norden den Abfanggraben und den Moosgrund und kehrt über den Oberföhringer Ortsteil St. Emmeram nördlich desselben zur Isar zurück. In der inneren Gliederung liegt die alte Ostgrenze Bogenhausens etwas östlicher als geschichtlich zu erweisen in Höhe der Weltenburger-/Vollmann- und Cosimastraße. Dieses geschichtliche Bogenhausen umfaßt neben dem Ortskern Alt-Bogenhausen und den Quartieren Priel, Steinhausen und Herzogpark auch die Neu-Bogenhauser Quartiere Parkstadt Bogenhausen und Arabellapark.

Anmerkungen

1 Kajetan Dürr, Historische Entwicklung der Münchner Stadtbezirke (Vortrag). In: Münchner Forum. Berichte und Protokolle Nr. 103. München 1991. Abb. 7.

Frühe Geschichte Bogenhausens

Willibald Karl

Die Überlieferung setzt die Entstehung Bogenhausens in die zweite Hälfte des 8. Jahrhunderts, aus der die ersten Namensnachweise stammen. Bodenfunde einer geschichtlich weiter zurückreichenden Dauersiedlung, in deren Tradition das spätere Dorf Bogenhausen stünde – wie die bajuwarischen Reihengräberfelder in Giesing, Aschheim oder Aubing – existieren hier nicht.

Die ersten Nennungen des Ortes haben bezüglich der heutigen Bezeichnung »Bogenhausen« eine sprachlich zunächst befremdliche Form: pupinhusir, pupinhusun (-a, -on). Die mögliche Deutung auf »Haus/Häuser des Poapo/Poppo/Pubo« bleibt für diese Zeit quellenmäßig nicht belegbar. Aber noch im 10. Jahrhundert soll hier ein Graf Poppo, ein Abkömmling der altbaierischen Huosisippe begütert gewesen sein. Diese Ortsnamensform ist bis zum Ende des 12. Jahrhunderts in den Quellen zu finden und wird von der Form Pugenhusen abgelöst, die sich schließlich im Verlauf des 16. Jahrhunderts zu P(B)ogenhausen entwickelt.

Der örtliche Bezug auf das heutigen Bogenhausen ist aber von der ersten Nennung an eindeutig. Es kann also mit Sicherheit davon ausgegangen werden, daß alle genannten Namensformen ein und dieselbe Örtlichkeit und Siedlung bezeichnen.

Die erste namentliche Nennung Bogenhausens findet sich in der »Lebensbeschreibung des heiligen Korbinian« (Vita Corbiniani, Kap. VIII) des Bischofs Arbeo von Freising (Amtszeit 764–783). Diese »Biographie« des »Bistumsgründers« wurde in Zusammenhang mit der Überführung seiner Gebeine von Meran nach Freising 768/769 verfaßt.[1] Der Ort »pupinhusir« wird dort als Grabstätte eines auf Korbinians Fürsprache hin vom Galgen erretteten und zur Nachfolge bekehrten Räubers namens Adalpert, der den Zeitgenossen um 770 vom Hörensagen noch bekannt gewesen sein soll, bezeichnet. Dies weist auf ein Bestehen des Ortes vor 750 hin.[2] Nach dieser literarischen Namensbezeugung folgt schon 776/779 eine urkundliche. In den frühen Besitzstandsverzeichnissen des Klosters Schäftlarn wird notiert, daß ein Atto und sein Sohn Am(m)o aus dem Geschlecht der Huosi ihren Besitz in »pupinhusun« an das noch junge Kloster (gegründet 760–764) stiften. Dessen Stifter Waltrich, Priester am Bischofshof, wiederum und die hinter ihm stehende Adelssippe war nicht nur mit den Huosi verwandt. Die verwandtschaftlichen Bande reichten vielmehr bis an den fränkischen Königshof. »Es ist kein Zufall, wenn die Schäftlarner Klosterkirche den fränkischen Reichsheiligen Dionysius (St. Denis, Bischof von Paris – 3. Jahrhundert – Anm. d. Verfassers) zum Patron erhielt... Nochmals wird die westfränkisch orientierte Haltung dieser Sippe deutlich, wenn wir erfahren, daß Waltrich und Petto nacheinander den bischöflichen Stuhl von Langres bestiegen haben.«[3] Damit steht Bogenhausen von Anfang an im Besitztum des Bischofs von Freising und seines Eigenklosters Schäftlarn und im Spannungsverhältnis zwischen dem bayerischen Herzogtum des letzten Agilolfingers Tassilo III. einerseits und fränkisch orientierten Adelssippen in Bayern wie den Huosi und den Waltrichen und der fränkischen Königsgewalt der Karolinger andererseits. Es steht aber auch im Ausstrahlungsbereich des Bischofssitzes Freising unter seinem vor der Jahrtausendwende herausragenden Bischof Arbeo, der seine Freisinger Schreibschule zu einer der bedeutendsten ihrer Zeit machte und Freising zu einem Ort der Vermittlung der spätantiken Bibel-, Geschichts- und Kulturtraditionen.

Eindringlich weist auf die Zugehörigkeit Bogenhausens zu Freising eine weitere Urkunde aus den letzten Jahren der Amtszeit Bischof Attos (783–811), des Nachfolgers Arbeos, der wie dieser vorher Abt des Huosiklosters Scharnitz-Schlehdorf gewesen war. Auf das Jahr 808 werden unberechtige

Ansprüche eines Priesters namens Unarc auf »pupinhusir« erfolgreich zurückgewiesen »wegen der langjährigen Belehnungen der Vorgänger des Bischofs Atto, die an diesem Ort belehnt waren« (propter diuturnam vestituram antecessorum Attoni episcopi qui vestiti fuerunt de eadem villa)«.[4]

Die Nennung eines Priesters mit Bezug auf Bogenhausen hat die Annahme gefördert, daß möglicherweise schon zu dieser Zeit dort eine Kirche mit kirchlichem Besitz stand, deren eigenkirchlicher Status vom Bischof erfolgreich bekämpft wurde. Dies war eine der Hauptleistungen Bischof Attos, der die kirchliche und bischöfliche Seite nach dem Wegfall der Herzogmacht – Absetzung Tassilos III. (788) – und der Übernahme der Regionalgewalt durch karolingische Grafen, durch Zurückdrängung der Sonderbestrebungen adeliger Eigenkirchen und Eigenklöster zu stärken suchte. Zugleich wurden diese kirchlichen Bestrebungen Stützen der Zentralgewalt des karolingischen Königtums, unter dessen Schutz sie sich stellten bzw. gestellt wurden.

Von da ab lassen sich in Bogenhausen Besitzrechte vor allem der Freisinger Bischöfe, aber auch verschiedener Klöster bis in das hohe Mittelalter immer wieder nachweisen.

So findet z. B. die Verbriefung einer Besitzübergabe an das Hochstift Freising am 19. August 842 in »pupinhuson« statt.[5]

100 Jahre später – in der Zeit der Ungarnkriege – vergibt der damalige Bischof Lantpert (Amtszeit 937–957), der ein Jahrhundert später bereits als Heiliger verehrt wurde, seinerseits Grundbesitz zu Lehen an einen Adeligen namens Adalman.

Tauschgeschäfte in Bogenhausen fallen in die Regierungszeit des nachfolgenden Bischofs Abraham (957–993/4). Dieser war faktisch Vormund des minderjährigen Herzogs Heinrich II. (des »Zänkers«), Vertrauter seiner Mutter Judith und der ottonischen Könige und Kaiser – eine Schlüsselfigur für deren Reichs-, Kirchen- und Italienpolitik. Als Tauschpartner in Bogenhausen sind erwähnt der Unfreie Asmar, der selbst die 21 Joch Tauschgrund von dem Adeligen Meginfred gekauft hatte; der schon erwähnte Graf Poppo, der dem Bischof aus seinem Besitz in Pupinhusa einen Hof und eine Hube Ackerland sowie den Unfreien Pero im Tausch überläßt; schließlich der unfreie Geistliche Zeizmunt, dessen Hofstatt mit neun Joch Ackerland in Pupinhusun vom Bischof ertauscht wird. Mit diesen Personen werden zweifellos auch erste ansässige Bewohner Bogenhausens greifbar, wobei die Rechtsgeschäfte mit den Unfreien auffallen.[6]

Im 12. und 13. Jahrhundert treten dann immer stärker bischöfliche Dienstmannen und Ministerialen als Rechts- und Lehensträger der Freisinger Bischöfe in Bogenhausen in den Urkunden auf. Zur Zeit des Bischofs Adalbert (Amtszeit 1158–1184), Nachfolger des bedeutenden Bischofs und Geschichtsschreibers Otto von Freising, übergibt ein Rudolfus de Pubenhusen an den Altar der heiligen Maria und des heiligen Korbinian, d. h. an den Bischof von Freising, eine Zahl von Leibeigenen namens Rapoto, Magenso, Walger, Walther und Lioba mit den Kindern Rapoto, Heinrich, Aribo, Azila, Mechthild und Truota. Die Rückgabe (»Auflassung«) von Lehen und Lehensrechten von seiten adeliger Dienstmannen an ihren bischöflichen Lehensherrn wird etwa dokumentiert zwischen Heinrich von Starcholzhoven und Bischof Konrad I. (1230–1258) am 18. Januar 1249 oder zwischen Heinrich von Swaebingen (Schwabing) und Bischof Konrad II. (1258–1279) am 12. November 1272. Bei letzterer Übergabe ist aber schon der herzogliche Lehensträger, hier Ludwig II., der Strenge (Regierungszeit 1253–1294), der eigentliche Überträger der Rechtstitel und Besitztümer.

Daran wird deutlich, wie die Entstehung der Landesherrschaft im Herzogtum Bayern einerseits und im Hochstift Freising andererseits zu einer Abgrenzung der Besitztümer und Einflußbereiche und zur Entflechtung der persönlichen Zugehörigkeiten führte.

So wurden oft zurückgegebene (aufgelassene oder heimgefallene) bischöfliche Lehen oder andere Rechtsansprüche, die sich politisch nur schwer verwalten bzw. durchsetzen ließen, dem Herzog oder einem anderen Reichsfürsten zu Lehen gegeben, um sie aus seiner Hand zurückerhalten oder gegen anderweitige Zugeständnisse, Besitzarrondierungen oder näherliegende Rechtstitel ganz übereignet.

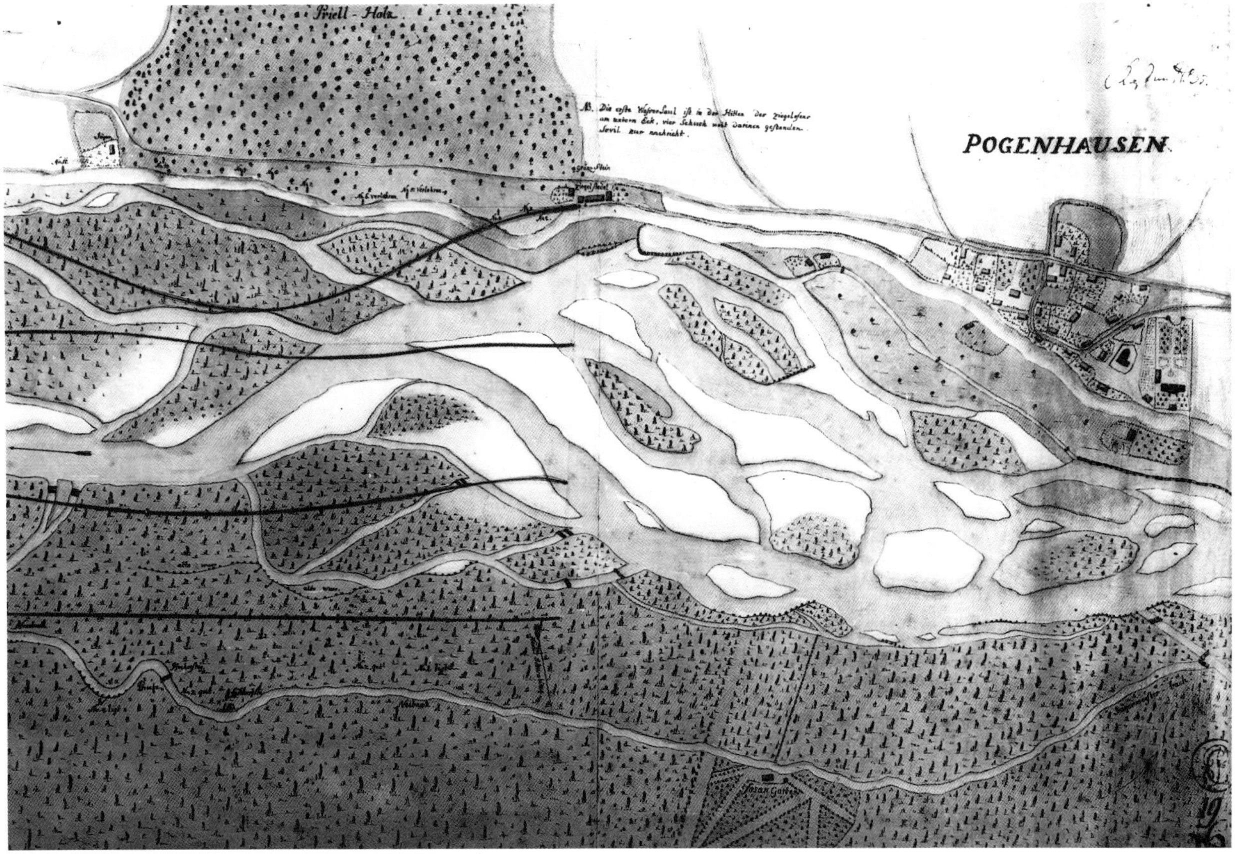

Auszug aus dem Plan »Die Isar von Bogenhausen bis Ismaning« von Paur (1716). Am unteren Bildrand die Auwälder westlich der Isar um den Eisbach. In der Bildmitte das verzweigte Isarbett mit zum Teil bewachsenen Schwemminseln. Darüber auf der rechten Bildseite das Haufendorf Bogenhausen mit den symmetrischen Gartenanlagen seiner Edelsitze. In der linken oberen Hälfte der Prielwald mit dem Jägerhaus links und der kurfürstlichen Ziegelei rechts

Im Fall Bogenhausen werden ehemals bischöfliche Besitztitel vor allem an andere kirchliche Rechtsträger, wie das Clarissenkloster am Anger in München oder an das Kollegiatsstift St. Veit in Freising, manchmal als Entschädigung für anderweitige Verluste, übergeben.

Im 13. Jahrhundert verliert sich auch die Namensform Pub(p)enhusen; fortan ist nur noch die Form Pugenhusen gebräuchlich, die sich im 15. und 16. Jahrhundert zu B(P)ogenhausen weiterentwickelt.

Die Auseinandersetzung zwischen den Freisinger Bischöfen und den bayerischen Herzögen um den Salzhandel, Brückenzoll und das Münzrecht im Münchner Raum, um Besitz- und Einflußsphären, dauerte rund zwei Jahrhunderte.

Das Abbrennen der Brücke von Oberföhring durch Heinrich den Löwen und ihre Verlegung an die Siedlung »zu den munichen« war im »Augsburger Schied« von 1158 durch Kaiser Friedrich I. Barbarossa legalisiert worden. Zwar mußte ein Drittel des Brückenzolls an den Freisinger Bischof abgeführt werden, aber der herzogliche Markt, später die Stadt, München wurde zu einem politischen Gewicht, das die Wittelsbacher in ihrer schon alten Auseinandersetzung – als Grafen von Scheyern und Vögte von Freising – mit den Freisinger Bischöfen zu nutzen wußten. Noch Otto von Freising (gest. 1158) hatte seine unbequemen Nachbarn eine Bande von »Dieben und Räubern, nicht würdig ein öffentliches Amt zu bekleiden« genannt.

Aus politischer Klugheit kommt es schließlich mit der Übertragung der niederen Gerichtsbarkeit über das Dorf Ismaning unter Bischof Konrad II. im Jahr 1272 und den Verkauf der Grafschaft Ismaning durch König Ludwig IV. (den späteren Kaiser Ludwig den Bayern) an Bischof Konrad III., den Sendlinger, im September 1319 zu einer Abgrenzung nicht nur von Besitz- und Einflußsphären, sondern von Staats- und Hoheitsgebieten, die fast 500 Jahre lang – bis zur Säkularisation von 1802/03 – Bestand haben sollte. Zwar hatte der Bischof von Freising auf dem Isarrain, d. h. dem Hochufer rechts der Isar, seit Jahrhunderten dichten Streubesitz, durch den Kaufvertrag wurde er aber alleiniger Souverän dieser Grafschaft, die in Zusammenhang mit der Bischofsstadt Freising und dem Gericht Kranzberg, den Herrschaften Burgrain (mit Isen) und Werdenfels (mit Partenkirchen und Mittenwald) und sonstigem Streubesitz zum Hochstift Freising, zu einem eigenen Fürstenstaat, wurde.

So heißt es denn im Kaufvertrag im Hinblick auf die Übereignung des Rechts über Leib und Leben als höchstem Herrscherrecht in dem Gebiet der Grafschaft Ismaning: »Und mag der Bischof den Galgen heißen setzen und zimmern, als oft sein Not geschieht, an welcher Statt er will, zwischen Niederföhring und Ismaning oder hinter dem Priel.«[7] Damit wurde der Südrand des Prielwaldes zwischen Bogenhausen und Oberföhring zur Staats- und Landesgrenze zwischen dem Herzogtum Bayern und dem Hochstift Freising. Bogenhausen, das schon fast 500 Jahre lang eng mit dem Bischofssitz Freising verbunden gewesen war, wurde nunmehr bayerisch-herzoglicher Grenzort, der zum Landgericht Wolfratshausen gehörte. Dieses war aus dem Grafschaftsgericht der Andechs-Meranier entstanden, die nach ihrem Aussterben 1251 von den Wittelsbachern beerbt worden waren. Erst im 15. Jahrhundert stabilisierte sich die innere Struktur und Verwaltung der Landesherrschaft im Herzogtum Bayern durch den Ausbau der unteren und mittleren Behörden, namentlich der Landgerichte und ihrer Unterämter. Für Bogenhausen war der Landrichter (Pfleger) von Wolfratshausen und sein Scherge, Fronbote, später Amtmann im Schergen- oder Unteramt Perlach zuständig. Dort war in der Tafernwirtschaft viermal im Jahr Gerichtstag, wozu der Scherge die Parteien laden oder die Angeschuldigten vorführen mußte. Doch oblag ihm auch in seinem Geschäftsbereich die gesamte Rechtspflege und Kontrolle der öffentlichen Ordnung. Er hatte zusammen mit dem Rentmeister – der vorgesetzten Behörde des Rentamts – die Dulten, Jahrmärkte und Wallfahrten auf verdächtiges Gesindel und Bettelleute hin zu beobachten, auf »Priesterkonkubinen Obacht haben . . ., diejenigen, so an verbotenen Tagen Fleisch essen . . . dem Gericht zur Bestrafung anzuzeigen, auf die Wahrsagerinnen, so sich Vieh und Leuten mit Aussegnen zu halsen unterstehen, auf die fiskalischen Güter, wucherischen Kontrakte, dann auf diejenigen, welche einander übermähen, überzäunen, überackern oder die March verkehren, Obacht haben und bei Gericht anzuzeigen. (Ferner) . . . die, so die Ehe gebrochen und sonst Leichtfertigkeit ohne die Erzeugung getrieben, die, welche wider das Fluchmandat handeln, Rumorhändel anheben, Gott lästern und den Gottesdienst nicht besuchen . . . und die, so falsch Maß und Gewicht brauchen«.[8]

Während die Lage Bogenhausens zwischen Hochstift Freising und Herzogtum Bayern als Grenzort auf bayerischer Seite einen Gutteil seiner politischen und wirtschaftlichen Entwicklung bestimmte, wurde der andere Teil von seiner Bedeutung als Pfarrsitz und Pfarrdorf getragen, als zentraler Ort der Mutterpfarrei rechts der Isar im Münchner Raum. Darin wird die ursprüngliche Bedeutung Bogenhausens für die kirchliche Entwicklung dieses Gebiets und seine Funktion für die Kirchenorganisation der Freisinger Bischöfe deutlich.

Der nämliche Bischof Konrad III., der Sendlinger – er amtierte nur knapp acht Jahre –, der mit dem Kauf der Grafschaft Ismaning 1319 den wichtigsten Schritt zur vollen Souveränität seines Hochstifts als Fürstenstaat tat, ließ auch wichtige Aufzeichnungen über die innere Verfassung seiner Diözese machen. Dem Urbar von 1315, das eine Aufzählung aller bischöflichen Besitzgüter in Bayern, Österreich und Krain mit Angabe der aus ihnen jährlich fließenden Einnahmen umfaßt, folgte 1315/16 eine genaue Diözesanbeschreibung mit allen Klöstern, Kollegiatsstiften, Pfarr- und Filialkirchen, Kapellen und Friedhöfen, die im seelsorglichen Zuständigkeitsbereich (Bistum) des Freisinger Bischofs liegen. Eine von den aufgeführten 233 Pfarreien ist Bogenhausen, das jährlich elf Regensburger Pfennige an den Bischof entrichten muß. Zur Pfarrei Bogenhausen gehören demnach acht Filial-(Tochter-)Kirchen mit eigenen Begräbnisstätten: Giesing, Harthausen (Menterschwaige), Haidhausen, St. Nikolaus am Gasteig (Leprosenhaus), Trudering, Riem, Gronsdorf und Hart (Haar). Damit war Bogenhausen vor (Ober-)Föhring, (Ober-)Haching, (Unter-)Biberg, Perlach und Baumkirchen der bedeutendste Pfarrsitz rechts der Isar im Raum München. Durch Bischof Albert II. (Amtszeit 1349–1359) wurde die Pfarrei Bogenhausen dem Kollegiatsstift St. Veit bei Freising einverleibt. Das bedeutete, daß dieses Stift durch einen seiner angehörigen Geistlichen (Kanoniker) oder einen Stellvertreter (Vikar) oder einen freibestimmten Weltgeistlichen (Leutpriester) – dann gegen ein jährliches Absentgeld – die Pfarrei versorgen ließ, also in jedem Fall dafür zuständig war, wer Pfarrer von Bogenhausen wurde. Die wirtschaftliche Grundlage des Lebensunterhalts des Pfarrers und etwaiger Hilfsgeistlicher, Dienstboten usw. war das Pfarrwiddum, d. h. der Landwirtschaftsbetrieb, der als Pfründe dem Stift St. Veit gehörte und in der Regel vom jeweiligen Pfarrer direkt oder indirekt bewirtschaftet wurde. Dieser »Pfarr-Hof« gehört zusammen mit dem Prielhof, dem Langgut, dem Zeugner- oder Zaichingerhof und der Zächerlhub zu den bedeutendsten und ältesten bäuerlichen Anwesen Bogenhausens, die sich in ihrem Bestand, Eigentums-, Besitz- und Pachtverhältnissen bis an die Wende vom 14. zum 15. Jahrhundert zurückverfolgen lassen.[9] Zusammen mit der Tafernwirtschaft und ehaftem Gewerbe, wie dem Schmied, und entsprechenden kleinbäuerlichen Anwesen (Lehen, Sölden) bilden sie den Bestand der bäuerlichen Gemain Bogenhausens mit 20 bis 30 Hausnummern. Damit gehörte Bogenhausen vom Mittelalter bis ins 19. Jahrhundert zu den kleineren Bauerndörfern in der Münchner Gegend, vergleichbar der Größe nach mit Giesing, Neuhausen, Haidhausen, größer als Ramersdorf, Laim und Baumkirchen, aber bedeutend kleiner als die großen Bauerndörfer Perlach, Feldmoching und Aubing. Die begrenzte, von der kirchlichen Funktion her bestimmte Bedeutung Bogenhausens beurteilt schon der erste Geschichtsschreiber, Pfarrer Michael Lampart, indem er annimmt, »daß selbes wohl immer ein Pfarrdorf, nur von Bauersleuten bewohnt, gewesen, und eines hohen adeligen Geschlechtes und Sitzes entbehrt hat«.[10] Das bäuerliche Wirtschaften beruht auf der Basis der Grundherrschaft, also einem kirchlichen, adeligen oder bürgerlichen Obereigentum am Grund und Boden, Haus und Hof des jeweiligen bäuerlichen Anwesens. Dieses wird an den bewirtschaftenden Bauern verpachtet oder an eine andere Person zu Lehen gegeben, die seine Bewirtschaftung bewerkstelligt oder veranlaßt.

Ursprünglich wurde die dem Grundherrn schuldige jährliche Leistung in Naturalien bemessen, was sich im Hochmittelalter für das freisingische Langgut in Bogenhausen so ausnimmt: »Hof ›Pupinhusin‹ leistet die Hälfte der Früchte, 2 gemästete Schweine, Lebensunterhalt, Schaffleisch, Scharwerk, 5 Pfennige, 2 Gänse, 10 Huhner und 5 auf Ostern, 50 Eier. Geschenke: ½ Scheffel Sommerweizen und Winterweizen, 1 Scheffel Braugerste, 1 Scheffel Gerste, 1 Scheffel Rettich, 2 Gänse.«[11]

Die Zächerlhub dagegeben findet sich im 15. Jahrhundert im Besitz von Münchner Bürgersfamilien, wo sie von Hand zu Hand geht: Conrath Steinreich; Hans, der Haberl; Hainrich, der Freleich; Hans Stüpf; Sigmund Pittrich zu Stegen. Letztgenannter, der auch Kirchenprobst von Ramersdorf ist, verkauft das Anwesen 1470 an die Ramersdorfer Kirchenstiftung, wo es bis ins 18. Jahrhundert verbleibt.

Im Kastenamtsbuch des Landgerichts Wolfratshausen heißt es diesbezüglich im Jahr 1517: »Hub-Erl: ist unser frau zu ramelstarff.« Und am Ende des 16. Jahrhunderts sitzt ein Wolff Kögl »auf einer Hueb hinter Gotsh. Rämelstorf«.[12]

Ein weiteres Beispiel mag die Eigentums- und Besitzverhältnisse im Bogenhausen des 15./16. Jahrhundert abrunden: Am 13. März 1457 verkauft »Wilhelm Astaler bürger zu München an Dr. Rudolff Volkart von Heringen Dechant und Pfarrer zu St. Peter in München seinen hof genannt der Prülhof gelegen zu Pogenhausen auf dem Iserain in Wolfertshauser lanntgericht Darauf yetzo ist der Stortzer...«.[13] Der Käufer hat daraus eine ewige Messe am Andreasaltar in St. Peter dotiert und 1462 den Prielhof ganz an St. Peter überschrieben. Entsprechend heißt es im Wolfratshauser Kastenamtsbuch im Jahr 1517: »Hoff Lentz Prüllmair: ist ainer Meß zu München.«[14]

Vorübergehend – von 1556–1579 – wurden die Einkünfte dieser St.-Andreas-Meßstiftung auf Antrag der Stadt München zur Unterhaltung der Poetenschule an der Pfarrei von Unserer Lieben Frau verwendet.

Neben der Bewirtschaftung der eigenen Hofstelle hatten die Bogenhauser Bauern Anteil an der Gemain, etwa an Weide- oder Angergründen, die der gemeinschaftlichen Nutzung zustanden oder an Viehtriebs-, Weide- (»Blumbesuch«), Holz- und Streusammelrechten (z. B. Laub- und Moosrechen) im Prielwald oder in den Isarauen, auch jenseits der Isar auf der Schwabinger Seite, die dem bayerischen Aumeister unterstand. Diese oft unverbrieften Gewohnheitsrechte oder in Notjahren gewährten Gnaden wurden immer wieder Anlaß zu Streit und Auseinandersetzungen.

Auch bezüglich der Wasserbauten in der Isar, die Geschwindigkeit und Richtung des Flusses veränderten, gab es immer wieder Streit zwischen Bogenhausen und Oberföhring. Schon im Jahr 1434 wird von einem Streitfall berichtet, der durch Vermittlung des Freisinger Bischofs Nicodemus de la Scala auf Föhringer und der Äbtissin des Münchner Clarissenklosters am Anger auf Bogenhauser Seite beigelegt wurde.

Über den besonderen Glaubenseifer des ausgehenden 15. Jahrhunderts – in München baute man seit 1468 an der neuen Frauenkirche, hatte man 1480–1482 einen jährlichen Jubiläumsablaß, »die große Gnad«, vom Papst Sixtus verliehen bekommen – mit Bezug auf die Pfarrei Bogenhausen berichtet ihr Pfarrer Lampart: »Deshalb stifteten mehrere Wohltäter im Jahre 1480 ein Beneficium in die Kirche des hl. Nikolaus am Gasteigberge zum Leprosenhause; im Jahre 1483 gründeten mehrere frommgesinnte Personen ein solches in der hl. Kreuz-, nun Pfarrkirche in Giesing und 1492 errichteten die Kirchenpfleger mit Zustimmung des Pfarrers in Bogenhausen ein Beneficium in Haidhausen und wiesen hiezu Grundstücke und Gilten an. In die Pfarrkirche selbst wurden in dieser Zeit mehrere Jahrtäge, z. B. der Katharina Pfaffenhoferische im Jahre 1469, der Ulrich Zeichinger'sche 1497 usw. gestiftet.«[15]

Durch die Benefizien wurde die örtliche Seelsorge, versehen durch daraus bezahlte Geistliche (Benefiziaten) verbessert, durch die Jahrtage die jährliche Einnahme und Bedeutung der Pfarrei erhöht.

In der Sunderdorfischen Beschreibung des Bistums Freising vom Jahr 1524 fehlt von den obengenannten Filialkirchen Bogenhausens nur Harthausen (Menterschwaige), ohne daß über den Abgang Näheres ausgeführt wurde. Die Zahl der erwachsenen Gläubigen (Communicanten) der Pfarrei wird mit 800 angegeben, was auf insgesamt rund 1100 Pfarrangehörige schließen läßt. Inhaber der Pfarrpfründe ist Michael Piscatorius (Fischer), offensichtlich Stiftskanoniker von St. Veit in Freising, der 1534 auch einen Jahrtag in die Pfarrkirche stiftet. Die wirkliche Seelsorge ist aber dem Benefiziaten von Giesing anvertraut, der als Stellvertreter (Vikar) Fischers tätig ist. Von einem Nachfolger als »verus pastor« (wirklicher Pfarrer) namens Augustin Paumbgartner wird berichtet, daß er sich 1559 verheiratet habe, wodurch er – bei strikterer Handhabung der Kirchendisziplin der beginnenden Gegenreformation oder katholischen Reform – seine Pfarrerstelle in Bogenhausen verlor. Sein Nachfolger seit 27. Mai 1559 war Johann Aspacher, wohl aus Aschheim stammend. Im Jahr 1560 wurde zur Überprüfung der Rechtgläubigkeit und der Lebensführung der Geistlichkeit und anderer kirchlicher Amtsträger und Mitarbeiter sowie des Zustands der

Seelsorge im allgemeinen vom Bischof vom Freising, Moritz von Sandizell, die »Bayerische Visitation« durchgeführt. Über Pfarrer Aspacher findet sich der Eintrag: »Hat ain alte Köchin, kain Kind, ist in allen Sachen catholisch. Sein exercitium sey lesen und je spaciern geen (inns wierdhauß).« Von seinem Hilfspriester, dem Benefiziaten von Giesing, hieß es dagegen: »Hat ain Köchin, dabei fünf Kinder.«[16]

Auch im Zeitalter der Gegenreformation und des Dreißigjährigen Krieges erweist sich die Bedeutung Bogenhausens als Pfarrdorf durch eine große Zahl von Stiftungen an die Pfarrkirche.

So stiftete Hans Eckart im Jahr 1582 einen Jahrtag, schenkte zusammen mit seiner Ehefrau Margareth die große Glocke um 250 Gulden und 30 Gulden Kapital, aus dessen Zinsen der Mesner jährlich einen halben Gulden für das regelmäßige und fleißige Läuten derselben erhalten sollte (1589) und stiftete 1595 nochmals zehn Gulden Kapital als »Unschlittgeld«, damit daraus die Ampel vor dem Altar beleuchtet wurde. Weitere Jahrmessen wurden gestiftet für Apollonia Wörl (1584), für Anna Eckart (1588), für Barbara Ruhland (1599) usw. In die Zeit des Dreißigjährigen Krieges fällt die Gründung einer Rosenkranzbruderschaft (1628), die nach anfänglich großem Zulauf bald stark zurückging. In diesen Jahren wurde auch der Schobingersche Jahrtag (1627) gestiftet und durch den ehemaligen Patronatsherren, den Dechanten Riedmayr des Stiftes St. Veit in Freising, 20 Gulden Kapital für das Läuten der »Angst unseres lieben Herrn« an jedem Donnerstag gegeben (1635).

Aber auch größere Einbußen hatte die Pfarrei Bogenhausen in diesen Jahren zu erleiden. Schon um die Jahrhundertwende hatte eine Veränderung des Flußlaufs der Isar ein beträchtliches Stück Wiesen- und Weideland abgeschwemmt. Im Kriegsverlauf selbst soll die Schmiede, »welche der Meßner als Lehen von der Kirche besaß, und welche unten an der Straße gegen die Isar stand, mit noch mehreren Häusern von den feindlichen Kriegsvölkern abgebrannt worden« sein.[17]

Der damalige Pfarrer Georg Pauls (Amtszeit 1624–1660) soll seine persönliche Habe und das Vieh des Pfarrhofs jeweils bei nahender Kriegsgefahr im Augustinerkloster in München in Sicherheit gebracht haben. So war ja auch der Schwedenkönig Gustav Adolf bei seinem Anmarsch auf München im Frühjahr 1632 mit seiner Streitmacht von Moosburg über den Isarrain, Bogenhausen und den Gasteig nach München gekommen. Darunter litten besonders die Bauern: Vieh wurde weggetrieben oder geschlachtet; Erntevorräte und Saatgut wurden beschlagnahmt oder verfüttert; Gebäulichkeiten wurden abgebrannt oder beschädigt oder sie verkamen mit den Jahren.

Die größte Einbuße aber erlitt die Pfarrei Bogenhausen durch den obrigkeitlichen Eingriff der Abtrennung der Filialkirche Heilig Kreuz in Giesing und der Au. Herzog Wilhelm V. hatte sich nach seinem Rücktritt (1597) das Jagdschloß Neudeck in der Au als einen Lieblingssitz erkoren. Hier ließ er die stattliche St.-Karl-Borromäus-Kirche erbauen (Einweihung 1623) und betrieb die Loslösung Giesings und der Au von der Mutterpfarrei Bogenhausen, der das betroffene Stift St. Veit und der zuständige Bischof von Freising mit einigen Einschränkungen stattgaben.

So wurde St.-Karl-Borromäus in der Au 1626 – nach dem Tod ihres Stifters und Förderers Wilhelm IV. (7. Februar 1626) – selbständige Pfarrei, Giesing wurde ihre Filiale, wobei wegen Platzmangels in der Au der gemeinsame Friedhof in Obergiesing bei der Heilig-Kreuz-Kirche fortbestand. Der Kirchenzehnte von Giesing und der Au verblieb der Bogenhauser Kirchenstiftung, ebenso dort gelegene Äcker, Wiesen und Nutzungsrechte (Wald). Auch sollten die Giesinger zur Erinnerung an die alte Zugehörigkeit jährlich einen Kreuzgang, eine Art Prozession oder Wallfahrt, nach Bogenhausen machen. Bereits 1629 wurde die Betreuung der St.-Karl-Borromäus-Pfarrei samt allen Liegenschaften von Kurfürst Maximilian I. dem Paulanerkloster in der Au übertragen. Damit war ein flächenmäßig ansehnlicher Teil – Giesing – und dazu der mit dem größten Bevölkerungswachstum – die Au – aus dem Pfarrsprengel Bogenhausen herausgelöst worden.

Auch ansonsten gab es von den Bogenhauser Pfarrherren in der Folgezeit viel zu klagen, namentlich was die Verfassung der Pfarrpfründe, die Baulast für den Pfarrhof und die Wirtschaftsgebäude und das Absentgeld, die jährliche Leistung an das Stift St. Veit in Freising von 150, später 200 Gulden betraf. Durch Pfarrer Balthasar Strittich (seit 1660) kam es im Jahr 1666 sogar zu einem unrechtmäßigen Pfründentausch mit dem Pfarrer von Garmisch, Johann Christoph Bader, der aber dann bis zu seinem Tod im Jahr 1679 Pfarrer in Bogenhausen war. Gegen Strittich prozessierte das Stift St. Veit, und dieser mußte noch im Jahr 1678, als er schon Benefiziat in Mittenwald war, 150 Gulden zahlen. Von diesem streitbaren Priester wird berichtet, daß er nie die geforderten 200 bzw. 175 Gulden an das Stift St. Veit zahlte, sondern »nie mehr als 150 Gulden, und dies mehrmals in ungangbaren Münzsorten, neckte auch sonst seine Patrone, und als sie ihn zur Abtragung seiner Lasten durch einen Boten mahnen ließen, gab er ihm statt der Bezahlung ›hitzige Reden‹«.[18]

Auseinandersetzungen und schließlich Prozeßhändel gab es auch mit den Pfarrherren Michael Widmann (1693–1711) und besonders Simon Mayr (1711–1757), und zwar mit den pfarrangehörigen Bauern und Kleinbauern von Bogenhausen selbst. Diese beklagten die Sonder- und Besserstellung des Pfarrers, insbesondere daß er sein Vieh nicht mit auf die Weide der Gemain treiben ließ, sondern Brachland als eigene Weidefläche »einfangen« ließ und einen eigenen Hirten dafür bestellte. Doch die Bauern bekamen mit ihrer förmlichen Klage weder vom Bischof von Freising, Eckher, noch von der Revisionsinstanz, dem Erzbischof von Salzburg, an den sie appellierten, recht. Als sie sich dann wegen der persönlichen Lebensführung ihres Pfarrers in Freising beschwerten, erhielt dieser von dort einen Verweis, blieb aber Pfarrer in Bogenhausen. In der Folgezeit gab es ein gedeihliches Auskommen in der Gemeinde, wie verschiedene Jahrtagsstiftungen, z. B. der Gemeindejahrtag am Montag nach Kirchweih (1733), zeigen. Auch durch sein Testament ist Simon Mayr, der fast ein halbes Jahrhundert Pfarrer in Bogenhausen war und achtzigjährig am 6. August 1757 verstarb, rühmlich in die Geschichte des Ortes eingegangen, da er den größten Teil seines nicht unbeträchtlichen Vermögens den Kirchen seiner Pfarrei vermachte: »Arme scheint es glücklicherweise in der Gemeinde nicht gegeben zu haben, weil solcher gar nicht erwähnt wird, und bei dem wohlthätigen Sinne des Erblassers, der alle Kirchlein seiner Pfarrei bedacht hatte, gewiß auf sie wäre Rücksicht genommen worden.«[19] Simon Mayr, der auch zum Dekan des Landkapitels Oberföhring gewählt worden war, darf als typischer und bemerkenswerter Pfarrherr und Landkapitelvorstand der Barockzeit in Bayern angesehen werden.

Für die Gestalt des Pfarrdorfs Bogenhausen war diese Zeit deshalb maßgeblich, weil zu Beginn und in der Mitte des 18. Jahrhunderts die beiden Bauwerke errichtet wurden, die heute allein noch den geschichtlichen Kern des Ortes bezeichnen: der Pfarrhof und die Rokokokirche St. Georg.

Nach dem jahrzehntelangen Hin und Her um die Kosten für die Instandsetzung des Pfarrhofs und seiner Ökonomiegebäude nach dem Dreißigjährigen Krieg brachte Pfarrer Michael Widmann durch systematisches und hartnäckiges Vorgehen den Neubau und seine Finanzierung zustande. Zwar hatten der Bischof von Freising und der Abt von Schäftlarn als Zehentberechtigte eine Beteiligung an den Kosten abgelehnt, aber schließlich gelang die Sicherung der Finanzierung durch die Heranziehung verschiedener Geldgeber: 1000 Gulden gab die Kirchenstiftung Bogenhausen, 600 Gulden die von Baumkirchen (Dekanat), 300 Gulden trug das Stift St. Veit bei, je 150 Gulden Pfarrer Widmann selbst und sein Vorgänger, der eine Baugefällereserve hinterlassen hatte. Zwischen 1702 und 1705 wurden das noch bestehende Wohngebäude, der Pferdestall, der Stadel und weitere Ökonomiegebäude errichtet. Die Rechnungsendsumme betrug 2916 Gulden, 36 Kreuzer: »Wan nun Einnamb und Ausgab gegen einand gelegt und aufgehebt wird, so bezeuget sich, daß man dem Rechnungsführer Rest heraus zu erstatten schuldig bleibt 716 Gulden, 36 Kreuzer.«[20] Diese Restschuld und weitere Investitionen wurden von Pfarrer Widmann beglichen: »Derselbe war ein sehr guter Oekonom und betrieb den Pfarrwiddumsbau sehr schwunghaft, kaufte auch viel Dünger zur Verbesserung der Felder. Eine Oekonomie in damaliger Zeit und in solcher Nähe einer Hauptstadt rentierte sich gut. Ein Schäffel Weizen galt 9–10 Gulden, schönere Pferde kosteten pr. Stück 60 Gulden, Kühe 20 Gulden etc.«[21]

Der Um- und Neubau der St.-Georgs-Kirche im Stil des Rokoko (1760–1770) und ihres Turmes (1771) steht unter anderen Vorzeichen. Nach dem Visitationsbericht von 1738, die die Kirchen von Bogenhausen als eine der schöneren Landkirchen in gutem Bauzustand schildert, scheint diese Baumaßnahme nicht notwendig gewesen zu sein. Auch aus der Form der Finanzierung, der Qualität der Künstler und des Reichtums der Ausstattung läßt sich schließen, daß hier andere Interessen am Werk waren, die über die Möglichkeiten eines Pfarrdorfes und seiner Pfarrkirchenstiftung hinausgingen. Als Anlaß für den Neu- bzw. Umbau wird man die Entstehung der Schloßanlage Neuberghausen[22] in unmittelbarer Nachbarschaft der Kirche ansehen müssen. Als treibende Kräfte für das Bauvorhaben dürfen wohl der Schloßherr, August Graf von Törring-Jettenbach (1728–1802), eine hervorragende Gestalt des bayerischen Beamtentums der zweiten Hälfte des 18. Jahrhunderts, und der damalige Pfarrer, Franz Riedl (Amtszeit 1757–1789) angenommen werden. Bauten und wirkten an Schloß Neuberghausen Ignaz Gunetzrhainer und François Cuvilliés, so wenig später an der St.-Georgs-Kirche Johann Michael Fischer, Philipp Helterhof, Johann Baptist Straub und Ignaz Günther.

Die Baukosten beliefen sich auf 6421 Gulden für die Kirche und 724 Gulden für den Turm. Nur etwa ein Drittel der Kosten brachte die Bogenhausener Kirchenstiftung auf; zur Anleihe von 4500 Gulden steuerte die Kirchenstiftung von Ramersdorf 2000, die des Leprosenhauses am Gasteig 2500 Gulden bei.

So entstand mit zahlreichen zusätzlichen Schenkungen – August Graf von Törring stiftete Kanzel und Choraltar, wo das Törringsche Wappen angebracht ist – einer der bau- und kunstgeschichtlich letzten Höhepunkte des bayerischen Rokoko.

Anmerkungen

1 Mon. Germ. SS Merov., Bd. 6, S. 570 – Franz Brunhölzl, Bischof Arbeo von Freising: Das Leben des heiligen Korbinian, in: Glaser-Brunhölzl-Benker, Vita Corbiniani: Bischof Arbeo von Freising und die Lebensgeschichte des hl. Korbinian (30. Sammelblatt des Hist. Vereins Freising), München-Zürich 1983, S. 77–157 (Neuausgabe und Übersetzung).

2 Nach Theodor Wilmersdoerffer, Beiträge zur Geschichte der Vorstädte Münchens. I. Neuberghausen. Hist. Archiv f. Obb., Bd. 58/1913, S. 5. – Entsprechend: Hugo Schnell, St. Georg/München-Bogenhausen. Schnell, Kunstführer Nr. 55 von 1934, 6. überarbeitete Aufl. 1977. – Dagegen: Josef Maß, Das Bistum Freising im Mittelalter. München 1986, S. 36: Maß liest »Wippenhausen«.

3 Maß, a. a. O., S. 53.

4 Theodor Bitterauf, Die Traditionen des Hochstifts Freising. 2 Bde. München 1905/1909 (Neudruck Aalen 1967). Hier Bd. I, Nr. 284.

5 Ebd. I, Nr. 650.

6 Ebd. I, Nr. 1238, 1280a, 1297.

7 Zit. nach Maß, a. a. O., S. 243.

8 Zit. nach Stefan Breit, Was früher alles Recht war. In: »1200 Jahre Perlach 790–1990«. Hrsg. Festring Perlach, München 1990, S. 232.

9 Ausführlich und detailliert hierzu Th. Wilmersdoerffer, a. a. O., S. 37–65, Exkurse I–V.

10 Michael Lampart: Einige Beiträge zur Geschichte des Pfarrdorfes Bogenhausen bei München. Hist. Archiv Obb., Bd. 26/1865, S. 159.

11 Zit. nach Wilmersdoerffer, a. a. O., S. 59.

12 Zit. nach Wilmersdoerffer, a. a. O., S. 40.

13 Zit. nach Wilmersdoerffer, a. a. O., S. 8.

14 Zit. nach Wilmersdoerffer, a. a. O., S. 63.

15 Lampart, a. a. O., S. 162.

16 Fritz Lutz: Hier ist uraltes Freisinger Land. In: 1250 Jahre Kirche im Erzbistum München und Freising. Dekanat Bogenhausen. Sonderdruck aus Münchener Katholische Kirchenzeitung, München 1989, S. 6.

17 Lampart, a. a. O., S. 164.

18 Lampart, a. a. O., S. 166.

19 Lampart, a. a. O., S. 171f.

20 Zit. nach Lampart, a. a. O., S. 168.

21 Lampart, a. a. O., S. 168f.

22 Siehe nächstes Kapitel.

Barocke Adelssitze in Bogenhausen

Willibald Karl

Die wichtigste Veränderung des Bauerndorfs Bogenhausen, seines Ortsbildes, seiner Besitz- und Sozialstruktur, aber auch seiner Rechtsverhältnisse, stellt die Entstehung der barocken Adelssitze Stepperg und Neuberghausen im 17. und 18. Jahrhundert dar.

Die Entstehung des absolutistischen Fürstentums seit Albrecht V. und Wilhelm V., besonders aber unter Maximilian I., geht mit starken Veränderungen im Adelsstand einher. Der einst landsässige Adel bezieht seine politische und gesellschaftliche Bedeutung immer mehr direkt vom Fürsten selbst, von einer Stellung bei Hofe, von einer hohen Funktion in der kurfürstlichen Verwaltung oder – seit dem Dreißigjährigen Krieg – von einer Offizierslaufbahn im stehenden Heer. In diesen Beamten- und Offiziersadel der Barockzeit steigen immer mehr auch bürgerliche Familien auf, die es durch juristische Bildung, Verdienste oder Heirat zum Teil sogar zu landständischen Rechten und Privilegien bringen. Die landsässigen Adelsfamilien drängen immer stärker in die Haupt- und Residenzstadt, haben in ihr oder in ihrer unmittelbarer Nähe ein Stadtpalais, eine Stadtwohnung oder einen stadtnahen Edelsitz, von dem bzw. der aus man den Herbst und den Winter über – in der Ballsaison – bei Hofe präsent sein kann. Dazu nötigen dienstliche Aufgaben einerseits, gesellschaftliche Verpflichtungen andererseits.

In Bogenhausen sind es die Edelsitze Stepperg und Neuberghausen, die diese Entwicklung in großem Auf und Ab markieren.

Stepperg

Der Edelsitz Stepperg geht zurück auf eine Sonderentwicklung im Besitzstand des Zaichingerhofs zu Bogenhausen, der ein Lehen des Hochstifts Freising war.[1] Dieser Hof ist im 15. und 16. Jahrhundert im Besitz von Münchner Bürgerfamilien: Mändl (1453–1508), Wild (1508–1521), Haller (1521–1547). Als deren Hintersassen auf dem Hof sind urkundlich genannt Ulrich Zaichinger (1497), Lienhart Zeichl (1506) und Georg Hindermair (1542). Er geht dann über eine Vormundschaft an den Abensberger Bürger Kaspar Uttenberg, einem Enkel von Hans Haller. Uttenbergs Tante, Juliane Stadler, aus einer Münchner Weinschenkenfamilie stammend, kauft ihm den Hof 1560 ab, und ihr Mann Georg erhält ihn – da es ein doppelter Lehenfall ist gegen 16 Gulden – an ihrer Statt und in ihrem Namen vom Hochstift Freising als Lehen. Nach dem Tod ihres Gatten geht das Lehen 1571 kurzfristig an ihren Sohn Georg über. Aber bereits 1572 – Juliane Stadler ist 1571 verstorben – wird Heinrich Schobinger (1532–1610) als Freisinger Lehenträger anstatt seiner Ehefrau Juliane Stadler, der Tochter der vorigen, genannt, der dieser Bogenhauser Hof als Muttergut erblich zugefallen ist.

Die Schobingers stammen aus Wyl im Kanton St. Gallen in der Schweiz und sind zu Beginn des 16. Jahrhunderts nach München gekommen. Durch Heirat und Erwerb von Haus- und Grundbesitz haben sie das Bürgerrecht erworben, sind Kaufleute, Waffenschmiede (Paliermühle in der Au) und Inhaber zahlreicher Ämter und Funktionen der Münchner Bürgerschaft, der bayerischen Herzöge und Kurfürsten und des deutschen Kaisers. Ott Heinrich (1577–1633) und Georg (1584–1660), Söhne des obengenannten Heinrich und der Juliane Schobinger, wurden im Jahr 1623, als Bayern die Kurwürde erhält, von Kaiser Ferdinand II. in den erblichen Adelsstand erhoben. Die Schobingers gehörten vom 16. bis 18. Jahrhundert zu den angesehensten und einflußreichsten Familien Münchens.

Nach dem Tod ihrer Mutter Juliane (1629) empfangen die genannten Brüder am 24. März 1630 den

Bogenhauser Zaichingerhof gemeinsam vom Hochstift Freising zu Lehen: »Herr Ott Hainrich Schobinger der Rechten Doctor Churfürstl. Durchl. Hofrath zu München für sich selbs und als Gewalt und Lechentrager seines Herrn Bruders Geörgen Schobingers den Hof zu Pogenhausen sambt seiner Zuegehör zu lechen empfangen, auch für den Lechenraich und in ansechung fürgegangenen wexls zu fürstlicher Lechenstuben allher erlegt und richtig gemacht Id est 100 fl. (Gulden).«[2]

Wofür von den Schobingerbrüdern die 100 Gulden anstatt der üblichen acht, zehn oder zwölf Gulden bei den vorausgegangenen Lehensfällen bezahlt wurden, nämlich für den »fürgegangenen wexl«, wird im Lehenprotokoll von 1652 verdeutlicht: »Pogenhausen ain hoff allda a. 1630 ist außgenommen worden die ienige hoffstatt auf der aniezo das gemaurte haus stehet sambt dem garten heranstoßendt, wie er in dem visire mit dem Till Umfangen, undt in dem lehenbuech zu sehen, welcher thail aigen gemacht worden.«[3]

Es wurde also 1630 ein Wohngebäude mit Garten aus dem Lehen des Zaichingerhofs herausgelöst und zum Schobingerschen Eigentum. Auf diesem Grundstück entstand um 1635 das »gemaurte haus« – im Gegensatz zu den üblichen Holzbauten der Bauernanwesen – als erstes Adelsschlößchen in Bogenhausen. Den Zaichingerhof selbst hatte die Familie Schobinger bis Mitte des 18. Jahrhunderts als Erbengemeinschaft vom Hochstift Freising als Lehen, bis er über komplizierte Erbfälle schließlich an die Familien von Ruffini und von Spreti gelangte.

Im Dreißigjährigen Krieg, während der unsicheren Schwedenjahre – 1636 wird die Lehensteuer gnadenhalber um 50 Prozent ermäßigt (»Tax ex gratia«), »weillen der Hof vom Feinde ybl ruinirt«[4] – wurde das Schlößchen erbaut und nach dem Antrag vom Jahr 1639 am 22. Februar 1640 zum Edelsitz erhoben. Dies geschah vor allem durch die Übertragung der Gerichtsrechte – der niederen Gerichtsbarkeit bis zur Dachtraufe – und des Namens des Edelsitzes Stepperg bei Pfaffenhofen an der Ilm auf die Bogenhauser Liegenschaft. Gut Stepperg hatte Georg Schobinger bereits 1625 einem Pliembl aus Lindum, mit dem er weitschichtig über seine Großmutter verwandt war, abgekauft; es wurde nach der Gerichtsübertragung dem Landgericht Pfaffenhofen einverleibt. Wie fremd und weithergeholt der Name Stepperg in Bogenhausen war, zeigen die unterschiedlichen Schreibweisen: Stepperg, Steppenberg, Steckberg, Stettberg, Stöttberg, denen in späterer Zeit auch noch ganz unterschiedliche örtliche und besitzmäßige Bezüge beigelegt wurden.

In der Mitte des 17. Jahrhunderts war Stepperg unter dem Mitglied des Inneren Rats (seit 1631) und Bürgermeister (seit 1640), Inhaber zahlreicher Ämter und Ehrenämter, Besitzer der Hoflehenmühle und Klingenschmiede in der Au und auch Kirchenprobst der Pfarrei Bogenhausen Georg von Schobinger (1584–1660) ein aufblühender Edelsitz. Aber bereits in der nächsten Generation mit ihren Erbauseinandersetzungen – im Jahr 1683 – ging das Schloß in den Besitz des kurfürstlichen Rats und Geheimsekretärs Ventura Terzago über. Die weitere wechselvolle Geschichte Steppergs ist noch nicht erforscht. Es verzeichnet höhere bayerische Beamte und Offiziere als Eigentümer, wie den Kriegsrat Major von Wadenspann, der 1782 Stepperg an seinen Schwiegersohn Hofrat Joseph von Schmöger übergab, der seinerseits den Edelsitz an den Münchner Bürger und Handelsmann Franz Anton Thaller weiterverkaufte. Zu Beginn des 19. Jahrhunderts geht der Besitz von einer Hand in die andere: von Thaller an Jakob Nockher und Andreas Dall'Armi (1801), von diesen an den Bogenhauser Handelsmann Franz Xaver Ruprecht (1802) und von diesem an den Freiherrn Maximilian von Montgelas, dem damaligen Staats- und Konferenzminister des Kurfürsten Max IV. Joseph (wohl 1802/03).

Bei der weiteren Entwicklung des Edelsitzes Stepperg als Montgelasscher Besitz gingen öffentliche und private, politische und wirtschaftliche Interessen oft Hand in Hand. Mit der Säkularisation des Hochstifts Freising als unabhängigem geistlichen Fürstenstaat (1803) verschwand die Landesgrenze am Südsaum des Prielwaldes gegen Bogenhausen. Die Versteigerung des Prielwalds[5] und seine Abholzung für landwirtschaftliche Zwecke führte ansehnliche Bodenflächen der Bewirtschaftung zu, die bald in der Ausdehnung des Lehmabbaus und der Ziegelherstellung ihren Hauptzweck fand. Die bereits 1804 am Fuß des Bogenhauser Kirchbergs über die Isar errichtete Holzbrücke ermöglichte auch für Montgelas eine bequemere Verbindung zwischen der Stadt München und Bogenhausen, also zwischen Dienstsitz und Stadtresidenz einerseits, Land- und Sommersitz andererseits.

Am 25. August 1805 hat der Montgelassche Besitz in Bogenhausen den Rang einer historischen Stätte erhalten. In Stepperg führte der bettlägerige Minister Montgelas mit dem französischen Abgesandten Geheimverhandlungen über den Bündniswechsel Bayerns von der Koalition der europäischen Mächte hin zur Verbindung mit Frankreich. Im sogenannten »Vertrag von Bogenhausen« wurde das neue Bündnis Bayerns mit dem napoleonischen Frankreich paraphiert. Unterzeichnet wurde der Vertrag von Max IV. Joseph in seiner Zuflucht vor den österreichischen Truppen in Würzburg erst nach dem Aufmarsch Napoleons und seiner Staatsmacht östlich des Rheins im Herbst 1805. Unmittelbare Konsequenz dieser Politik war das Zugeständnis des Königstitels an Max Joseph durch Napoleon und die Ausrufung des Königreichs Bayern am 1. Januar 1806. In den Folgejahren hatte Bayern unter den kriegerischen Auseinandersetzungen schwer zu leiden. So wurde auch die Bogenhauser Holzbrücke aus militärischen Gründen von der österreichischen Besatzung zum Teil abgerissen (1809) und erst im Jahr 1812 durch von Wiebeking durch eine tragfähigere Konstruktion ersetzt. Die Wiebekingsche Isarregulierung von der »Steinernen Brücke« (Ludwigsbrücke) in München bis zur Bogenhauser Brücke im Jahr 1805 und in den Folgejahren in nördlicher Richtung darüber hinaus hat durch Hochwasserdämme aus dem Augebiet zwischen Bogenhausen und Oberföhring erst gesichertes, nicht mehr durch Flußbettverlagerungen und Hochwässer der Isar bedrohtes Land werden lassen. Dem Minister Montgelas erwuchs daraus erst das 1808 mit 117 Tagwerk vermessene Gebiet unterhalb seines Edelsitzes Stepperg zwischen Isarhang und Isardamm zur Anlage seines großen Natur- und Kulturgartens. Irreführender Eintragungen des Namens »Stepperg« in Karten und Plänen wegen wurde verschiedentlich die Lage des Montgelasschlößchens am Berg mit der Lage der Gärtnerei- und Wirtschaftsgebäude samt Orangerie im Tal zwischen Brunnbach und Isar (nördlich des heutigen Kufsteiner Platzes, etwa in Höhe Mauerkircher Straße 5–7) verwechselt. Im Rustikal- und Dominikalsteuerkataster des Steuerdistrikts Bogenhausen von 1812 ist für die Hausnummern 23, 25, 26 und 33 als Besitzer »S. Exzellenz Gf. von Montgelas« verzeichnet. Im Katasterplan von 1810 sind die drei Gebäude des alten Edelsitzes und der unmittelbar angrenzenden Schloßanlagen unter der Bogenhauser Hausnummer 23 eingetragen. Wege und Anlagen scheinen von dort aus hangabwärts in die Isar zu führen; die späteren Gartenanlagen sind dort noch nicht ersichtlich. Aber auch andere Hinweise verdeutlichen die Lage des Montgelasschlößchens auf der Auhöhe. Wohl um 1815 hat ein Johann Carl Mielach ein Gedicht »Bogenhausen – eine Idylle« in einer Sammlung zusammen mit anderen als »Erheiterungen« der Gräfin Ernestine von Montgelas »zur Ausfüllung einer Stunde Ihres dießjährigen Sommeraufenthaltes auf dem Landgute in Bogenhausen« gewidmet. Dort heißt es:

»Dort wo hoch ein Schloß an der Isar hügelichten Ufern
Pranget, verweilt er, da riefs ›Hier ist Arkadien, hier‹ . . .
Bogenhausen hier – mich durchglüht die Nähe des Großen . . .«[6]

Ein umfassendes Zeugnis für Lage und Bestand des Edelsitzes Stepperg und der Montgelasschen Besitzungen ist die Beschreibung des Botanikers Alois Sterler »Der Gräflich Montgelas'sche Naturgarten zur Bogenhausen« aus dem Jahr 1829.[7] Diese Anlagen sind etwa 1813/14 entstanden; ab 1818 wurden sie über 20 Jahre lang vom Obergärtner Jakob Seimel betreut. Die Gartenanlagen zogen sich vom ursprünglichen Schobingerschen Garten am Schloß den Isarhang hinunter. Sterler beschreibt insbesondere in allen Einzelheiten den im ehemaligen Augebiet liegenden ausgedehnten Naturgarten mit seinem Baum- und Gewächsbestand, ferner das Brunnenhaus, die Gewächshäuser, die Orangerie und die übrigen Bauten. In einem Plan von 1820 erscheinen nur noch die Neben-, nicht das Hauptgebäude des ehemaligen Edelsitzes Stepperg; letzteres mußte offenbar einem zeitgemäßeren Bau Platz machen.[8]

Beim Ausbau seiner Bogenhauser Besitztümer nahm Graf Montgelas, seinem eigenen staats- und verwaltungsrechtlichen Reformwirken entgegen, für sich selbst durchaus adelige Rechtsprivilegien in Anspruch. Als Politiker hatte er die alten Standesrechte, namentlich die patrimonialen Gerichtsrechte nicht nur des Klerus und der Städte, sondern auch des Adels gemindert oder abgeschafft und vor allem die Rechtsprechung vereinheitlicht. Als Privatmann und Standesherr strebte er dagegen über die niedere Gerichtsbarkeit für seinen Edelsitz hinaus durch umfangreiche Tausch- und Abrundungsaktivitäten ihm gehörender Gerichtsrechte das Orts- und Patrimonialgericht für den Steuerdistrikt Bogenhausen und benachbarte Ortschaften an: »Am 8. 5. 1814 gewährte König Max I. Joseph den Antrag seines Ministers, dessen Sitz Stepperg mit den Befugnissen eines Ortsgerichts für die Ortschaften Bogenhausen, Denning, Zamdorf, Priel und Steinhausen, insgesamt 53 Familien, auszustatten. Die Erweiterung dieses Ortsgerichts um die Ortschaften Riem und Dornach im Jahr 1816 sowie die Erweiterung der Gerichtsbefugnisse zu einem Patrimonialgericht wurden am 9. Oktober 1820 dem inzwischen im Jahr 1817 gestürzten Minister verweigert.«[9]

Danach lebte Montgelas noch über 20 Jahre mehr oder minder zurückgezogen auf seinem Edelsitz Stepperg in Bogenhausen oder auf den Besitzungen bei Landshut. Nach seinem Tod am 14. Juni 1838 verkaufte sein gleichnamiger Sohn die gesamten Bogenhauser Liegenschaften an Herzog Maximilian in Bayern. Der Artikel 1 des »Kaufscontracts« lautet: »Graf von Montgelas verkauft seinen in Bogenhausen gelegenen, großen, 1808 vermessenen 117 Tagwerk Natur-, Kunst- und Gemüsegarten mit Wiesen und Holzaufwuchs, umgeben von Mauern und Zäunen, einschließlich der Gebäude (Schweizerhaus), Ökonomiegebäude, Remisen, Heustadeln, Brunnenhaus, Glashäusern, Fensterremise usw.) sowie die dazugehörigen exotischen Gewächse, Orangerie und Blumengarten, Requisiten und Mobilien, auch mit allen dazugehörigen Rechten der Fischerei in dem Teich und Bach oder Kanals (wie von Obergärtner Seimel am 7. 8. 1837 erstatteten Bericht) um die bar bedungene Summe von 32000 fl. als freies und schuldenfreies Eigentum.«[10]

Herzog Maximilian in Bayern, wegen seiner Begeisterung für die Volksmusik volkstümlich auch »Zither-Maxl« genannt, nutzte seine neuen Bogenhauser Besitzungen gärtnerisch oder für Familienausflüge oder persönliche Kontakte mit ansässigen Besitz- und Bildungsbürgern, namentlich seinem Nachbarn, dem Baumeister und Maler Anton Höchl. Durch umfangreichen zusätzlichen Grunderwerb wuchsen die Liegenschaften des herzoglichen Hauses in Bogenhausen und Oberföhring auf über 120 Hektar an. Nach dem Tod Herzog Maximilians (15. November 1888) ging der Gesamtbesitz zunächst auf die Witwe, Herzogin Ludovika Wilhelmine, und nach deren Tod 1892 auf Herzog Karl Theodor in Bayern (1839–1909), einen berühmten Augenarzt, als Alleinerben über. Dies fiel zeitlich mit der Eingemeindung Bogenhausens und dem Stadterweiterungswettbewerb zusammen. So kamen diese Liegenschaften in den Sog der Umgestaltung Bogenhausens vom Bauerndorf zum städtischen Villenviertel.

Herzog Karl Theodor verkaufte am 5. Mai 1900 dieses »Bauerwartungsland« (389 Tagwerk) um 4 Millionen Mark (3 Mark/qm) an die »Terrain-Aktiengesellschaft Herzogpark München-Gern« von Jakob Heilmann und Littmann. Damit entstand das Bauprojekt und der Name »Herzogpark« und die Parzellierung der früheren herzoglichen Besitzungen in der Isarau zwischen Bogenhausen und Oberföhring in große Grundstücke, die für eine Bebauung mit Villen gedacht und geeignet waren. (Die Tatsache, daß ein Teil dieses Gebiets in der noch außerstädtischen Gemarkung Oberföhrings lag, förderte den Prozeß der Eingemeindung dieses weitab gelegenen Dorfes, der 1913 zum Abschluß kam.)

Das Areal des ehemaligen Edelsitzes Stepperg kam in den Besitz des Kunstmalers und Farbenfabri-

Biedermeierlicher Spaziergang durch die Isaranlagen, links die »Königswiese« zum »Hompesch-Schlössel« Neuberghausen. Gemälde um 1840

kanten Prof. E. Ph. Fleischer, der darauf im Jahr 1909 eine überdimensisonale Künstlervilla erbauen ließ. Aus Geldmangel mußte der Bau 1911 eingestellt werden. Aus der Konkursmasse kam dieser halbfertige Bau durch einen Hinweis an das Deutsche Reich, das dort den Reichsfinanzhof als Revisionsgericht für die Finanz- und Steuerrechtsprechung einrichtete.

Sein Rechtsnachfolger, der Bundesfinanzhof, ist bis heute dort untergebracht, hat Neubauten erstellt und meldet weiteren Raumbedarf an. Allerdings war in Zusammenhang mit Berlin als neuem Regierungssitz der Bundesrepublik Deutschland auch von einer Verlegung die Rede.

Dagegen hat sich der derzeitige Bundesfinanzminister für die Beibehaltung des Standorts München ausgesprochen.

Neuberghausen

Mit dem Edelsitz Stepperg unter Georg von Schobinger war Bogenhausen stärker in den Einzugs- und Einflußbereich der durch Maximilian I. neu befestigten kurfürstlichen Haupt- und Residenzstadt München geraten. Die Verbindung mit einer so bedeutenden Bürger- und Ratsfamilie auch durch die Kirchenprobstei schuf der Pfarrei Bogenhausen ein Gegengewicht für den Verlust der Au und Giesings. Zugleich war die bäuerliche Struktur des Dorfes aufgebrochen.

So nimmt es nicht wunder, daß die Entstehung eines zweiten Schlößchens im stadtnahen Bogenhausen in ihren Wurzeln bereits wenige Jahrzehnte nach dem Bau des »gemaurten hauses« von Stepperg anzusetzen ist.

Schloß Neuberghausen, Hofansicht mit ankommender Pferdedroschke. Bleistiftskizze von Lebschée um 1830

Neuberghausen. Bleistiftskizze von C. A. Lebschée.
Wiedergegeben mit freundlicher Genehmigung des Besitzers Herrn Kommerzienrat F. X. Zettler in München.

Der Ort, wo dieses Gespräch stattfand, heißt Bogenhausen, oder Neuburghausen, oder Villa Hompesch, oder Montgelasgarten, oder das Schlössel, ja man braucht ihn nicht einmal zu nennen, wenn man von München dort hinfahren will, der Kutscher versteht uns schon an einem gewissen durstigen Augenblinzeln, an einem gewissen vorseligen Kopfnicken und ähnlichen Bezeichnungsgrimassen. Tausend Ausdrücke hat der Araber für ein Schwert, der Franzose für die Liebe, der Engländer für das Hängen, der Deutsche für das Trinken und der neuere Athener sogar für die Orte, wo er trinkt. Das Bier ist an besagtem Orte wirklich sehr gut, selbst im Prytaneum, vulgo Bockkeller, ist es nicht besser, es schmeckt ganz vortrefflich, besonders auf jener Treppenterrasse, wo man die Tiroler Alpen vor Augen hat. Ich saß dort oft vorigen Winter und betrachtete die schneebedeckten Berge, die, glänzend in der Sonnenbeleuchtung aus eitel Silber gegossen zu sein schienen.

HEINRICH HEINE. Reisebilder III, 4. II. Heft S. 4 und 5. München 1841

Der Kern Neuberghausens[11] geht zurück auf eine »hofstat«, die ursprünglich zum Prielhof gehört, der ein Lehen des Bischofs von Freising war. Diese »zuegehörung« oder »hofstat« ist also kein eigenständiger Bauernhof, sondern eine Art Vorwerk oder Zu-Haus, ein kleineres Wohn- und Wirtschaftsgebäude, nutzbar als Austragshaus oder Wohnhaus für an die bäuerliche Familie angegliederte Dienstbotenfamilie (»In-Leute«) oder vermiet- bzw. verpachtbar an kleinbäuerliche Handwerkerfamilien. Die Hofstatt liegt nach einer Gerichtsurkunde des Landgerichts Wolfratshausen

Buntes Treiben auf der Terrasse und im Biergarten von Neuberghausen. Zeichnung um 1840

Das Schlößchen Neuberghausen ist mir vor Allem lieb und werth ... mein liebes Neuberghausen, das von der Isarhöhe mit hellen Fensterscheiben, wie mit freundlichen Augen über das Strombett weg, in die liebenswürdige Schwermut des englischen Gartens schaut ... Kürzlich war Ball in Neuberghausen, den die Studenten veranstaltet hatten ... Der Garten ist dann mit buntfarbigen, transparenten Ballons und Lampen erleuchtet, der offene Tanzsaal, unter hohen Bäumen, mit Spiegeln, Lüstern und Gewinden von Eichenlaub geziert. Eine liebliche Mädchenwelt in luftigem Sommerputze wogt hin und her, deren hübsche Zähne man nur leider zu oft zusammenklappern sieht, wenn der eisige Wind der Gletscher in der ganzen Ausdehnung von Salzburg bis St. Gallen, über Münchens Ebene einherpfeift. Bis auf die zusammengeschrumpften blauen Lippen und die leise klappernden Zahnreihen ist alles Übrige recht einladend. Reiche Büffets unter Zelten, spielende Musikchöre, im allgemeinen befriedigendes Arrangement. Das Tirili der ersten Frühlerche löst die ermüdenden Tänzerpaare ab.

München, AUGUST LEWALD in seinem »Panorama von München«, Stuttgart 1840. 2. Aufl. II. Teil, S. 262–264

vom 9. Oktober 1449 »bey des Zehentners Anger«. Zehentmeier, Einsammler des Kirchenzehnten, war in Bogenhausen der jeweilige Besitzer des Langgutes, dessen Anger nächst Pfarrhof und Kirche lag. Südlich davon (Ecke der heutigen Neuberghauser/Maria-Theresia-Straße) stand der Vorläufer des Schlosses Neuberghausen. Diese »Hofstatt, da der Oelhuber yez aufsitzt«, hatte der Münchner Bürger

Wilhelm Astaler im Jahr 1453 mit dem Münchner Angerkloster gegen »ain flecklen ains garten zu Pogenhausen gelegen« getauscht. Im Eigentum des Angerklosters verblieb die Hofstatt – »gilt jährlich sechs hünr. Und ain vasnachthenn«, später einen Gulden, woraus die geringe Größe ersichtlich ist – bis Ende des 17. Jahrhunderts. Sie unterlag ständigen baulichen Veränderungen; 1507 ließ Khunz Prilmayr »ein guetes Hauß darauf zimmern«, 1508 wurde ein Zimmer angebaut, 1533 durch den damaligen Pfarrherrn Johan Vischer ein Neubau errichtet. Vielleicht geht der erste Steinbau auf diese Zeit zurück.

Die Bau-, Zustands- und Lagebeschreibung von 1652 lautet: »Die Hofstatt auf dem Berg zu Pogenhausen betr. Ain Hofstatt darauf ein zwaygäring gemauerte mit Häkhen und Preiß gedöckte Behaußung, mit ainer obern und undern Stuben, auch Cämern und reverendo Chüeställ versehen, dabey ain garten, so ainhalbs tagwerch, und darinnen 7 Pifang Ackhers, welche Behaußung, und Garten, oben an Münchner Gangsteig unden an unser Lieben Frauen Gottshauß Rämerstorf Anger: beiden seiten an die Freising: und Schobingers Ackhern und gründt ligent, Ain clainß absonderlichs Städerl darbey, am Münchner Gangsteig: und Freisinger-Zaun ligent.«[12]

Es ist also eine zweistöckige, mit Dachziegeln gedeckte und aus Ziegeln gemauerte Behausung; auf dem Grundstück befindet sich ein Acker mit 28 Zeilen (1 Pifang = 4 Zeilen).

Der Streitfall, der schließlich zum Besitzwechsel und zur Entstehung des Schlosses Neuberghausen führte, wird im nachhinein im Haupt-, Grund- und Saalbuch des Angerklosters von 1738 wie folgt zusammengefaßt:

»Diese 2te Hofstatt das Closter nit allein von anno 1500 an, bis auf H. Geroldt, welche solche anno 1637 gestiftet, sondern auch nach demselben biß anno 1678, ohne widerredt als ein eigenthum ingehabt und verstiftet, wie sowoll die alte Stiftsregister: Stiftsbücher als auch vorhandene alte Stiftsbrief de anno 1507 etc. ganz glat erweisn. Nachdem aber anno 1678 der damahlige Freystifter Caspar Werner diese Söldn, ohne des Closters Wissen Consens dem H. Jäkhlin, churfl. Hofbuchdrucker, als ein Eigenthum verkauft, hat sich ein Streit erhobn, so von anno 1679 bis 1696 gewehrt, in welchem zwar H. Jäkhlin in erster instanz als in appellatorio verlohrn, doch weils man mit Verleihung der weithern veranlaith freystift- oder leibgedings Gerechtigkeit nit übereins kommen kan, hat das Closter diese Söldn anno 1697 den 12. July dem churfl. Hofmahler Herrn Joh. Antonio Gumpp p. 800 fl. verkhauft (Stfb. de a. 1690 Nr. 10 f. 53), welcher anstatt des Leykaufs die neu gefertigte St. Anna capelln in fresco ausgemahlt.«[13]

Der Schneider Philipp Jacob Gerolt (ca. 1590–1663) war Mitglied des Äußeren Rats, später Hofschneider und kurfürstlicher Hofkammer-Schneiderei-Verwalter. Er war als Vorgänger Georg von Schrobingers Kirchenprobst in Bogenhausen (1627). In späteren Jahren waren mehrmals Klagen wegen Schulden oder Veruntreuungen gegen ihn anhängig, weshalb er offenbar 1636 seiner Stelle enthoben wurde. Sein Nachfolger auf der Hofstatt hat dann 1678 den unrechtmäßigen Verkauf an Johann Jäglin (1623–1710) vorgenommen. Dieser war Buchdrucker und erwarb im Jahr 1656 nach Immobilienkauf und Heirat in München das Bürgerrecht. Er war beruflich und wirtschaftlich erfolgreich, verstrickte sich später aber in eine Reihe von gerichtlichen Auseinandersetzungen, deren längste mit dem Angerkloster wegen der Hofstatt in Bogenhausen 17 Jahre (1679–1696) dauerte. Ein besonderer Grund zu Befürchtungen und Anlaß zur Beschwerde des Angerklosters (1681) war die umfassende bauliche Veränderung, die Jäglin, der Baufälligkeit des alten Hauses vorschützte, vornehmen ließ: »Jäckhlin hat Alles in Grund niedergerissen und vor seiner Lust ein neues Gebäu und Garten so stattlich dahingeführt, daß er solchem einem vornehmen Herrn und Grafen zu verkaufen gesinnt sein.«[14]

Es wird hier damit spekuliert, ob nicht Jakob Graf Preissing, der unterhalb des Jäglinschen Neubaus im Brunnthal seinen Garten hatte, daran interessiert sein oder dafür gewonnen werden sollte.

Offensichtlich um dieses problematische Objekt loszuwerden, gab das Angerkloster bereits im Jahr

1697 seine Bogenhauser Hofstatt anstellte einer Barbezahlung von 800 Gulden für Freskoarbeiten in der kleinen St.-Anna-Kapelle an den Hofmaler Johan Antonio Gumpp. Dieser entstammte einer Tiroler Künstlerfamilie und arbeitete als Dekorations- und Freskomaler für Kurfürst Max II. Emmanuel in der Residenz, in Schleißheim, Nymphenburg und Dachau, ferner für die Marianische Kongregation im Bürgersaal in München. Trotz zahlreicher Aufträge war Gumpp notorisch in Geldnöten. So betätigte er sich auch als »Immobilienspekulant« und verkaufte das Bogenhauser Schlössel im Jahr 1704 um 2000 Gulden – d. h. mit 150 Prozent Gewinnt – an Adelheid Felicitas Gräfin von Törring zu Seefeld (geb. Marchesa de Canossa aus Verona), die als Hofdame an den Münchner Hof gekommen war. Ihr Gatte, Maximilian Cajetan Graf Törring, vergrößerte ihren Bogenhauser Besitz durch Zukauf der Zächerlhube von der Ramersdorfer Kirchenstiftung im Jahr 1718. Nach dem Tod der Gräfin (1737) verkaufte ihr Sohn Clemens Gaudenz, Offizier und später Geheimer Rat, am 3. Juni 1740 den Gesamtbesitz an Caspar Gregor von Lachenmayr. Dieser stammte aus bürgerlichen Verhältnissen in Vilsbiburg und stieg unter den Kurfürsten Karl Albrecht und Max III. Joseph zu einem der höchsten bayerischen Finanzbeamten auf. Im Jahr 1740 wird er von Kurfürst Karl Albrecht im Adelsstand bestätigt, und ferner wird sein Besitz in Bogenhausen zum Edelsitz erhoben, worauf er die Edelmannsfreiheit mit Niedergerichtsbarkeit erhält. Der Edelsitz wird von der Ständevertretung von Oberbayern mit nur zwei Gulden jährlich Rittersteuer belegt und mit dem Namen »Neuberghausen« in die Landtafel aufgenommen. Dieser Name stammt vermutlich aus der Familientradition der Lachenmayrs, die in Berghausen bei Abensberg im 17. Jahrhundert Grundbesitz gehabt hatten. So wurde Neuberghausen genau 100 Jahre nach Stepperg zum zweiten Edelsitz in Bogenhausen.

Lachenmayr ließ nun bald auf seinem Grundbesitz in Bogenhausen einen Neubau errichten, ursprünglich in der Absicht, das Schloß dann an den Kurfürsten Karl Albrecht zu verkaufen. Dazu kam es aber nicht. Er hat das Kostenvolumen des Baus, dessen Architekten, Baumeister und Künstler ebensowenig bekannt sind wie seine Bauzeit, selbst später mit 10000 Gulden angegeben. Lachenmayrs lange Abwesenheit als Kriegszahlmeister (1741/42) bzw. Zahlmeister des kaiserlichen Hoflagers Karl Albrechts in Frankfurt (1742–1744) ließ ihn nicht in Bogenhausen heimisch werden. Er verkaufte den vermutlich durch Grundstückszukäufe erweiterten Edelsitz am 2. Februar 1751 um 7500 Gulden an Hieronimo Graf von Spreti und zog sich später nach Schloß Elkoven bei Grafing zurück. Spreti, aus Ravenna gebürtig (1695), machte vom Edelknaben (1703) bis zum Generalfeldmarschall (1752) und wirklichen Geheimen Rat (1758) eine große Karriere am kurfürstlich-bayerischen Hof und war dreimal verheiratet. Er ließ 1752/53 in Neuberghausen eine Schloßkapelle zu Ehren des heiligen Clemens anbauen und einsegnen, wo die Schwester seiner zweiten Frau, Maria Theresia Gräfin Khuen, geb. Beccaria, beigesetzt wurde. Auch ein neuer Pumpbrunnen wurde auf Spretis Veranlassung hin vor dem Schloß gegraben. Ferner verkaufte er 36 Tagwerk landwirtschaftliche Nutzgründe und vergrößerte im Gegenzug das Schloßgrundstück selbst durch Zukäufe im Norden und Süden der Liegenschaft. Erstmals hatte Neuberghausen einen Schloßherrn, der mit seiner Familie hier Aufenthalt nahm und der sich um viele Einzelheiten von Ausstattung und Einrichtung selbst kümmerte.

Doch keine zehn Jahre später – nach dem Tod seiner zweiten Frau (1759) – verkaufte Spreti am 14. Juni 1760 Neuberghausen um 10000 Rheinische Gulden an August Joseph Graf von Törring-Jettenbach (1728–1802), der bald vom Geheimen Rat zum Hofrats-Vizepräsidenten (1762) aufstieg und später Pfleger von Marquardstein (1763), dann von Trostberg (1773) wurde. Vor dem Kauf hatte er die Vorbesitzer Lachenmayr und Spreti ausführlich durch seinen Haussekretär Seidl über Neuberghausen befragen lassen. Gleich nach dem Kauf wurde der Stadtoberbaumeister Ignaz Gunezrhainer für den Umbau ins Auge gefaßt und Hofbaumeister François Cuvilliés mit Entwürfen dafür beauftragt. Törring prüfte persönlich die Vorschläge. Die Bauausführung (1761–1763) lag beim gräflichen Mau-

Die »Kgl. Beamten-Relicten-Anstalt« Maximilians II. von 1862/63, der Nachfolgebau des abgebrochenen Edelsitzes Neuberghausen auf einer Postkarte um 1905. Im Vordergrund rechts Gebäudeteile von Bad Brunntal

Beamtentöchter – Stift Neuberghausen vor der Kriegszerstörung 1943

rerpolier Thomas Wohlschlager, der Innenausbau bei dem Freskomaler Ambrosius Hörmansdorfer. Die Kapelle wurde nun dem heiligen Laurentius geweiht und von dem Maler Franz Joseph Weiß mit einem entsprechenden Altarblatt nach dem Vorbild dessen in der St.-Laurentius-Hofkirche ausgestattet.

In den Folgejahren erlebte Neuberghausen und das Pfarrdorf Bogenhausen mit der von Törring geförderten Vergrößerung und Erneuerung der St.-Georgs-Pfarrkirche (siehe S. 95) eine Blütezeit im Übergang vom Rokoko zum Klassizismus im Geist einer gemäßigten Aufklärung. Graf Törring war auch Ehrenmitglied der Bayerischen Akademie der Wissenschaften (gegründet 1759), und Neuberghausen wurde ihm eine Zuflucht für Mußestunden: zum Lesen und Studieren in seiner umfangreichen Bibliothek, zur Beschäftigung mit seinem Tagebuch oder mit dem von ihm besonders bevorzugten Gartenbau – in Theorie und Praxis.

Die Gartenanlagen mit achtzig Linden aus dem Mehringer Forst nahe dem Stammsitz Jettenbach, mit der Champignonzucht und dem Melonen-, Spargel-, ja selbst Ananasanbau unter der Obhut des Gärtners Johann Georg Schedloh, der von 1764–1790 dort tätig war, waren des Grafen »Leidenschaft« – wenn ein so pedantisch-abgeklärter Charakter wie er zu so einer Gemütsbewegung überhaupt fähig war. Ansonsten pflegte der noble Herr die Hausmannskost der Schwester des Pfarrherrn – Eier, Schmarrn, Hühner – zu verzehren und auf der Terrasse Burgunder oder Champagner zu trinken. In seinem Alter hat er Neuberghausen sich selbst überlassen.

So blieb es auch unter seinem Sohn und Erben Joseph August, der den Edelsitz ab 1. Mai 1807 an Johann Wilhelm von Hompesch vermietete und ihn am 12. November 1808 um 16000 Rheinische Gulden an diesen verkaufte. Die Kontinuität der Schloßanlagen wahrte wiederum das Gärtnerehepaar: Die Weixlbaumers waren hier von 1793–1827 im Dienst. Das Haus selbst und seine Innenausstattung war mit den Jahren seinen Besitzern entfremdet und karg geworden.

Hompesch (1761–1809) stammte aus Oberelvenich im wittelsbachischen Jülich und war nach verschiedenen Aufgaben in Jülich, Berg und Franken 1806 bayerischer Finanzminister geworden. Im Jahr 1809 wurde er zum Leiter der Staatsgeschäfte berufen, starb aber schon gegen Jahresende (9. Dezember). Aus seiner kurzen Zeit in Neuberghausen, das nun »Villa Hompesch« oder »Hompeschschlößl« genannt wurde, ist eine weitere Vergrößerung des eigentlichen Schloßareals durch Kauf- und Tauschgeschäfte mit dem Bogenhauser Pfarrer Hallmayr zu vermelden. Den Besitz erbte sein Bruder Ferdinand Ludwig Josef Anton von Hompesch, der als Reitergeneral in großbritannischen Diensten die Erbschaft erst 1813 antreten konnte.

Einstweilen wurde Neuberghausen verwaltet und gelegentlich auch vermietet, bis es am 27. Dezember 1827 – ohne Inneneinrichtung und Ausstattung – um 21000 Gulden an die Witwe Linder, geb. Kirchmaier (1788–1862), verkauft wurde. Die bisherige Wirtin des »Tivoli« im Lehel am Englischen Garten am Bogenhausen gegenüberliegenden Isarufer heiratete 1828 den um fünf Jahre jüngeren Vitus Buchmayer (1793–1882) aus Moosinning und richtete in Neuberghausen eine bald blühende Ausflugsgaststätte ein. Wenn auch die Blütezeit dieses Neuberghausen der Biedermeierzeit und des Vormärz nur wenig mehr als 20 Jahre dauerte, so hat sie doch das Urteil der Zeitgenossen und der Nachwelt wesentlich geprägt. Zusammen mit der Menterschwaige und der Waldwirtschaft in Großhesselohe war Neuberghausen das beliebteste Ausflugsziel der Münchner Bürger, der Soldaten und jungen Offiziere, der Studenten und Künstler, der Journalisten und Literaten, der Landtagsabgeordneten und Neureichen, der Damenwelt »Isarathens« aller Schattierungen in Sonderheit. An den Frühlings- und Sommerabenden, namentlich aber an den Sonntagen pilgerten ganze Scharen durch den Englischen Garten über die Bogenhauser Holzbrücke nach Neuberghausen hinauf oder sie ließen sich mit der Droschke vorfahren, um dort im Kaffeegarten, auf den Terrassen oder im offenen Ballsaal ihren Vergnügungen nachzugehen: sehen und gesehen werden. Immer gab es Musik: Konzerte oder Tanzvergnügen, oft besondere Feste mit Lampions, Kostümen... Neuberghausen – man mußte dabeigewesen sein.

Am 21. November 1839 kauften Martin Daimer, Stiefbruder Buchmayers, und seine Frau Korona den noch um fünf Tagwerk vergrößerten Besitz um 36000 Gulden und führten den Gaststättenbetrieb weiter. Der neuerliche Verkauf am 20. April 1853 an Franz und Anna Wagenpfeil erbrachte – trotz vorheriger Abtrennung einiger Grundstücke – schon 45000 Gulden. Diese Besitzer wiederum erlösten 1857 für eine Abtretung an König Maximilian II. zwecks Wegregulierung 3560 Gulden und für den gesamten Restbestand vom nämlichen Käufer am 20. September 1862 letztendlich 60000 Gulden. Inzwischen waren zwischen Maximilianeum und Bogenhausen die Maximiliansanlagen entstanden, deren krönender Abschluß im Norden auch ein Neubau werden sollte. Neuberghausen, die Schöpfung Gunetzrhainers und Cuvilliés', entsprach dem Geschmack der Zeit nicht mehr – »Zopfstil« wurde die Bauweise des 18. Jahrhunderts genannt – und wurde noch 1862 abgerissen. An seiner Stelle entstand der Bau der »Königlichen Versorgungsanstalt für Beamtentöchter« (Beamten-Relicten-Anstalt). Er wurde ein Opfer der Bombenangriffe im Zweiten Weltkrieg (siehe S. 185). Die Nachfolgeeinrichtung der »Drachenburg« – so der Spitzname im Volksmund – steht am Scheidplatz in Schwabing. An Ort und Stelle erhebt sich der Neubau der Frankona-Rückversicherung.

Anmerkungen

1 Wilmersdoerffer, a. a. O., S. 41–58 (Exkurs III).
2 Zit. nach Wilmersdoerffer, a. a. O., S. 44 f.
3 Zit. nach Wilmersdoerffer, a. a. O., S. 45; visir = Plan, till = Planke.
4 Zit. nach Wilmersdoerffer, a. a. O., S. 47.
5 Fritz Lutz, Aus der Vergangenheit des Priel bei München-Bogenhausen. Eine Dokumentation. München 1991, S. 73–94.
6 Cgm 8359 Bayerische Staatsbibliothek München. Mitteilung von Universitätsprofessor Dr. Hellmut Rosenfeld an Dr. Artur Model vom 26. März 1974.
7 Stadtarchiv München 12084. Nachlaß Dombart (Kopie einer masch.schr. Abschrift).
8 Mitteilung von Professor Dr. Hellmut Rosenfeld an Stadtarchiv München, Arch.Dir. Dr. Schattenhofer vom 15. November 1974. Eine bildliche Darstellung der Schloßanlage ist nicht bekannt.
9 Lutz, Priel, a. a. O. (Beilage 2), S. 148.
10 STA Mü Briefprotokoll 1335/165 (Hypothekenbezirk Bogenhausen im Landgericht Au). – Zit. nach Lutz, Priel, a. a. O., Beilage 1, S. 146.
11 Wilmersdoerffer, Neuberghausen, a. a. O., S. 8 – passim. W. hat die Besitzverhältnisse und ihre Veränderungen in allen Einzelheiten beschrieben mit 5 Exkursen über einzelne Bogenhauser Anwesen und 67 »Personalakten«-Beilagen.
12 Zit. nach Wilmersdoerffer, a. a. O., S. 11.
13 Zit. nach Wilmersdoerffer, a. a. O., S. 12.
14 Zit. nach Wilmersdoerffer, a. a. O., S. 15.

Wandel des Bauerndorfs im 19. Jahrhundert

WILLIBALD KARL

Die Französische Revolution (1789) und die ihr folgenden Kriege zwischen dem revolutionären bzw. napoleonischen Frankreich und der Koalition der europäischen Mächte brachten in ganz Europa gewaltige Umwälzungen mit sich. Ins Auge springen die Veränderungen auf der Landkarte Europas, die Ziehung neuer Staatsgrenzen, ja das Verschwinden ganzer Fürstenstaaten, wie in Bayern. Ein Teil dieser Veränderungen wurde auch nach dem Ende des Zeitalters Napoleons, im Wiener Kongreß, nicht wieder rückgängig gemacht.

Noch tiefgreifender waren aber oft die Veränderungen, die sich im Inneren der Staaten und Gesellschaften an der Wende des 18. zum 19. Jahrhundert abspielten. Die landständische Gesellschaftsverfassung mit den Vorrechten des Klerus, des Adels und des selbstverwalteten Stadtbürgertums fand ihr Ende, und dies wirkte sich auf Herrschafts- und Nachbarschaftsverhältnisse bis hinein in jedes Dorf und jeden Weiler, ja in Haus und Hof im einzelnen aus.

Dieser Prozeß der Säkularisation und Mediatisierung ist vielschichtig: Er hat staatspolitisch-rechtliche, wirtschaftlich-finanzielle und sozial-kulturelle Funktionen und Folgen. Die Vereinheitlichung von Herrschaft, Recht und Verwaltung war das politische Ziel von Säkularisation und Mediatisierung, die Sanierung der Staatsfinanzen in Kriegszeiten das finanzielle, die Durchsetzung humanitär-aufklärerischer Grundsätze das sozial-kulturelle.

Für Bogenhausen bedeutete die politische oder Herrschaftssäkularisation, das Ende des unabhängigen geistlichen Fürstentums des Hochstifts Freising (1802/03), zugleich die Beendigung seiner Geschichte als Grenzort zweier von einander unabhängiger Rechts- und Verwaltungsbezirke. Damit unterstanden jetzt alle nachbarschaftlichen Streitfälle, die vorher zwischenstaatliches Handeln zweier Verwaltungen notwendig gemacht hatten, einer staatlichen und bürokratischen Obrigkeit.

Mit der Säkularisation wurde in Freising ein kurfürstliches Generalkommissariat unter Johann Adam Freiherrn von Arentin und seinem Stellvertreter Elbling eingerichtet; die Grafschaft Ismaning wurde vorübergehend ein eigenes Landgericht unter dem Pfleger oder Landrichter Jakob von Baur.

Aber die alten Gerichts- und Verwaltungsbezirke des Landgerichts Wolfratshausen, Amt Perlach – wozu Bogenhausen gehörte – und der ehemaligen Grafschaft Ismaning gingen bereits im September 1803 (5./11.) im neugebildeten Landgericht München und seinem nun erweiterten Amt Perlach auf.

1831 wurde – bei Auflösung des Amts Perlach – ein neues Landgericht Au bei München gebildet, das aber schon bei der Eingemeindung der Au, Giesings und Haidhausens nach München im Jahr 1854 wieder aufgehoben wurde. Die Dörfer östlich von München wurden einem neuen Landgericht München rechts der Isar mit Sitz in Haidhausen zugeteilt.

Mit diesen rechtlichen und bürokratischen Rahmenbedingungen veränderte sich auch die Zuordnung der Orte und ihrer Gemarkungen im Hinblick auf Wirtschaft und Verkehr. Damit erlangte die Straße von München über den Gasteig, Haidhausen und Bogenhausen nach Ober- und Unterföhring und Ismaning eine neue Bedeutung. Ja, bald wurde sogar eine neue zusätzliche Brücke, die Bogenhausen über den Englischen Garten und das Lehel mit München verband, als notwendig angesehen (siehe S. 72).

Insgesamt hatte diese Entwicklung eine stärkere Verbindung Bogenhausens mit München zur Folge, die sich bald immer entscheidender auf die soziale Struktur des Bauerndorfs und ihre Veränderung auswirken sollte.

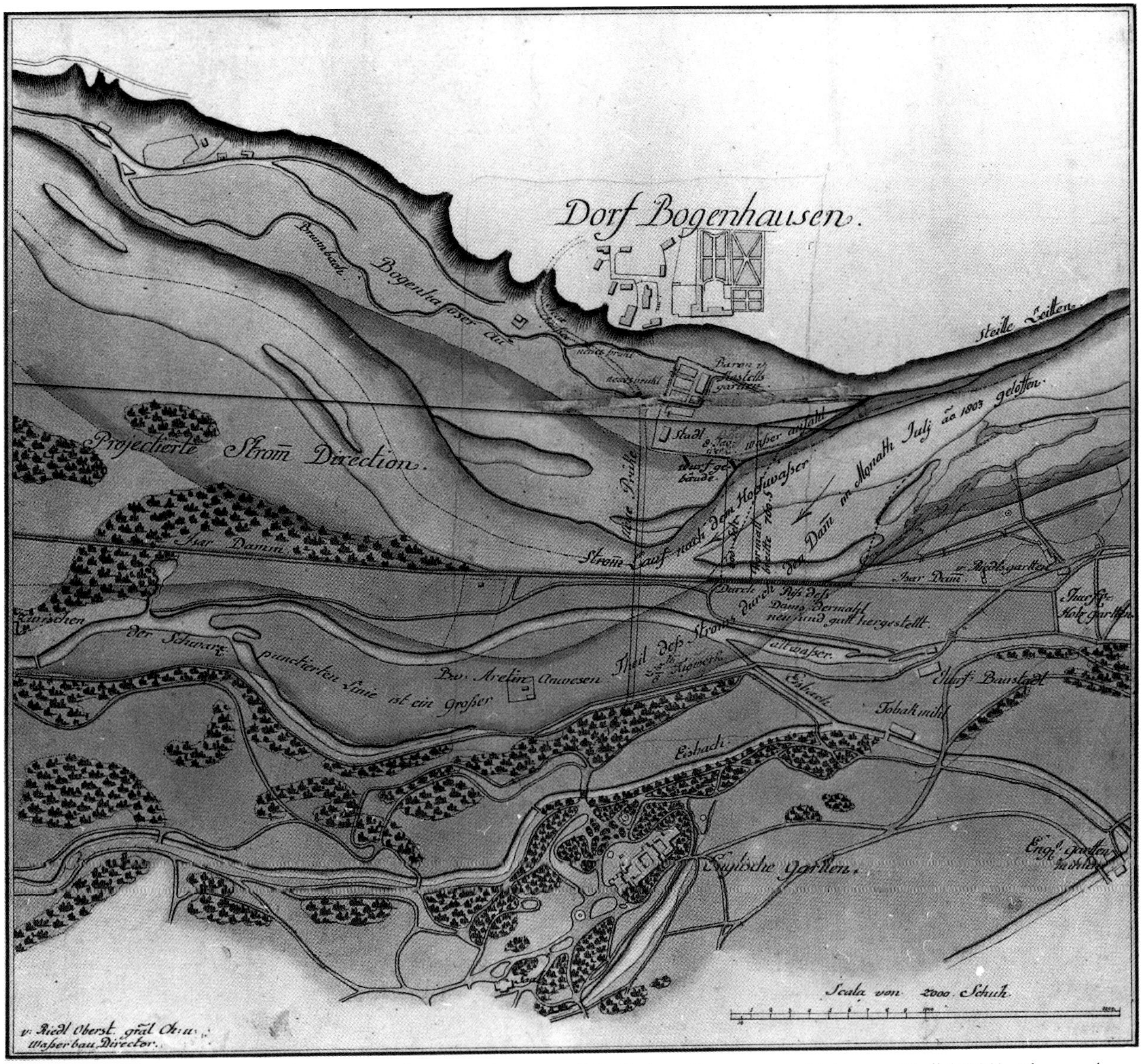

Die »Projektierte Stromdirektion der Isar zwischen Bogenhausen und Englischem Garten« von Adrian von Riedl (1803). Planung der Isarbegradigung und der ersten Isarbrücke

Der Priel und Bogenhausen

Den wichtigsten Anstoß von außen gab dazu der Umbruch im ehemaligen Grenzbereich von Bogenhausen und Oberföhring: die Versteigerung und Abholzung des ehemals fürstbischöflichen Prielwaldes. Die Pläne dafür reichten vor die Säkularisation zurück, da der Priel zu geringen Gewinn abwarf. Generalkommissar von Arentin berichtete im Mai 1803 an Staatsminister von Montgelas:

»Dieser Priel ist dermalen mit verschiedenen Gattungen harten Holzes bewachsen und schaffte dadurch nur einigen Nutzen, der aber immer nur gering war und nicht einmal die Kosten für den

»Ansicht von Bogenhausen bey München« mit der fertigen Isarbrücke. Radierung von P. Trog um 1805

Unterhalt des dort angestellten Revierjägers bezahlte, so daß man schon im Jahre 1799 die fürstliche Regierung auf eine zweckmäßige Verwendung dieses Priels, dessen Grund und Boden zum Ackerbau sich trefflich qualifiziert, andrang und den Verkauf desselben allgemein beschloß, wie aus den beiliegenden Akten zu ersehen ist. Der Priel ist jedoch wegen der eingetretenen Kriegsumstände und darauf gefolgten Verhältnisse in dem vorigen Stand und fiel in demselben Euer kurf. Durchlaucht mit dem Fürstentum Freising zu ...

Zu einer wirklichen Holznutzung ist der Priel seiner ausgeschiedenen Lage und Geringfügigkeit seines Flächeninhalts kaum geeignet, und dürfte die verwendeten Kosten einer besseren forstwirtschaftlichen Behandlung schwerlich bezahlen. Der Pflug scheint weit besser für ihn geeignet zu sein. Folglich müßte derselbe verkauft und in mehreren Partien an die Meistbietenden überlassen werden.«[1]

Bereits im Juni fand das Versteigerungsvorhaben Zustimmung; im Juli wurden die Vorbereitungen – Ladung, Schätzung der Bodengüte, Festlegung der Parzellen und der Versteigerungsgebote – getroffen; am 1. August 1803 fand in Oberföhring die Versteigerung des Priels statt. Dabei ergab sich folgendes: Erstens lag der Schätzpreis von 90 Gulden je Tagwerk viel zu hoch; das Erstangebot wurde auf 40–50 Gulden gesenkt; bei der Versteigerung wurde ein durchschnittlicher Verkaufspreis von nur knapp 53 Gulden erzielt. Gründe dafür waren: die relativ geringe Zahl der Kaufinteressenten, die Unsicherheit des Holzwertes, das Problem der Kultivierungskosten, ferner die Kapitalknappheit und das Überangebot von Immobilien in der Säkularisation allgemein. Zweitens gelang es den örtlichen Bietern aus Oberföhring und Bogenhausen, alle Parzellen mit einer Ausnahme an sich zu bringen und ihre auswärtigen Konkurrenten zu überbieten. Das Freisinger Generalkommissariat hatte mit seinem Versteigerungsangebot »Kaufs- und Kulturslustige« aus der Stadt, aus dem aufgeklärten Beamtenadel – und das in größerer Zahl – im Sinn: Bodenkultur und Gartenbauexperimente waren bei dieser Schicht in Mode. Aus dieser Schicht kam nur der Erwerber der nächst Bogenhausen gelegenen größten Parzelle – 66 Tagwerk je nur 44 Gulden: 3580 Gulden – der kurfürstliche Finanzreferendar von Steiner. Alle anderen Partien gingen an Käufergemeinschaften und wurden von diesen umgehend weiter aufgeteilt.

Den größten Teil des Priels ersteigerte Joseph Sailer, Metzger zu Haidhausen und in zweiter Generation Inhaber des zum Viertelhof herabgekommenen Bogenhauser Langguts, das auch der dortige Zehentmaierhof war. Er tat dies im Namen der Bogenhauser Gemain, d. h. von 14 Bauern, die die erworbene Grundstücksmasse unter sich aufteilen wollten. Sailer war als Bieter bei den östlich gegen Englschalking zu gelegenen Partien von zweimal je 25 Tagwerk und einmal 34 Tagwerk – zu 60, 71 und 63 Gulden je Tagwerk – erfolgreich. Die übrigen Partien von je 25 Tagwerk an der Straße auf Oberföhring zu gelegen ersteigerten der Oberföhringer Pfarrer und Dechant Schmid und der dortige Taimerbauer Nikolaus Welsch für eine Käufergemeinschaft. Der sogenannte Prielrest nächst Oberföhring wurde Anfang Februar 1804 nach Abzug von Entschädigungsflächen für Verluste durch Isarhochwässer u. ä. nach Versteigerung an den kurfürstlichen Sekretär von Melzl und Michael Deindl, Schankwirt auf der Münchner Isarbrücke, zu gleichen Teilen vergeben.

Am erfolgreichsten waren die Bogenhauser gewesen, für die anstelle des erkrankten Metzgers Sailer der Tafernwirt Anton Grünwald am 16. September 1803 in Oberföhring die als Abschlagszahlung geforderte Hälfte des Kaufpreises – 3116 Gulden, 45 Kreuzer – in bar verauslagte:

»Hernach verfügte man sich mit den Käufern in den benachbarten Prielwald, zeigte jedem den Kaufteil vor, setzte von sämtlichen Grenzen in Kenntnis und die Verbindlichkeiten wegen des zu den Daglfinger Feldern ziehenden Weges. Sofort wurde jeden sein Teil durch das Symbol eines ausgestochenen und übergebenen Wasens ausgeantwortet.«[2]

Im nachhinein gab es bei der internen Bogenhauser Verteilung der erworbenen Grundstücke noch Auseinandersetzungen bezüglich der genauen Grenzziehungen, vorher nicht berücksichtigter Abtretungen für Wege, des Holzbestandes und anderer Unwägbarkeiten, wie des Holzdiebstahls.[3]

Nach der Rodung bestand der Priel aus landwirtschaftlichen Nutzflächen ohne bäuerliche Anwesen und Wirtschaftsgebäude mit Ausnahme des Weilers Priel mit zweieinhalb Hausnummern, der im vorläufigen Rustikalsteuerkataster von 1809 noch zur Steuergemeinde Oberföhring gezählt wird. Der Weiler Priel bestand damals lediglich aus der alten kurfürstlichen Ziegelei von 1715/16, die Finanzreferendar von Steiner zusammen mit seinem Prielanteil 1803 erworben hatte, aus einer Ökonomie mit Wohn- und Ziegelbrennereigebäuden des königlichen Kämmerers von Gumppenberg und aus dem Ziegelstadel der Witwe Maria Hirnerin. In den Folgejahren wurde der Priel umgemeindet. Im Rustikal- und Domonikalsteuerkataster von 1812–1808 hatte die bayerische Landesvermessung mit dem Hauptzweck einer exakten Grundsteuerberechnung begonnen – zählt der Priel zum Steuerdistrikt Bogenhausen, nicht mehr zu Oberföhring. Dieser Steuerkataster von 1812 war die Grundlage für die Neubildung der politischen Gemeinden nach dem Gemeindeerlaß von 1818.

Die dörfliche Gemain von Bogenhausen war, wie dies bei vielen Ortschaften rund um München gleichermaßen der Fall ist, seit dem Mittelalter keinem grundlegenden Wandel unterworfen gewesen. Die ersten Brüche in der bäuerlichen Dorfgesellschaft ergaben sich mit der Entstehung und Entwicklung der Edelsitze Stepperg und Neuberghausen im 17. und 18. Jahrhundert, ohne daß dadurch die Grundstruktur geändert wurde.

Der Zukauf am Priel hatte für die meisten bäuerlichen Anwesen Bogenhausens eine Aufstockung ihrer Wirtschaftsflächen gebracht. Diese waren nach

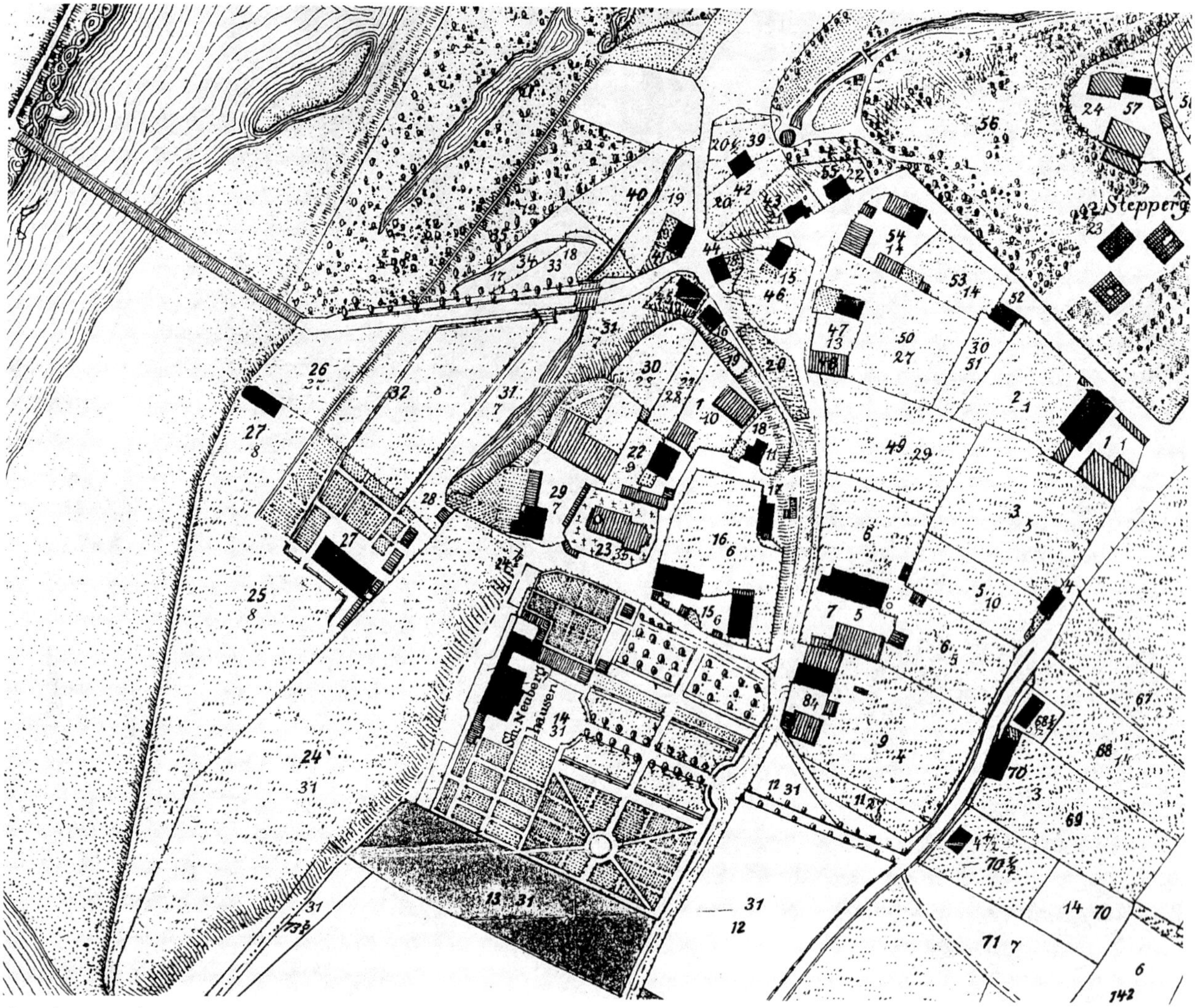

Ausschnitt aus dem Katasterplan von Bogenhausen von 1812

der Rodung auch für andere als landwirtschaftliche Zwecke verwendbar, wie die baldige Anknüpfung an den Lehmabbau und die Ziegelherstellung im ehemals kurfürstlichen Ziegelstadel zeigte (siehe S. 44). So brachte der Zuwachs zugleich eine wirtschaftliche, gesellschaftliche und politische Dynamik in die neue Steuergemeinde, die in den folgenden Jahrzehnten eine erhöhte Fluktuation in den Eigentums- und Besitzverhältnissen, großen Kapitalzufluß und eine Veränderung der sozialen Zusammensetzung und Schichtung der Gemeindebevölkerung und ihrer Mentalität zu verzeichnen hatte.

Nach dem »Rustikal- und Dominikal-Steuerkataster . . . des Steuerdistrikts Bogenhausen« von 1812[4] zählte die Gemeinde 30 Hausnummern, davon vier im Ortsteil Priel und eine in der Einöde Steinhausen; auch die Edelsitze Stepperg und Neuberghausen sowie Bad Brunnthal zählten als Ortsteile dazu.

Die letzteren drei fallen aus dem Gefüge einer bäuerlichen-kleinhandwerklichen Landgemeinde heraus:

– Stepperg, d. h. die Besitzungen des Staatsministers Grafen von Montgelas (Haus-Nrn. 23, 25, 26 und 33)

– Neuberghausen, das »Hompesch-Schlößl« (Haus-Nr. 31) und
– Bad Brunnthal (Haus-Nr. 8).

Im Priel und in Steinhausen breiteten sich bereits die Ziegeleien aus; nur das Anwesen Priel Haus-Nr. 1 (von Gumppenberg) war noch für kurze Zeit ein Bauernhof mit rund 74 Tagwerk Äckern und Wiesen, aber bereits einem zugehörigen Ziegelstadel.

Von den übrigen Anwesen in Bogenhausen kann man neun als bäuerlich im vollen Sinne – einige mit Zusatzfunktionen – betrachten (s. nebenstehende Tabelle).

Bauernanwesen in Bogenhausen 1812

Haus-Nr.	Bezeichnung	Inhaber/ Nachfolger	Wirtschaftsfläche (Tagwerk)
1	Tafernwirtschaft	Grünwald Betz	67
4	»Streicher«,	Streicher Stürzinger	52
9	Schmied	Jos. Mayr insges.	*18* 70
5	»Hanslmarter«	Selmayr	180
6	»Rappelhof«	Halbinger	100
7	Pfarrwiddum	Pfr. Hallmayr (Pfarrer-Nachfolger)	82
10	–	Popp Sellmayr (s. Nr. 5)	80
14	»Küchlmayr«	Obermaier Kaffl	92
Ferner:			
3	»Lang-Gut« Zehentmaier	Sailer (Metzger v. Haidhausen) Lutz (?)	40 (?)
28	Priel(mayer)hof	Hallmayrin Elisabeth (Schwester des Pfarrers) Bader	80 (?)

Alle übrigen Anwesen sind als Kleinbauern-, Handwerker oder Taglöhnerhäuschen zu betrachten, in denen die »kleinen Leute« Bogenhausens dieser Zeit leben:

Gemeindehüterhaus/Viehhirt (Nr. 2), Schlosser (Nr. 5½), Metzger (Nr. 8½ bzw. 5½), Dorfschuster (Nr. 11), Taglöhner (Nr. 12) usw.

Es gab auch innerhalb des Dorfes wirtschaftlichen und gesellschaftlichen Aufstieg und Abstieg. Der Dorfschmied Joseph Mayr erwarb z. B. 1817 die ehemalige Streicherhube mit 52 Tagwerk (Haus Nr. 4) hinzu und war in diesen Jahren Gemeindevorsteher (»Bürgermeister«). Andererseits trieb der damalige Pfarrer Kaspar Hallmayr (Amtszeit 1793–1819) Mißwirtschaft mit den Grundstücken des Pfarrwiddums. Er verkaufte gut gelegene wertvolle Grundstücke an Minister von Hompesch, die dieser zur Abrundung seines Edelsitzes Neuberghausen wünschte. Dafür schlug Hallmayr schlecht gelegene Grundstücke aus dem Prielhof, den seine Schwester Elisabeth im Jahr 1801 um 3500 Gulden erworben hatte, dem Pfarrwiddum zu. Er baute einen Ziegelstadel und betrieb eine Ziegelproduktion, verkaufte die Ziegel aber so vertrauensselig, daß er große Verluste hinnehmen mußte. Dazu kamen noch die »Hungerjahre« 1816 und 1817 mit ihren Mißernten.

Nach seinem Tod (1819) waren die Verbindlichkeiten so groß, daß über sein persönliches Vermögen das Gantverfahren (Konkurs) eröffnet wurde.

Entstehung und Entwicklung der Ziegeleien

Das Wachstum der Städte und die Blütezeit des Bürgertums hatten im Spätmittelalter zu einer Verdichtung der Bauweise geführt; Stadtbrände häuften sich. Die Notwendigkeit, höher und sicherer, aber auch »repräsentativer« zu bauen, verdrängten Holz und Stroh als Baumaterialien zugunsten von Naturstein und vor allem des Ziegelsteins (»Backstein«). Die Münchner Frauenkirche (»Backsteingotik«) ist ein beredtes Zeugnis für diese Entwicklung.

Auch in den folgenden Jahrhunderten wuchs der Bedarf am Hauptbaumaterial, dem Ziegel, immer

Ölgemälde von 1876 Reifenstuelstadel an der ehem. Fichtelgebirgsstraße, heute Richard-Strauß-Straße (zwischen Denninger Straße und Schreberweg)

stärker an: die Bürgerhäuser, St. Michael, die Residenz, die Stadtbefestigungsanlagen, die Jagd- und Lustschlösser um München.

Hatte man zunächst die der Stadt am nächsten gelegenen Lehensgründe in Haidhausen ausgebeutet, so griff man später weiter aus. Vor allem schien für die Schloßbauvorhaben Max Emmanuels in Schleißheim und Nymphenburg der Ziegeltransport durch die Stadt hindurch nicht zweckmäßig. Vielmehr gedachte man, aus nördlicher gelegenen Lehmgebieten (Ismaning, Priel/Bogenhausen) die Ziegel über Stichkanäle zur Isar auf flachen Kähnen direkt an die genannten Baustellen zu schaffen. So entstand in den Jahren 1715/16 die erste Ziegelei am Nordrand der Bogenhauser Flur direkt an der Grenze zum – damals – Freisinger Priel.[5] Die dafür zunächst benötigten Grundstücke stammten vom Langgut des Bogenhauser Zehentmaier, der für die Abtretung entschädigt wurde. Nach der Ausbeutung dieser Lehmgründe richtete sich das kurfürstliche Begehren immer stärker auf das angrenzende fürstbischöfliche Freisinger Gebiet am Priel, was zu endlosen Verhandlungen führte. Bei der Ausschreibung der Versteigerung des Priel im Jahr 1803 hat dieser Gesichtspunkt offenbar keine Rolle gespielt, aber unmittelbar danach setzte am Priel der Lehmabbau und die Ziegelherstellung in größerem Umfang ein. Er wurde dort zum Ausgangspunkt der Umwandlung der Bogenhauser Fluren vom Bauernland zu Lehmtagebau- und Ziegel-Industrieflächen vom Rand her auf das Ortszentrum zu. Ähnlich war, Haidhausen und Berg am Laim benachbart, in der Einöde Steinhausens durch den Münchner Maurermeister Deiglmayr bereits vor 1812 eine Ziegelei entstanden. Durch das Aufblühen des Ziegeleiwesens stiegen die Bodenpreise für die Lehmgründe schon in den ersten Jahrzehnten um das Mehrfache des Versteigerungspreises in der Säkularisation (siehe S. 41). Hatte der Prielmayerhof mit geschätzten 80 Tagwerk im Jahr 1801 noch 3500

Gulden gekostet[6], so kostete der von Gumppenbergische Besitz mit Ziegelstadel und 76 Tagwerk Grund im Jahr 1818 bereits 20000 Gulden, also das Sechsfache.

Der Stadtmaurermeister Joseph Höchl (Högl) hatte für die ehemals kurfürstliche Ziegelei – allerdings mit Brennhaus und zwei großen Trockenstädeln und allem Zubehör – samt 21 Tagwerk Grund aus dem Prielerwerb des Finanzreferendars von Steiner bereits im Jahr 1808 17000 Gulden zu zahlen. Selbst wenn man den Wert der Ziegeleigebäude samt Zubehör und des Wohnhauses ungewöhnlich hoch – mit 7000 Gulden – ansetzt, würde der Preis für ein Tagkwerk Lehmgrund noch bei 500 Gulden liegen. Steiner hatte fünf Jahre vorher 44 Gulden für das Tagwerk – Erstangebot: 40 Gulden – bezahlt. Durch zunächst kleinere, später größere Grundstückskäufe von Bogenhauser und Oberföhringer Bauern, aber auch von benachbarten Ziegeleien, vergrößerte Joseph Höchl seinen Besitz am Priel und in Bogenhausen in den nächsten 30 Jahren bis zu seinem Tod im Jahr 1838 um das Vierfache und rundete ihn durch mehrere Tauschgeschäfte ab. In ihm darf man die Leitfigur für die Industrialisierung der Bogenhauser Fluren am Priel sehen.[7] Er und sein Schwiegervater, der Stadtmaurermeister Matthias Widmann (1749–1825) waren maßgeblich am Baugeschäft der Stadterweiterung Münchens unter den Königen Maximilian I. und Ludwig I., Höchl besonders an den Bauten des ludovizianischen »Isarathen« Leo von Klenzes und Friedrich von Gärtners, beteiligt. Als Bauunternehmer und Maurermeister war ihnen die Ausführung umfangreicher Baumaßnahmen übertragen, als Ziegeleibesitzer lieferten sie zugleich den wichtigsten Baustoff dafür, was ihre Gewinnspanne beträchtlich erhöhte. Das lawinenartige Wachstum Münchens im 19. Jahrhundert mit einer Verzwölffachung der Einwohnerzahl von 40000 auf 480000 bedingte einen fast permanenten Bauboom und stand in Wechselwirkung dazu. Er steigerte sich alle paar Jahre noch zu neuen Höhepunkten: von den grandiosen Repräsentations- und Kulturbauten Ludwigs I. über die Zweck- und Militärbauten unter Maximilian II. zu den »Gründerjahren« – mit ganzen Vierteln (»Franzosenviertel«), Industriebauten und Schlössern – unter Ludwig II. und dem Höhepunkt großbürgerlich-herrschaftlichen Bauens – Kirchen, Schulen, Verwaltungsgebäude, Wohnarchitektur – in der Prinzregentenzeit.

So war das Ziegeleiwesen schon in der ersten Jahrhunderthälfte im Münchner Osten in einen fieberhaften Anstieg geraten. Neben der Stabilität einzelner Ziegelunternehmen im Familienbesitz und ihrem Wachstum – wie am Beispiel Höchl skizziert – kommt es aber auch in dieser Zeit schon zu nahezu tragischen Zusammenbrüchen und häufigem Besitzwechsel durch Konkurs, Verkauf, Abtrennung, Tausch und Erbteilung. Als Beispiel eines der frühen Konkurse (Gantverfahren) sei – neben dem schon erwähnten des Bogenhauser Pfarrers Hallmayr (1819–1823) – der des Hirnerschen oder Heitmayr-Ziegelstadels (Priel Nr. 3) vom Jahr 1839 angeführt. Das Anwesen – 1811 durch Heitmayr vom Kramer in Oberföhring um 1250 Gulden erkauft – mit Wohnhaus, Ziegelstadel, Trockenstadel, zwei Brennhäusern, Getreidestadel und Lehmgrube wird mit insgesamt 12,1 Tagwerk Grund im Jahr 1831 mit einem Gesamtwert von 12270 Gulden an Kaspar Hierner übergeben. Acht Jahre später wird es im Gantverfahren von einer Käufergemeinschaft aus München um 4500 Gulden ersteigert und umgehend um 5000 Gulden weiterverkauft. Unter den neuen Besitzern Johann Baptist und Monika Schmid, Knopfmacher aus Haidhausen, und ihren Erben stieg der Wert des Anwesens nur langsam wieder an. Im Jahr 1882 wurde es – wieder hoch verschuldet – um 22500 Mark von der Ziegeleibesitzerin Walburga Fischer aus Oberföhring ersteigert. Nach weiteren Transaktionen war dies im Jahr 1892 die erste Ziegelei im Umkreis, die total abgebrochen und stillgelegt wurde.

So brachten die Bauhochkonjunktur und ihre Schwankungen immer wieder neue Namen nach Bogenhausen. Manche wurden heimisch, viele verschwanden wieder: Bau- und Ziegelmeister aus München, den angrenzenden Gemeinden, später Stadtvierteln (Haidhausen, Berg am Laim, Ramersdorf) oder fachfremde Spekulanten, reiche Wirte, Privatiers und Finanziers oder die großen Bogenhauser Bauern selbst.

Vierspänniges Ziegelfuhrwerk auf dem Grabstein der Familie Kaffl

Die Bogenhauser »Ziegelbaronie« ist geprägt von den Namen Höchl, Rheinberger und Mayerbacher, Heitmayr und Hirner, Seidl, Roth, von den Selmayrs und Kaffels, Schmidts, Graßls, Reifenstuels u. a. m.

Ziegeleien, Kieswerke und Terraingesellschaften in Bogenhausen

Im Jahre 1812: (STA Mü, Kataster 11626)
Im Dorf Bogenhausen: Noch keine Ziegelei
Im Ortsteil Priel (nur 4 Anwesen)

Hsnr. 1	Ziegelei des Frhr. von Gumppenberg, kgl. Kämmerer
Hsnr. 2	Beim Höglziegler: Stadtmaurermeister Joseph Höchl
Hsnr. 3	Ziegelei von Georg Heitmayr
Hsnr. 4	Ziegelei von Lorenz Seidl

Im Ortsteil Steinhausen (nur 1 Anwesen)

Hsnr. 1	Ziegelei des Maurermeisters Deiglmayr

Im Jahre 1860: (STA Mü, Kataster 11638)
76 Häuser in den Ortsteilen Bogenhausen, Brunnthal, Neuberghausen, Priel und Steinhausen (343 Parzellen mit 1294,19 Tagwerk)
Hausnummernänderung – (alte Hsnrn. in Klammern)
Ortsteil Bogenhausen:

Hsnr. (9) 82	Ziegelei des Georg Roth
Hsnr. (10) 86	Ziegelei des Theodor Riezler
Hsnr. (11) 87	Ziegelei von König Max II.

Ortsteil Priel (6 Anwesen):

Hsnr. (3) 4	Ziegelei von Andreas Mayrbacher
Hsnr. (5) 8	Höchlschlößl: Ziegelei des Anton Höchl, Kunstmaler
Hsnr. (6) 5	Ziegelei von Maria Engelbrecht, Hafnermeisterswwe.
Hsnr. (7) 6	Ziegelei von Johann Baptist Schmid

Ortsteil Steinhausen (2 Anwesen):

Hsnr. 1	Ziegelei der Maurermeistersehefrau Hirschberg, Maria
Hsnr. (2) 3	Ziegelei von Widemann, Wilhelm, Bautechniker

Im Jahre 1886: (STA Mü, Kataster 11642)
88 Hausnummern in Bogenhausen
12 Hausnummern am Priel
⅔ Hausnummern in Steinhausen

Ortsteil Bogenhausen:

Hsnr. 16 u. 80	Hanslmartergut: Selmayr, Joseph u. Pauline
Hsnr. 24 u. 89	Trottoirsteinfabrik von Gustav Eckhardt
Hsnr. 26, 23a/b, 81	Aktienziegelei München
Hsnr. 31 u. 90	Küchelmaiergut: Kaffel, Franz und Maria
Hsnr. 82	Ziegelei Selmayr, Georg u. Philomena (später Denninger Weg 59)
Hsnr. 83	Ziegelei von Roth, Friedrich Joseph (später Denninger Weg 86)
Hsnr. 84	Ziegelei von Hönig, Joseph (später Denninger Weg 131)
Hsnr. 85	Ziegelei von Schmidt, Albert u. Fr. (später Denninger Weg 140)
Hsnr. 86	ehem. Ziegelei von Schwanghart, Therese (später Denninger Weg 163)
Hsnr. 87	Terrakottafabrik von Graßl, Anton u. Amalie (später Englschalkinger Str. 120)
Hsnr. 88	Ziegelei von Reifenstuel, Michael (später Donaustr.)

Ortsteil Priel:

Hsnr. 4	Ziegelei von Johann Jakob Seidl
Hsnr. 5	Ofenfabrik von Elise Schmidt
Hsnr. 6	Ziegelei von Walburga Fischer
Hsnr. 8	Ziegelei am Höchlschlößl (Kunstmaler Anton Höchl)

Ortsteil Steinhausen:

Hsnr. 1	Aktienziegelei AG München (spätere Äußere Prinzregentenstr. 49)
Hsnr. 2	Aktienziegelei AG München (1904 erloschen)
Hsnr. 3	Ziegelei Friedrich Karl und Friedrich jun. Wetsch (später Einsteinstr. 171)

Im Jahre 1915: (STA Mü, Kataster 11650)

Denninger Str. 13 u. 15
Aktienziegelei München

Ismaninger Str. 148
Kauf am 23. 5. 1873 von Bayer. Baugesellschaft in München. Fläche: 37,413 ha

Denninger Str. 59
Georg u. Philomena Selmayr, Ziegeleibesitzer
Kauf um 67000 M am 20. 6. 1884 von Stephan u. Sophie Rienecker, dazu Wiese mit **Kiesgrube**. Fläche: 9,499 ha früher: Rothenziegeleianwesen

Denninger Str. 86
Roth, Babette, Fabrikbesitzerswitwe
mit Fabrikanlage für Kiessortierung und -zerkleinerung. Erbe am 8. 1. 1908 durch Friedrich Roth, 1912 Bau neuer Gebäude. Fläche: 13,415 ha

Donaustr. 46
Firma Kustermann
Ersteigerung am 11. 11. 1895 von Michael Reifenstuel um 1226300 M. Fläche: 5,173 ha. 1912 Abbruch des Ringofens und der Trockenstädel

Englschalkinger Str. 120
Ziegelei der Erbengemeinschaft Graßl, Amalie, und Consorten, Ziegeleibesitzerswitwe
Kauf am 3. 5. 1872 um 15000 fl von den Erben von König Max II. Erbe nach Ableben von Anton Graßl am 16. 9. 1909. Fläche: 6,266 ha

Englschalkinger Str. 130a
Jung, Max, Baumeister
Kiesgrube mit **Kiesquetschwerk** u. Ökonomie. Kauf des Grundstücks am 23. 6. 1908 um 41000 M von Brunhilde Kolmis, Gebäude 1911 errichtet

Englschalkinger Str. 161
Zollhaus der Stadt München
Kauf des Grundstücks am 23. 4. 1892 um 15000 M von der Pfarrei Bogenhausen erkauft, 1894 Wohnhaus errichtet

Flemingstr. 16
Terraingesellschaft Herzogpark München-Gern
Kauf am 5. 5. 1900 von Herzog Carl in Bayern, Wohnhaus u. **Wirtschaftslokalitäten** mit Metzgerei, Sommerschänke, Stallungen, dazu Bauplätze. Fläche: 15,887 ha

Äußere Prinzregentenstr. 49
Aktienziegelei München
Kauf am 10. 1. 1867 von Maria Hirschberg, Wohnhaus mit Kantine, dazu viele Bauplätze. Fläche: 24,553 ha

Besitznummer 1/8
Terraingesellschaft München-Nordost
Viele Bauplätze mit 6,609 ha Fläche

Besitznummer 1/162
Bogenhausener Grundverwertungsgesellschaft GmbH
Bauplätze mit 1,732 ha Fläche

Tabelle: Fritz Lutz 1991

Die bäuerliche Kulturlandschaft mit ihren Äckern und Wiesen, Ängern und Feldwegen wurde mit den Jahren immer schneller umgewandelt in einen Industriedistrikt mit Lehmgruben, Ziegel- und Trocken-

Ziegeleianwesen Georg Roth am Denninger Weg, um 1850

städeln, Brennöfen, bald mit hohen Schloten, dann abgeziegelten Kiesböden, Kiesgruben, Quetschwerken und Dammwegen. Damit ging einher der Einzug neuer Bevölkerungsteile, die Entstehung neuer sozialer Schichten, ein umfassender sozialer Wandel.

Neben die Bauern traten handwerklich-bürgerliche Unternehmer; aus Bauern wurden selbst »Loam-Barone«. Aus Knechten und Mägden wurden Ziegelarbeiter, Fuhrknechte, weibliche Dienstboten in den neubürgerlichen Unternehmerhaushalten. Zehentpflichtige Äcker und Wiesen waren brach liegengeblieben, um in Lehmäcker, Lehmgruben umgewandelt zu werden. Sie brachten keine Ernten mehr mehr, von denen ein Zehnt hätte eingeheimst werden können. Schließlich wurde der Zehnt durch Gesetz im Juni 1848 abgelöst und damit die Bauernbefreiung beendet.

Ziegelei-Landschaft nordöstlich der königlichen Sternwarte in Bogenhausen. Gemälde um 1860

Die Mobilität der Gesellschaft – neue und immer mehr Menschen, andere Berufe und neue soziale Schichten – und das Kapital, das neue Geld, ließen die alte bäuerliche Selbstversorgung (Subsistenzwirtschaft) ihrem Ende entgegengehen. Durch Lohnarbeit entstand neue Kaufkraft, durch Kapitalisierung Investitions- und Veränderungsbereitschaft, neue Werte, eine neue Mentalität. Dieser gesamtgesellschaftliche Prozeß im dörflichen Raum im Einzugsbereich der Residenzstadt ging zunächst noch verhältnismäßig langsam vonstatten. Die frühe Industrialisierung, namentlich das Ziegeleiwesen, war noch ganz dem Handwerk und der Handarbeit verhaftet, kannte noch wenige und nur einfache Maschinen, Geräte, Produktionsverfahren. Dies belegt die Aufzählung des Inventars der schon genannten Ziegelei des Bogenhauser Pfarrers Hallmayr aus dem ersten Viertel des 19. Jahrhunderts, »bestehend aus einem Trockenstadel, Brennhaus und zwei Brennöfen, 436 Schuh lang und 36 Schuh breit . . ., ein gemauertes Wohnhäusl mit Stuben, Kammer, Flez, Küche, kleinen gewölbten Keller, Pferdestall, Werkzeuge (4 Steinmodell, 4 Steinkarren, 4 Lehmkarren, 3 Lehmhauen, 3 Pickeln, 3 Schaufeln, 3 Sandsiebe) dazu zwei Äcker mit 12,02 Tgw., wovon 4 Tgw. abgeziegelt sind«.[8]

Mit den genannten Werkzeugen wurde die Ziegelherstellung im »Handstrichverfahren« betrieben: Nach Abbau der Lehmerde mit Pickel und Schaufel in der Grube wurde das Rohmaterial mit Wasser und sandhaltigem Ton vermischt und durchgearbeitet; es mußte dann im »Sumpf« ruhen. Daraus entnahmen die Ziegelsteinschlager einzelne Klumpen, die getreten, geschlagen – zur Entfernung von Luftblasen – und in eiserne Doppelmodeln gestrichen und geformt wurden. Nach Lufttrocknung in den Stellagen des Trockenstadels kamen die Ziegel zum Brand in den einfachen Feldbrandofen. Dieser war im Boden selbst eingerichtet und – wie ein Kohlenmeiler – mit einer Lehmschicht bedeckt. Hitze und Dauer des Brands – die eigentliche Kunst – wurden mit der Luftzufuhr durch Bodenkanäle geregelt. Die nach dem Brand gestapelten Ziegel wurden mit Pferdefuhrwerken nach München zur Verbauung gebracht, was die entsprechenden Zufahrtsstraßen (Denninger, Englschalkinger, Johanneskirchner, Oberföhringer, Ismaninger Straße) und Brücken belastete und beschädigte. Der Streit um die Reparaturkosten der übergeordneten Verkehrswege – für die Ortsstraßen waren die Gemeinde und die Ziegeleibesitzer gemeinsam zuständig – zieht sich durch das ganze 19. Jahrhundert (siehe nächstes Kapitel).

Der wachsende Bedarf an Ziegelsteinen nach der Jahrhundertmitte brachte einen Arbeitskräftemangel hervor. Die ortsansässigen Knechte und Taglöhner, die Zugewanderten aus der Stadt und dem näheren Umland reichten für diese schwere Saisonarbeit nicht aus. Gearbeitet wurde von Tagesanbruch bis zum Einbruch der Dunkelheit, im Winter waren die Ziegeleien wegen Bodenfrost nicht produktionsfähig. Dies führte – wohl seit den sechziger Jahren – zur Anwerbung italienischer Saisonarbeiter[9] für Bogenhausen schwerpunktmäßig aus den Dörfern nördlich von Udine im Friaul. Zunächst kamen ganze Sippen in zehn Tagesmärschen über Kärnten und Osttirol (Plöckenpaß, Gailbergsattel, Felbertauern) Anfang April nach Bogenhausen. Ab 1877 hatte Udine Bahnanschluß über Salzburg und Villach; die Fahrtkosten wurden von den Ziegeleibesitzern übernommen. Besonders sprachbegabte Italiener konnten es zu Ziegeleiakkordanten bringen, die als eine Art Vorarbeiter oder Betriebsleiter nicht nur die sprachlichen Verständigungsprobleme zu lösen hatten, sondern auch für den geregelten Ablauf der Produktion verantwortlich waren und auch als Werber für das Arbeiterkontingent des Folgejahres in Aktion traten. Die Zahl der italienischen Saisonarbeiter in Bogenhausen dürfte um die Jahrhundertwende je nach Konjunktur zwischen 300 und 900 Personen ausgemacht haben. Zahlreiche soziale Konflikte – nicht etwa nur gelegentliche Raufhändel mit einheimischen Burschen – resultierten aus dieser großen Zahl und der schweren Arbeit. Das Interesse der Saisonarbeiter war es, durch Stückakkord möglichst viel zu verdienen, um den arbeitslosen Winter überstehen zu können. Insofern standen Pausen und freie Zeiten (jeder 2. Sonntag), gemilderte Bedingungen für Frauen und Jugendliche, Verbot der Kinderarbeit (unter 13 Jahren) oft nur auf dem Papier, wie auch die Verpflichtung, die entlegene Sonntagsschule oder wenigstens den Religionsunterricht in Haidhausen zu besuchen. Ja selbst die elementarsten Lebensbedürfnisse wie Essen und Schlafen waren auf ein absolutes Minimum beschränkt: Tagaus, tagein gab es zweimal Polenta (in Wasser gekochter Maisbrei) als Einheitsverpflegung.

Schlafstellen waren die luftigen Trockenstädel oder bei Kälte die Oberböden der Brennöfen.

Durch die Rationalisierung und Mechanisierung der Ziegelherstellung kam es um die Jahrhundertwende zu Arbeitserleichterungen, aber auch zu Produktionssteigerungen. Der Dampfbagger mit Kettenband und Schürfeimern löste Pickel und Schaufel ab, die Feldbahn mit Dampflokomotive den Hand-(Schub-)Karren, die maschinelle Strangpresse den Handstrich, der Ringofen – schon früher – das alte Brennverfahren. Die Errungenschaften der Arbeiterbewegung und der öffentlichen Fürsorge begannen sich auch hier auszuwirken: kürzere Arbeitszeiten, feste, eigene Unterkünfte, den Hygienevorschriften entsprechende Sanitäreinrichtungen wurden – oft gegen das Widerstreben der Ziegeleibesitzer – von der Gewerbeaufsicht gefordert.

Im Zusammenhang mit dem Ersten Weltkrieg und den Wirtschaftskrisen der zwanziger Jahre blieben die italienischen Saisonarbeiter aus. Nach vorübergehendem Wiederaufleben dieser Arbeitskontakte in der NS-Zeit ließ der Zweite Weltkrieg die Beziehungen wieder abbrechen. Erst mit dem »Wirtschaftswunder« Ende der fünfziger Jahre kamen Arbeitsemigranten aus Italien und den übrigen Mittelmeerländern als »Fremdarbeiter«, »Gastarbeiter«, »ausländische Arbeitnehmer« in großer Zahl zum Arbeiten nach Deutschland, München und Bogenhausen und haben sich – auch auf Dauer – mit Gastronomie und Kultur hier heimisch gemacht.

Kultureller Wandel

Als Ort mit zwei Edelsitzen, zumal der Sommerresidenz Montgelas', hat Bogenhausen zu Beginn des 19. Jahrhunderts auch gesamtkulturell betrachtet

Bad Brunntal, rechts Burgfriedenssäule am Weg nach Bogenhausen. Stich von Lebschée um 1830

Pfarr- und Bauerndorf trat ein Bogenhausen als Ort, wo große aufgeklärte Geister wie die Törring, Montgelas, Hompesch weilten, wo geschichtsträchtige Begegnungen wie beim Bogenhauser Vertrag oder beim Besuch des französischen Außenministers Talleyrand auf seiner Durchreise zum Wiener Kongreß stattfanden, wo selbst der höchste Adel Bayerns, die herzogliche Linie und das Königshaus selbst, sein Interesse zuwand und dort bedeutenden Grundbesitz erwarb. So nimmt es nicht wunder, daß hier, vermittelt durch eine gelegene Bodenerhebung im flachen und freie Sicht gewährenden Gelände, eine erstrangige wissenschaftliche Einrichtung, die ihren Anfängen an der Akademie der Wissenschaften entwachsene königliche Sternwarte zu Bogenhausen ihre Heimstatt fand (siehe S. 61ff.).

Bad Brunnthal

Auch die dörfliche soziale Kommunikation und der Zulauf nach Bogenhausen nahmen andere Dimensionen an. Das Hompeschschlößl »Neuberghausen« fand später als biedermeierliche Ausflugsgaststätte eine Nachfolge im Rappelhof nächst der Kirche und eine Parallele oder Konkurrenz in der ehemaligen Tafern- und Dorfwirtschaft von Lorenz Grünwald. Dessen Tochter Maria heiratete im Jahr 1848 Joachim Betz, und mit diesem neuen Namen begann die Tradition der »Betzschen Gastwirtschaft« als großbürgerlicher Ausflugsgast- und Vergnügungsstätte mit stattlichen getäfelten Wirtsräumen und einladenden Biergarten mit Tanzpavillon und Karussell.

Biedermeierlicher Bade- und Ausflugsbetrieb im Hof von Bad Brunntal. Zeichnung um 1840

Auch hatte sich im Brunnthal an der Isar unterhalb der Kirche mit dem Dumenylschen Bad ein Kurbad eingerichtet. Die Badtradition reicht hier wohl weit in die Geschichte zurück. Nach dem Dreißigjährigen Krieg soll hier ein Soldatenwaisenhaus gewesen sein; seit 1660 ist das Brunnhaus bezeugt; um 1700 war hier eine Pflegeanstalt für bresthafte ältere Frauen und auch der Gräflich Preysingsche Garten, wohl mit einem Wohngebäude oder Schlößl, vielleicht dem Vorläufer des Kurbads. Noch im Jahr 1820 inseriert Magdalena Dumenyl »Bad-Eigenthümerin zu Brunnthal bei Bogenhausen..., welche eine ganz eigene unmittelbar aus dem Bogenhauser Berg abfließende Badquelle besitzt«[10] ihre Bäder, die man von 6 Uhr früh bis 10 Uhr abends um 24 Kreuzer nehmen kann, »wo übrigens besonders zu zahlende Erfrischungen zu haben sind«. Nach ihrem Tod Ende 1821 wird das Bad im April 1822 zum Verkauf angeboten.

Es besteht

»1. in dem ludeigenen, gemauerten Schloßgebäude zu Brunnthal nächst Bogenhausen, welches in eine Badeanstalt umgewandelt worden ist, u. 17 theils heitz- theils unheitzbare Zimmer, nebst einem Speisesaal, dann Küchen, Keller und Böden u. a. enthält;
2. in einem hölzernen Pferdstall mit Holzhütte;
3. in einem gemauerten Hause nächst der Brücke;
4. in ¾ Tgw. Wurz- und Küchengarten mit 180 Obstbäumen;
5. in 65 Dezimalen Hofraum;
6. in 4 Tgw. 98 Dez. Aengern«.[11]

Bereits zum 1. September 1822 wird der Badebetrieb zu den alten Preisen wieder aufgenommen: »Zugleich wird bekannt gemacht, daß in jedem Zimmer dieser Badeanstalt eine kupferne und ble-

Straßen- und Hofansicht von Bad Brunntal vor Stillegung und Abriß, um 1910

Altes Brunnhaus in Bad Brunntal, im Hintergrund die St.-Georgs-Kirche

cherne Badewanne stehe, daß jeder das warme und kalte Wasser in dem Bad selbst einlaufen lassen könne, daß in jedem Badzimmer 1 Leibtuch in der Wanne, 1 Einschlagtuch statt dem Bademantel, 1 Handtuch und 1 Bodentuch, nebst Seife, sich befinde, und daß die Titl. Badegäste auf Verlangen mit Coffee, Chocolade, Wein, Bier und Liqueurs, dann Schinken, Käs und Butter, gegen billige Preise, bedient werden.«[12]

Der Zulauf nach Bad Brunnthal war bald beträchtlich. Zusammen mit Neuberghausen und der Grünwald-/Betzschen Wirtschaft war es Hauptattraktion für die Münchner und Münchnerinnen. Das nahegelegene Brunnhaus der Wasserversorgung, noch 1846/47 vergrößert, wurde im Jahr 1858 in Zusammenhang mit der Gestaltung der Maximiliansanlagen abgebrochen.

Schule und Kirche

Bis 1824 mußten die Bogenhauser Kinder in die Schule nach Haidhausen gehen, wo seit 1808 – nach Einführung der allgemeinen Schulpflicht im Jahr 1802 – eine Schule in verschiedenen Gebäuden nachweisbar ist.

Eine eigene Schule gab es in Bogenhausen dann seit 1824. Für diese Zeit ist belegt, daß anläßlich des 25jährigen Jubiläums des Regierungsantritts von König Max Josef I. von den »sittlichsten und folgsamsten« Bogenhauser Schulkindern im Beisein ihres Lehrers Andreas Eisenhofer im heute sog. Bürgermeistergarten (Max-Joseph-Garten) auserlesene hochstämmige Obstbäume gepflanzt wurden, deren Kronen einmal die geliebten Namenszüge M. J. ergeben sollten.[12a]

Die alte Bogenhauser Schule mit Feuerwehrturm; Kleinanwesen an der Montgelasstraße im Vordergrund, um 1890

Am Anfang war es ein altes Bauernhaus am Kirchplatz, das den Buben und Mädchen aus Bogenhausen, Denning, vom Priel und vom Tivoli als Schulgebäude diente. Bald jedoch wuchs die Schülerzahl stark an, so daß es 1846 zu einer ersten Erweiterung der Schule kam. Daneben gab es im gleichen Gebäude noch einen kleineren Raum als Gemeindekanzlei, denn zu den Aufgaben des Lehrers gehörte zusätzlich auch noch die Gemeindeverwaltung und der Kirchendienst. Die Raumverhältnisse müssen allmählich jedoch immer weniger zumutbar gewesen sein, nachdem das ursprünglich für ca. 40 Schulkinder vorgesehene einzige Klassenzimmer 1872 bereits für 90 Schüler ausreichen mußte: »Drei Bankreihen nebeneinander, kein Hof oder Garten«, so lauteten Klagen über die mißlichen Verhältnisse in einem Schulakt von 1872. Die Klagen waren erfolgreich, und neben der Schaffung einer zweiten Lehrerstelle beschloß die Gemeinde im gleichen Jahr auch noch den Bau eines neuen Schulgebäudes in der Nachbarschaft, das mit Beginn des Schuljahres 1874/75 bezugsfertig sein sollte. Neben zwei Schulzimmern für je 90–100 Kinder gab es nun auch den erwünschten Turn- und Tummelplatz sowie einen eigenen Garten, zu dessen Gestaltung sämtliche Fuhrwerksbesitzer Bogenhausens Erde und Kies herbeischaffen mußten.

Nach weiterem Anwachsen der Schülerzahl behalf man sich zunächst damit, die älteren Kinder in die benachbarte Kirchenschule nach Haidhausen umzuquartieren, was nach der 1892 erfolgten Eingemeindung nach München keine größeren Verwaltungsprobleme mehr bereitete. Auch eine nochmalige Erweiterung der alten Schule unter Aufgabe der Lehrerwohnung (1893) war zunächst nur eine provi-

Bogenhauser Schule mit St. Georg gegen Norden, um 1905

sorische Lösung. Erst mit Beginn des Schuljahres 1900/01 kam es zu einer spürbaren Entlastung der Raumnot, nachdem durch einen Anbau an der Nordwestseite des alten Schulhauses drei neue Säle entstanden und somit Raum für sechs aufsteigende Klassen verfügbar war.

Im Jahr 1820 wurde Haidhausen mit seiner Filialkirche St. Johann Baptist und dem Westteil der »Ramersdorfer Lüften« (um den Rosenheimer Platz) zur selbständigen Pfarrei erhoben und schied aus dem Bogenhauser Pfarrmatrikel aus. Ihm folgte im Jahr 1838 das Bogenhauser Vikariat Trudering samt der Filialkirche in Riem, nachdem der dortige Vikar schon vorher die Zahlung des Absentgeldes an die Mutterpfarrei eingestellt hatte.

In der geschrumpften Pfarrei St. Georg in Bogenhausen folgten auf einen tatkräftigen Pfarrer nur kurzzeitig anwesende Vikare oder in verschiedener Hinsicht ungeschickte Priester. Von dem stattlichen Pfarrherrn Max von Branca (1823–1835) heißt es, er habe vor der schwindenden Wirtschaftskraft der Pfarrpfründe resigniert und sich für eine Wiederzusammenlegung mit Haidhausen ausgesprochen. Sein Nachfolger Franz Ohlmüller (1835–1838), ein tüchtiger Ökonom, wurde bald »anderweitiger Verhältnisse wegen . . . auf die Pfarrei Rottenbuch versetzt«.[13]

In diese Zeit fällt eine umfassende Veränderung des Dorfes:

»Noch im Jahr 1837 hatte Hr. Dr. Martin in seiner Beschreibung des K. Landgerichtsbezirkes Au die Bauernhäuser in Bogenhausen als ärmlich bezeichnet. In diesen Jahren (1838–1840 – Anm. d. Verfassers) änderten sie aber zum Theil ihr Aeußeres. Der Emplhof, der Mayerhof, der Hanslmarterhof, später der Küchelmaierhof wurden neu und ansehnlich hergestellt; auch die Baulichkeiten des Bades Brunnthal, das von Jahr zu Jahr einer größeren Frequenz sich erfreute, wurden sehr vergrößert; vom Pfarrwiddum wurden ebenfalls mehrere kleine Bauplätze abgegeben.«[14]

Der tatkräftige Pfarrer Johann Firmus Merz (1839–1845) verstrickte sich in Prozesse mit seinen unbotmäßigen Pfarrkindern: »Das machte böses Blut, und dieße unterließen nicht, die Blößen ihres Seelsorgers zu erspähen. Bei der Nähe der Hauptstadt mit ihren vielen Gelegenheiten zum Bösen, bei dem Herausströmen der Städter nach Bogenhausen, bei der aus allen Ecken und Enden der Welt zusammengewürfelten Gemeinde kann man in sittlicher und religiöser Beziehung nicht viel erwarten. Pfarrer Merz hatte deßhalb auch wenig Unterstützung in seinen Bemühungen für das Heil seiner Heerde. In vielen Dingen trat man ihm geradezu entgegen und er hatte viel von der Unbotmäßigkeit seiner Pfarrkinder zu leiden.«[15] Wegen der Mißhelligkeiten ließ sich Merz 1846 auf die freigewordene Pfarrstelle im benachbarten Oberföhring versetzen. Nur kurz war Kaspar Helfetsrieder, Benefiziat am Gasteig, Pfarrer in Bogenhausen (1846–1849), bis er sich wegen anhaltender Streitereien mit der Gemeindeverwaltung und einzelnen Bauern erfolgreich um die Hofkuraten- und Hofbenefiziatenstelle in Nymphenburg bewarb: »Schlimme Jahre hatte er in Bogenhausen erlebt. 1847 war Mißwachs, mußte im April und Mai alles umgebaut (Neubestellung der Felder – Anm. d. Verfassers) werden, 1848 waren die Felder wunderschön, aber am 6. Juni traf ein Totalschauer die Bogenhauser-Oberföhringerflur; dazu die politischen Wirren und die unangenehmen Verhältnisse mit der Gemeindeverwaltung!«[16]

Über die direkten Auswirkungen des Vormärz und die politischen Verhältnisse in Bogenhausen räsoniert zurückblickend auf die Amtszeit Helfetsrieder sein Nachfolger Michael Lampart in seiner ersten Bogenhauser Geschichte vom Jahr 1865:

»Zum größten Verdruße des Pfarrers wählten sich die Volksbeglücker Neuberghausen zu ihrem Versammlungsorte und auch in Brunnthal hatten die Deutschkatholischen einen ihrer besuchtesten Sammelplätze. Da der Patriotismus und Rechtssinn angefeuert durch die glühendsten Reden vielfach in That überzugehen drohten, so hatte Pfarrer Helfetsrieder bei solchen Versammlungen stets die nach Süden angebrachten Fenster mit Läden geschlossen, damit nicht die gesinnungstüchtigen edlen Männer ihm durch Einwerfen der Fenster ein patriotisches Compliment machen und eine große Heldentat verüben könnten.«[17]

»Waren die Jahre seiner Amtsführung in Bogenhausen in ökonomischer Beziehung schon unglücklich, so waren sie es noch mehr in sittlicher und moralischer Hinsicht.

In München bildeten sich für Taglöhner, Handwerker, Gesellen, Knechte usw.... patriotische oder aufgeklärte Vereine, in welchen diese Classen aufgestachelt und belehrt wurden, alle bestehenden Verhältnisse als nicht gerechtfertigt anzusehen, sondern als aufgedrungene und deßhalb abzustreifende anzunehmen. Viele der hiesigen Taglöhner und Knechte besuchten diese Versammlungen der Volksbeglücker, ließen sich ihre Lehren gern gefallen und waren nicht ungeneigt, sie ins Leben einzuführen. Auch die Bauern, oder modern gesagt Oekonomen, wollten alle Lasten, zumal solche, die an die Pfarrei zu entrichten waren, als nicht berechtigt ansehen. Sie verweigerten deßhalb auch die Entrichtung der herkömmlichen Kirchtrachten und glaubten auch, daß das s.g. zum Opfer gehen an Sonn- und Feiertagen eine persönliche Last sei, welche durch das Ablösungsgesetz (über den Kirchenzehnt 1848 – Anm. d. Verfassers) aufgehoben wäre etc.

Kurz am Pfarrer, d. h. am Diener seiner Religion glaubte man sein Mütchen kühlen zu dürfen, da es ja hier so gefahrlos und ungestraft geschehen könne.

Welche Folgen dieses irreligiöse und schlimme Beispiel der Ungebundenheit nach sich ziehen wird, kann die Zukunft lehren.

Welch ein Exempel der Unbotmäßigkeit diejenigen gaben, die der Jugend Gehorsam lehren sollen, mag hier ungerührt bleiben. Ueber die verderblichen damaligen Zeitungsblätter, einen Gradaus, Vorwärts, Volksbötin usw., welche alle fleißig von den Bogenhauser Bauern und Aufgeklärten gehal-

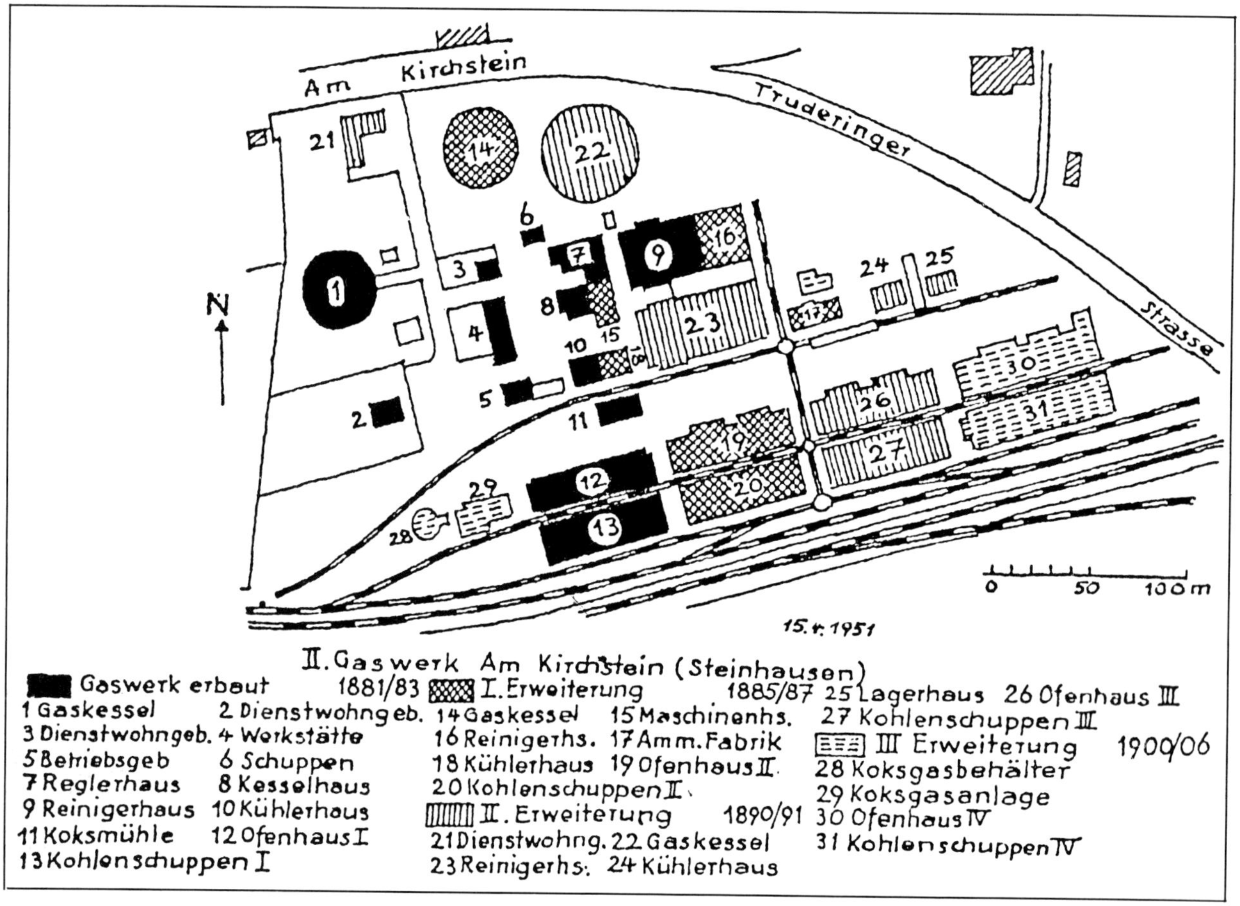

ten oder welche auch unentgeltlich vertheilt wurden, soll hier ebenfalls kein Wort verloren werden.«[18]

Pfarrer Lampart selbst verkaufte nach Ablösung des Zehnts 1850 und in den Folgejahren die Reste der Pfarrwiddumsgründe, um einen verschuldeten und wenig ertragreichen Landwirtschaftsbetrieb loszuwerden. Damit wurde die bäuerlich-ökonomische Grundlage des alten Pfarrsitzes aufgegeben.

Zwischenzeitlich rückte mit der Weiterentwicklung der Ziegeleien die neue Zeit der Industrialisierung immer näher an Bogenhausen heran. Etwas isarabwärts war jenseits des Flusses aus einem alten Eisenhammer am Eisbach in der Hirschau die Lokomotivenfabrik Maffei entstanden. Das Eisenbahnzeitalter war angebrochen.

Auch die ersten Umweltbelastungen durch die neue Industrieproduktion waren zu verzeichnen, wie ein Vorfall des Jahres 1865 zeigt. Von der schadhaften Bogenhauser Brücke wurde auf Anweisung des Münchner Magistrats – außerhalb der damaligen Stadtgrenze! – das Ammoniakwasser, das bei der Leuchtgasherstellung der Gasanstalt in Thalkirchen übrigblieb, in die Isar geleert. Auf die Anfrage der Münchner Baubehörde beim zuständigen Bezirksamt rechts der Isar in Haidhausen, ob dies zulässig sei, erhielt man zunächst umgehend eine strikte Ablehnung aus technischen Gründen, wegen Baufälligkeit der Brücke. Als die »Ammoniakwasser-Entsorgung« dieser Art anhielt, folgte ein energischer Protest:

»Schon allein aus Sanitätsrücksichten dürfte das Ausleeren dieser Flüssigkeit von der Brücke als einer öffentlichen Passage unstatthaft sein, indem diese einen höchst ekelhaften und scharfen Geruch verbreitet.«[19]

Diesem Protest wurde stattgegeben. Aber etliche Jahre später – 1881–1883 – entstand am Südostrand der Gemeinde Bogenhausen, am Kirchstein in Steinhausen, das zweite Werk der Gasanstalt. Es wurde 1899 in die Regie der Stadtgemeinde München übernommen; 1932 wurden die Schuppen und Nebengebäude abgebrochen, 1943 die zwischenzeitlich als Lager benutzten Gasbehälter, nachdem sie nach Fliegerangriffen am 19./20. September 1942 ausgebrannt waren.

Ein weiterer Schritt auf dem Weg in die neue Zeit bedeutete die Errichtung einer Postexpedition Bogenhausen am 1. Juni 1876: »Der Gemeindeschreiber Carl Schmid wurde zum Postexpeditor ernannt. In dem passend an der Landstraße gelegenen Haus des Bürgermeisters Schrädler bot sich die Möglichkeit zur Schaffung geeigneter Posträumlichkeiten, die nach drei Jahren zur Errichtung einer Telegraphenstation entsprechend erweitert werden mußten. Auf Carl Schmid folgte im Jahr 1880 der Postexpeditor Mändl.«[20]

Die Errichtung der Postexpedition wurde mit der gestiegenen Bevölkerungszahl – 1500 –, ferner mit der erhöhten Frequenz der »Naturheilanstalt Brunnthal«, der Stationierung der kgl. Gendarmeriebrigade München und der kgl. Beamten-Reliktenanstalt Neuberghausen begründet.

Bei der Eingemeindung wurde daraus das Münchner Postamt XXVII, Bogenhausen Nr. 16½ (17½), dann Ismaninger Straße 122, später Nr. 98.

Im Jahr 1927 erfolgte der Bezug des Neubaus Ismaninger Straße 142, wo es sich – im Zweiten Weltkrieg unzerstört – nach der Renovierung 1990/91 als Postamt 86 (seit 1969) noch befindet.

Blick auf Steinhausen gegen Südosten mit der Färberei Würth und dem Gaswerk Am Kirchstein. Im Hintergrund rechts St. Stephan in Baumkirchen (Berg am Laim), um 1917

Anmerkungen

1 Zit. nach Lutz, Priel, a. a. O., S. 80f.

2 Zit. nach Lutz, Priel, a. a. O., S. 90f.

3 Über die interne Aufteilung der durch Sailer für die Gemeinde Bogenhausen erworbenen Grundstücke und deren Verbücherung liegen noch keine Forschungen vor.

4 STA München, Kataster 11626.

5 Ausführliche Darstellung bei Lutz, Priel, a. a. O., Kapitel B, S. 55–72.

6 So Wilmersdoerffer, a. a. O., S. 65. – Dagegen gibt Lutz, Priel, a. a. O., S. 117, nur 2500 Gulden an.

7 Siehe die umfassende Biographie seines Sohnes: Fritz Lutz, Der Maler und Ziegelei- sowie Gutsbesitzer Anton Höchl (1818–1897), Obb. Archiv, Bd. 112 (1988).

8 Lutz, Priel, a. a. O., S. 114.

9 Fritz Lutz, Erzwungene Heimat. Italienische Saisonarbeiter in den Ziegeleien des Münchner Ostens. In: In München geboren – von München angezogen – nach München verschlagen. Lesebuch zur Geschichte des Münchner Alltags (Geschichtswettbewerb 1889/90). Hrsg. von der Landeshauptstadt München 1991.

10 Münchener Politische Zeitung. Donnerstag, 11. Mai 1820. Beilage zur Nr. 112, S. 558, Ziff. 2024.

11 Kgl. Baier. Polizey-Anzeiger von München, Nr. XXX! Sonntag, den 21. April 1822, S. 282, Ziff. 1639.

12 Münchener Politische Zeitung. Beilage zu Nr. 153. Sonnabend, den 29. Juni 1822, S. 838.

12a Der Max-Josephs-Garten zu Bogenhausen. Ein Denkmal treuer Unterthanenliebe . . . von A. Sterler. München 1825. Gedruckt mit Joseph Zangl'schen Schriften.

13 Lampart, a. a. O., S. 180.

14 Ebd., S. 181

15 Ebd., S. 181 f.

16 Ebd., S. 184.

17 Ebd., S. 183.

18 Ebd., S. 184f.

19 Stadtarchiv München, Bogenhausen 109. Zit. nach Fritz Lutz: Der Münchner Norden war schon immer für Umweltbelastungen gut! Haidhauser Anzeiger vom 6. März 1991.

20 Werner Hanft: Die Entwicklung von der Postexpedition 1876 über Postamt München XXVII zum heutigen Postamt München 86. München 1991.

Die Sternwarte in Bogenhausen im Wandel ihrer Geschichte

Reinhold Häfner

Die politisch-militärische Situation in Bayern unmittelbar nach der Wende zum 19. Jahrhundert brachte es mit sich, daß die bayerische Landesvermessung systematisiert und intensiviert wurde. Neben der Kartographie Bayerns diente dieses Vorhaben auch finanzpolitischen Plänen des Staates, da man beabsichtigte, das vermessene Land mit einer neuen Steuer, der Grundsteuer, zu belegen. Präzise Ortsbestimmung, ausgeführt an einer mit guten Instrumenten ausgestatteten Sternwarte, war aber eine Grundbedingung erfolgreicher Vermessungsarbeit. Die Bayerische Akademie der Wissenschaften ließ daher zu Beginn des Jahres 1803 im Nordwestturm des ehemaligen Jesuitenkollegs (heute: Neuhauser Straße) ein kleines Observatorium einrichten, das ausschließlich den Zwecken der Landesvermessung diente und als die Keimzelle der Sternwarte in Bogenhausen bezeichnet werden kann. Diese Beobachtungsstation wurde 1805 nach Haidhausen (heute: ca. südwestliches Ende des Ostbahnhofs) verlegt, wo allerdings nur eine hölzerne Hütte als Provisorium zur Verfügung stand. Vor allem nach der Erhebung Bayerns zum Königreich (1806) wurde dann der Bau einer größeren, dem gesteigerten Repräsentationsbedürfnis genügenden Sternwarte mit Nachdruck betrieben. Aber erst 1816 war es soweit. Als endgültigen Standort hatte man eine kleine Anhöhe östlich des Dorfes Bogenhausen ausgesucht, die sich inmitten eines flachen, nur mit Wiesen und Feldern bestellten Geländes befand. Der Ort war nicht schlecht gewählt, da die Sicht fast überall bis zum Horizont frei und die Verbindung zur Stadt noch relativ günstig war. Zudem sollte ein Erlaß jegliche störende Bebauung oder Bepflanzung in der Umgebung der neuen Sternwarte verhindern, was tatsächlich viele Jahrzehnte eingehalten wurde. Am 11. August 1816 fand der erste Spatenstich statt. Der Bau der Anlage ging zügig voran, und bereits am 15. November 1817 konnte der technische Leiter, Hofbauinspektor Franz Thurn, Vollzug melden. Man hatte knapp 50000 Gulden (ca. 1 Million DM nach heutigem Wert) verbraucht, ohne Innenausbau sowie Aufstellung und Justierung der Instrumente. Letzteres geschah unter Aufsicht und Mitwirkung von Johann Georg von Soldner (1776–1833), dem ersten Direktor der neuen Sternwarte. Er stand dabei in engem Kontakt mit Reichenbach und Fraunhofer, den beiden bekanntesten Repräsentanten der damals weltberühmten optisch-feinmechanischen Werkstätten in München und Benediktbeuern. Diese Firmen hatten schon für das Sternwartprovisorium in Haidhausen astronomische Geräte geliefert und vervollständigten nun die instrumentelle Ausstattung. Am 14. Dezember 1819 wurde mit dem Hauptinstrument, einem Reichenbachschen Meridiankreis, die systematische Arbeit aufgenommen: Das instrumentell bestausgestattetste Observatorium der Welt, die unter der Verwaltung der Akademie stehende »Königliche Sternwarte zu Bogenhausen« war in Betrieb gegangen.

In den ersten Jahren war sehr oft die Prominenz der Münchner Instrumentenbauer anwesend, einerseits um notwendig gewordene Reparaturen oder instrumentelle Verbesserungen vorzunehmen, andererseits aber offenbar auch, um astronomische Instrumente und Uhren vor dem Versand an die Auftraggeber von Soldner auf Herz und Nieren prüfen zu lassen. Eine enge Freundschaft verband Soldner vor allem mit Fraunhofer. Nachdem dieser um 1814 erstmals überhaupt versucht hatte, Spektren der Venus und einiger sehr heller Sterne zu erzeugen und zu vermessen, verbesserte und intensivierte er dann ab 1820 zusammen mit Soldner diese Experimente an der neuen Sternwarte mit einem eigens hierfür entwickelten Instrumentarium. So wurde der Grundstein für eine der wichtigsten Beobachtungsmethoden der modernen Astrophysik gelegt, deren Siegeszug bis heute anhält. Soldner

Das astronomische Gebäude.

Die Beschreibung des neuen, unter König Maximilian I. errichteten, astronomischen Gebäudes liefern wir mit den Worten des gegenwärtigen Vorstandes Herrn Steuerraths Soldner, mit der durch die Enge des Raums gebotenen Abkürzung:

»Die eigentliche Sternwarte, im engern Sinne, besteht aus einem Saale, welcher im Innern 42 Fuß (zu 129, 38 Pariser Linien) lang, 20 breit, und 14 hoch ist. In diesem Saale stehen in der Mitte ein dreyfüßiger Repetitions-Kreis, auf der einen Seite ein sechsfüßiges Passagen-Instrument und auf der andern ein dreyfüßiger Meridian-Kreis, auch noch eine Uhr, welche für alle Instrumente zugleich dient. An die nordöstliche und nordwestliche Ecke des Saales lehnen sich die Flügelgebäude, welche die Wohnungen enthalten, also an, daß vom Saale aus noch ein Fenster nach Osten und eines nach Westen die Aussicht öffnet. Auf dem Hofe, in den Ecken, welche durch das Saal- und die Flügelgebäude sich bilden, stehen zwey Thürme mit Drehkuppeln, welche nur gerade so hoch sind, daß sie über die Dächer der Flügel reichen, und dennoch ganz freye Aussicht gestatten; auf dem einen dieser Thürme befindet sich das Aequatoriale. Sämmtliche Instrumente von seltener Vortrefflichkeit sind von Reichenbach, nur die Uhr hat Liebherr verfertiget. Da die feste Aufstellung der Instrumente bey astronomischen Beobachtungen von der größten Wichtigkeit ist, so ist hierauf alle erdenkliche Vorsicht verwendet worden. Der Hügel, auf welchem die Sternwarte errichtet ist, besteht oben aus einem Thonlager, dessen Mächtigkeit 10 bis 12 Fuß beträgt, unter diesem ist fester, steinigter Boden, und bis auf solchen ist der Grund ausgegraben worden. Der Fußboden des Saales selbst ward, um Feuchtigkeit zu verhüten, 5 Fuß über den natürlichen Boden erhöht, wodurch unter dem Saale ein hohler Raum von 16 Fuß Tiefe entstand; dieser wurde durch einen in seiner Art grandiosen Block von solidem Mauerwerk ausgefüllt, jedoch so, daß er die Außenmauern des Gebäudes nicht berührt, und man noch zwischen dem Blocke und den Außenwänden unten zur Noth gehen kann. Auf diese feste und ausgetrocknete Mauermasse wurden die marmornen Pyramiden, jede aus einem Stücke, aufgepflanzt, welche die Uhr und die übrigen Hauptinstrumente tragen. Der hölzernde Fußboden des Saales ruht blos auf der Außenmauer, und berührt das Fundament der Instrumente nirgends. Der Grund der zwey Thürme liegt in der nämlichen Tiefe. Diese Thürme bestehen aus achteckigen, 10 Fuß im Durchmesser haltenden, und 30 Fuß hohen, ganz massiven gemauerten Pfeilern. Der Pfeiler ist wieder von einer Mauer umgeben, aber so, daß dieselbe, vom Grunde aus bis oben, überall 6 Zoll vom Pfeiler absteht, und diese Mauer trägt oben die Kuppel und den Fußboden, während die Instrumente allein auf dem ganz isolirten Pfeiler stehen. Die Lage des Observatoriums ist so günstig und frey, als sie in einer ebenen Gegend nur immer seyn kann. Sie steht, nordöstlich von der Stadt, bey dem Dorfe Bogenhausen, auf einer an sich unbedeutenden Anhöhe, die aber doch so ist, daß man über die Häuser des Dorfes wegsieht, ohngeachtet die nächsten nur dreyhundert Schritte davon entfernt stehen. Nichts verhindert die Aussicht im ganzen Horizonte, als die hohen Thürme der Stadt, der Kirchthurm von Bogenhausen, und was natürlich hier unvermeidlich ist, die südliche kolossale Gebirgskette, welche jedoch schon neun bis zehn Meilen entfernt ist.«

Entnommen aus: Malerische Topographie des Königreichs Bayern ... von C. Lebschée. München 1830

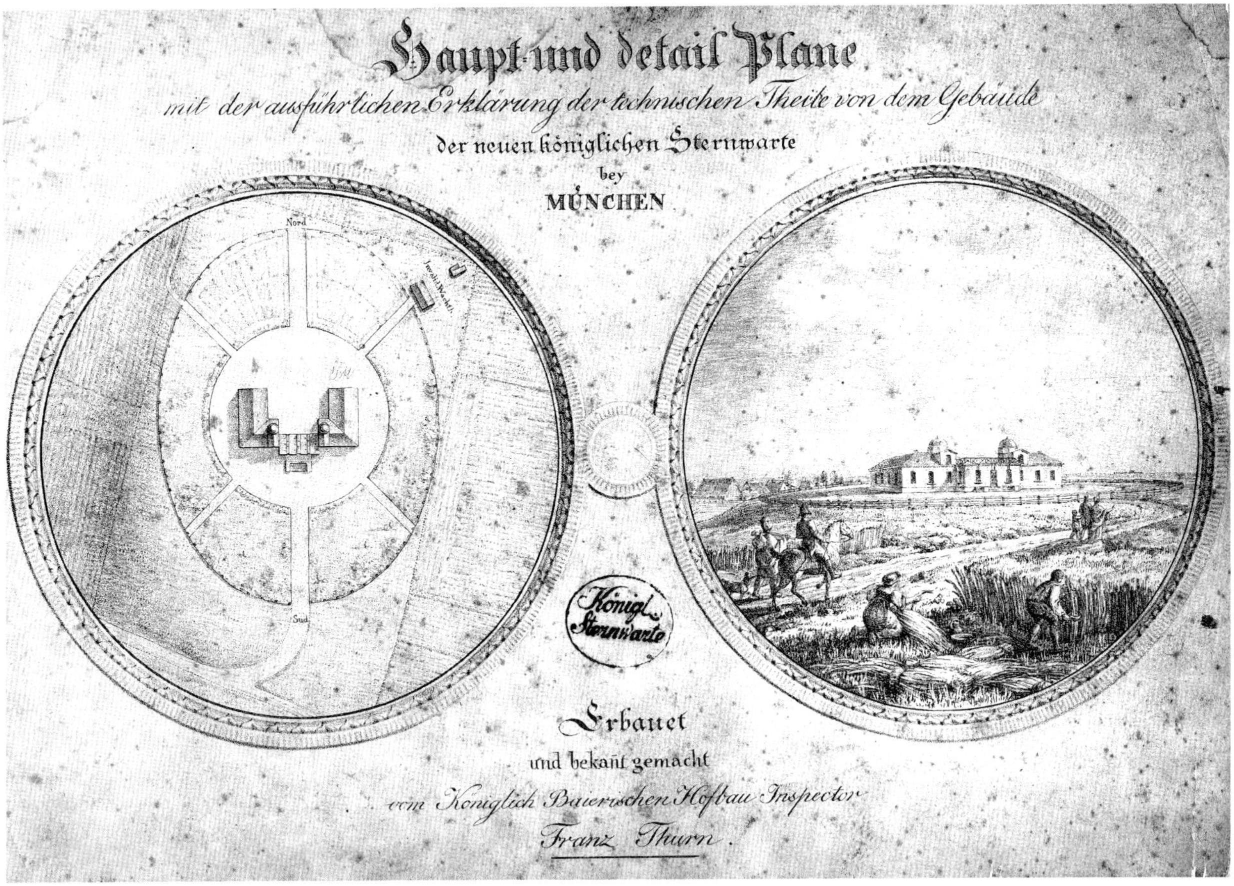

Das Deckblatt der Baupläne der Bogenhausener Sternwarte. Es zeigt die auf einer kleinen Anhöhe errichtete, hufeisenförmige Anlage mit einigen Häusern des Dorfes Bogenhausen im Hintergrund. Der erste Spatenstich fand am 11. 8. 1816 statt. Im Laufe des Jahres 1819 wurde der astronomische Betrieb aufgenommen

selbst sah seine Hauptaufgabe aber darin, die Fundamentalsterne sowie die Positionen der Sonne, des Mondes und der Planeten zu vermessen. Daneben fing er schon 1820 damit an, täglich Temperatur und Luftdruck zu notieren und verstärkte ab 1825 diese Aktivitäten durch strenge Einhaltung der täglich dreimaligen Ablesung entsprechender Werte. Er gab so den Anlaß zu einer weit über 100 Jahre andauernden systematischen meteorologischen Meßreihe an der Bogenhausener Sternwarte.

Ab 1828 konnte Soldner aus gesundheitlichen Gründen seinen Aufgaben nicht mehr voll gerecht werden. Unter seiner Aufsicht führte daher sein junger Assistent Johann von Lamont (1805 – 1879) von nun an die Geschäfte der Sternwarte. Lamont wurde dann 1835, zwei Jahre nach Soldners Tod, auch offiziell zu deren Leiter bestellt. Quasi als Antrittsgeschenk erhielt er gleich ein neues Instrument, einen Refraktor aus der ehemals Fraunhoferschen Werkstätte, der in einem eigenen Gebäude zur Aufstellung kam. Dieses Teleskop war für die nächsten vier Jahre nominell zwar nicht ganz der größte Refraktor der Welt, aber mit Sicherheit der leistungsfähigste und zweckmäßigste. Eine Beobachtungskampagne mit diesem Instrument verdient besondere Erwähnung: Von Januar bis Mai 1836 führte Lamont Ortsbestimmungen des Kometen Halley durch und lieferte so die einzige brauchbare

Der 1835 aufgestellte Refraktor aus der ehemals Fraunhoferschen Werkstätte. Er war bis 1969 in Betrieb und steht heute noch in seinem historischen Gebäude auf dem Sternwartgelände

Meßreihe dieses Kometen nach dessen Periheldurchgang, die sich 150 Jahre später als äußerst wertvoll für die GIOTTO-Raumflugmission erweisen sollte.

Um 1840 organisierte dann Lamont unter dem Eindruck, daß immer mehr Meteorologie sowie erdmagnetische und verwandte physikalische Untersuchungen von Sternwarten betrieben wurden, auch den Aufgabenbereich der Bogenhausener Sternwarte neu.

In der Astronomie versprach er sich den größten Erfolg durch die Vermessung schwächerer Sterne, da einerseits nur wenige Astronomen diesem Gebiet Aufmerksamkeit schenkten und andererseits die Entdeckung etwa noch vorhandener Planeten sowie veränderlicher Sterne sozusagen als Abfallprodukt zu erwarten seien. Tatsächlich wurde der Planet Neptun vor seiner offiziellen Entdeckung durch Galle im Jahre 1846 zweimal in den »Münchener Zonen« aufgezeichnet, ohne daß dies jedoch besonders aufgefallen wäre. Bis zum Jahre 1872 wurden so die Positionen von mehr als 37500 Sternen bestimmt, die dann das Ausgangsmaterial des 1890 herausgegebenen »Ersten Münchener Sternverzeichnisses« bildeten.

Das Hauptinteresse Lamonts richtete sich jedoch auf Probleme des Erdmagnetismus, und er konnte auf diesem Gebiet durch seine praktischen und theoretischen Arbeiten die Sternwarte zu Weltruhm führen. Schon seit 1836 hatte er auf Veranlassung von Gauß magnetische Messungen ausgeführt, die dann ab 1840 in einem eigens auf dem Sternwartgelände eingerichteten Observatorium intensiviert und bis zum Tode Lamonts weitergeführt wurden. Arbeiten über Erd- und Telegraphenströme wurden wohl auch durch Versuche Steinheils angeregt, der 1837 zwischen der Sternwarte und der physikalischen Werkstätte der Akademie die erste praktisch verwertbare telegraphische Nachrichtenübertragung der Welt durchgeführt hatte. Ab 1852 bestand dann eine telegraphische Verbindung zwischen der Sternwarte und der zentralen Telegraphenstation in München, die täglich um 12 Uhr mittags ein Zeitsignal erhielt und an alle bayerischen Eisenbahn- und Telegraphenstationen weitergab. Dabei blieb es dann bis in die Tage des Zweiten Weltkrieges: Die amtlichen Uhren in ganz Bayern hatten sich nach den Signalen der Sternwarte in Bogenhausen zu richten.

In dem für die Sternwarte so entscheidenden Jahr 1840 wurden auch die meteorologischen Messungen verstärkt und versucht, entsprechende Zusammenhänge zu erforschen. Jede Stunde, Tag und Nacht, wurden Luftdruck, Temperatur und Feuchtigkeit aufgezeichnet und außerdem Werte für Bewölkung, Wind, Niederschlag, Bodentemperatur etc. festgehalten. Lamonts Absichten gingen aber noch weiter: Die Sternwarte sollte zum meteorologischen Zentrum Bayerns werden. Bayerische Meteorologen sandten sowieso schon seit geraumer Zeit ihre Beobachtungen zur Auswertung an die Sternwarte, was schließlich zur Gründung eines meteorologischen Vereins führte. Um die Anzahl der Stationen zu vergrößern, wurde auf Lamonts Betreiben eine aus dem Jahr 1803 stammende Vorschrift, nach der die kgl. Gerichtsärzte auch meteorologische Beobachtungen anzustellen hatten, im Jahre 1839 neu ins Leben gerufen. Lamont erntete mit dieser Aktion bei den Betroffenen wenig Beifall, denn von ca. der Hälfte der knapp 400 Gerichtsärzte wurden nämlich gar keine Beobachtungen eingesandt, und von den restlichen waren nach zehn Jahren nur einige wenige übrig geblieben, die der Aufforderung noch nachkamen.

Bei all seinen astronomischen, magnetischen und meteorologischen Untersuchungen war Lamont oft in die Lage versetzt, eigene Gerätschaften anfertigen zu müssen oder vorhandenes Instrumentarium zu verbessern. Schon ab 1835 betrieb er daher eine eigene feinmechanische Werkstätte und machte so die Bogenhausener Sternwarte zu einer der ersten überhaupt, der ein solcher Betrieb angegliedert war. Die Palette der angefertigten Instrumente reichte von speziellen Okularen und thermo-elektrischen Apparaten über meteorologische und magnetische Instrumente bis zu diversen Registriereinrichtungen und einer mechanischen Rechenmaschine. Vor allem seine magnetischen Instrumente waren begehrt, und entsprechende Reisetheodoliten aus Bogenhausen gelangten auf Expeditionen bis ins südliche Afrika, nach Ostindien und Australien. Im Revolutionsjahr 1848 drohte fast die Schließung der Werkstätte, da diese gewissen Handwerkerkreisen ein Dorn im Auge war. Lamont konnte dies aber verhindern und erreichte darüber hinaus, daß die Werkstatt, die die ganze Zeit über von ihm selbst finanziert worden war, 1853 offiziell der Sternwarte angegliedert wurde. Sie ist bis heute bei ihr verblieben.

Daneben hatte Lamont seit 1837 an der Universität gelehrt und war schließlich 1852 Lehrstuhlinhaber für Astronomie geworden. Damit war eine Personalunion zwischen diesem Amt und dem des Direktors der Sternwarte in Bogenhausen geschaffen worden, die bis heute Bestand haben sollte. Nach 51jähriger Tätigkeit an der Sternwarte starb Lamont 1879 hochgeehrt, als Mitglied zahlloser gelehrter Gesellschaften und liegt wie fast alle Sternwartdirektoren auf dem Bogenhausener Friedhof begraben. Die Stadt München benannte eine Straße in Bogenhausen nach ihm, eine Ehre, die auch seinem Vorgänger Soldner zuteil wurde. Auch die Astronomen standen nicht zurück: Ein Mond- und ein Marskrater tragen seinen Namen.

Nach dreijähriger Vakanz wurde 1882 Hugo von Seeliger (1849–1924) zum neuen Direktor berufen. Der Interessensschwerpunkt des bedeutendsten deutschen Astronomen seiner Zeit lag vor allem im Bereich der theoretischen Astronomie, und er brachte die Bogenhausener Sternwarte nun auch auf astronomischen Gebiet zur weltweiten Anerkennung. Ebenso wie Lamont erfuhr auch Seeliger schon zu Lebzeiten hohe Ehrungen. Er war Mitglied in zahlreichen gelehrten Gesellschaften und leitete sogar von 1919–1924 als deren Präsident die Geschicke der Bayerischen Akademie der Wissenschaften. Auch seinem Namen ist heute eine Straße in Bogenhausen und ein Krater auf dem Mond gewidmet.

Nachdem nach dem Amtsantritt Seeligers die geophysikalischen Messungen etwas reduziert und ab 1887 ganz eingestellt worden waren, kam auf Veranlassung der Akademie der Bau eines neuen, mit den erforderlichen Instrumenten großzügig ausgestatteten erdmagnetischen Observatoriums zustande, das 1899 seinen regelmäßigen Betrieb aufnehmen konnte. Damit war auch der Startschuß für erweiterte geophysikalische Aktivitäten gefallen: So wurden u. a. in den folgenden Jahren eine Erdbebenwarte eingerichtet und einige Außenstationen aufgebaut. Die geophysikalischen Einrichtungen erhielten schließlich 1922 die offizielle Bezeichnung »Erdphysikalische Warte bei der Sternwarte«.

Das Hauptarbeitsgebiet wurde jedoch wieder die Astronomie. Neben theoretischen Untersuchungen stand dabei die klassische Positionsastronomie im Vordergrund, obgleich ab ca. 1900 durchaus auch schon astrophysikalische Beobachtungsmethoden zum Einsatz kamen. Ein moderner, 1891 installierter Repsoldscher Meridiankreis löste sehr bald den Reichenbachschen Meridiankreis als Hauptinstru-

Der Repsoldsche Meridiankreis im Meridiansaal der Sternwarte. Das Gerät wurde 1891 aufgestellt und löste den aus dem Jahre 1819 stammenden Reichenbachschen Meridiankreis als Hauptinstrument ab

ment der Sternwarte ab. Letzerer war noch bis 1889 dafür genutzt worden, um diejenigen ca. 10000 Sterne neu zu vermessen, deren Daten sich in den Lamontschen Aufzeichnungen als unsicher erwiesen hatten. Der resultierende Katalog, das »Zweite Münchener Sternverzeichnis«, kam 1891 zur Publikation. Später wurde der »alte« Meridiankreis praktisch nur noch zur Zeitbestimmung herangezogen. Am »Fraunhoferschen« Refraktor bildete für Jahrzehnte die Ortsbestimmung von Kometen einen Arbeitsschwerpunkt, gefolgt von Messungen der großen und kleinen Planeten. In diesem Rahmen gelang 1897 die Entdeckung eines kleinen Planeten, der nach der Stadt München »MONACHIA« genannt wurde.

Noch zu Lebzeiten Seeligers machte sich allmählich der Einfluß der expandierenden Stadt auf die praktische astronomische und geophysikalische Arbeit an der Sternwarte bemerkbar. Um die Jahrhundertwende hatte man bei der Projektierung der Possartstraße die Bedürfnisse der Astronomen noch berücksichtigt und diese nahezu exakt in Nord-Süd-Richtung angelegt, um die Meridiankreisbeobachtungen nicht durch Häuser zu stören. Die fortschreitende Bebauung in der Umgebung und die damit einhergehende Straßenbeleuchtung führte jedoch

Hugo v. Seeliger, der dritte Direktor der Sternwarte, mit seinen Kindern vor der Direktorenvilla. Das Haus wurde 1886 gebaut, im 2. Weltkrieg zerstört und 1956 abgetragen

zunehmend zur Aufhellung des Nachthimmels und erschwerte so vor allem photographisches Arbeiten immer mehr. Auch die geophysikalischen Messungen wurden allmählich durch die Erschütterungen des wachsenden Straßenverkehrs in Mitleidenschaft gezogen, und speziell der Ausbau des Straßenbahnnetzes (Ismaninger Straße) setzte dann 1927 den erdmagnetischen Arbeiten an der Sternwarte definitiv ein Ende.

Die Nachfolger Seeligers, Alexander Wilkens (1881–1968) und Wilhelm Rabe (1893–1958), die die Sternwarte jeweils nur für relativ kurze Zeit leiteten (1925–1934 bzw. 1935–1946), konnten wegen der so entstandenen ungünstigen Lage des Observatoriums mit den modernen Entwicklungen der beobachtenden Astronomie auch nicht Schritt halten. Dies wäre nur durch eine Verlegung der Sternwarte selbst oder durch die Errichtung einer Außenstation mit entsprechendem Instrumentarium außerhalb der Großstadt möglich gewesen. Die wirtschaftlichen und politischen Gegebenheiten verhinderten jedoch die Realisierung solcher Pläne, die von beiden gehegt wurden. Positionsastronomie konnte zwar noch ohne größere Beeinträchtigung weiterbetrieben werden (u. a. mit einem 1927 neu erworbenen Askania-Vertikalkreis), aber sie besaß neben

Bis zum ersten Weltkrieg hätte man Seeligers Los ein selten glückliches nennen können. Er war 1849 im österreichischen Schlesien geboren. Ein angesehenes, vermögliches Elternhaus; begabte Geschwister; eine selten harmonische Ehe; zwei begabte eigene Söhne. Mit noch nicht 25 Jahren vom Reich zum Leiter einer astronomischen deutschen Expedition im Stillen Ozean berufen; mit 32 Nachfolger des damals berühmtesten deutschen astronomischen Theoretikers an der Sternwarte in Gotha, mit 33 Leiter der Sternwarte in München-Bogenhausen, die er, trotz verlockender Rufe nach Prag und Straßburg, nach Wien und Berlin nicht mehr verließ. Als er 1882 in München einzog, war seine Sternwarte noch ein eigenes kleines Reich vor den Toren gewesen; ein weites Gelände rundum durfte durch keinen Lärm, keine Erschütterrung gestört werden, ihrem Leiter standen von Amts wegen Wagen und Pferde zu, um in die Universität zu fahren. Diese Zeiten des alten deutschen Gelehrtentums waren nun lange dahin. Aber trotz des Mangels an äußeren Hilfsmitteln hatte er sich als einer der ersten Astronomen der Zeit behauptet, war Mitglied der Akademie in Washington wie in Budapest, in Stockholm wie in Rom geworden. Träger des Friedens-Pour-le-Mérite wie des Maximilians-Ordens für Wissenschaft und Kunst, seit 1896 fünfundzwanzig Jahre lang Präsident der Internationalen Astronomischen Gesellschaft, die bis zum Weltkrieg die Astronomen der ganzen Erde zusammenschloß. Kein andrer deutscher Astronom hatte so viele junge Gelehrte und Observatoren aus allen Ländern herangebildet wie er.

Lange gemeinsame Heimwege aus der Altstadt – wie unruhig schien sie uns damals schon, und wie altväterisch gemächlich war sie noch gegen heute! – ins stille, grüne Bogenhausen, zu den bebuschten Erdwällen des großen Gartens der Sternwarte mit der geheimnisvollen Patina ihrer geschlossenen Kuppeln. Nichts Schöneres, als wenn er dann von seinen Forschungen erzählte, die so viele Gebiete seiner Wissenschaft schöpferisch bereichert hatten. Ihr Hauptfeld, sein ganzes Leben lang, war die theoretische Astronomie; er besaß auch ein ungewöhnliches praktisches Geschick; er hatte mit selbständigen Beobachtungen die streng mathematische Formulierung aller Beobachtungen verbunden, seine Gedanken ruhten Schritt um Schritt auf Anschauung und Erfahrung. Er beherrschte spielend alle mathematischen Hilfsmittel und den gesamten Umkreis der klassischen Physik, er war ebenso zu Hause in der Erkenntnistheorie wie in der Physiologie der Sinneswahrnehmungen. Er schien auszuruhen, wenn er sich von einer Untersuchung über neuentdeckte Spiral-Nebelfelder einer Prüfung der Forschungsmethoden zuwandte, etwa seinem Lieblingsgebiet der Wahrscheinlichkeitsrechnung, oder dem Einfluß der dioptrischen Fehler des menschlichen Auges auf die astronomischen Messungen, oder den Möglichkeiten der Photometrie, zu deren Bahnbrechern er gehörte. Ich war neugierig wie ein Kind, wenn er unter einer der kleineren Drehkuppeln das astropotographische Doppelfernrohr erklärte, mit dem die Fixsterne abgezählt wurden; wenn er mich ein anderes Mal in die Erdphysikalische Warte hinüberführte, wo man die täglichen Änderungen der magnetischen Elemente unsres eigenen Planeten im Lichtbild festhielt.

Aus: Karl Alexander von Müller. Im Wandel einer Welt. Erinnerungen Bd. 3. 1919–1932
Hrsg. v. Otto Alexander von Müller. München 1960

Blick von SO auf Sternwarte und Bogenhausen. Rechts: Kuppel des Refraktorgebäudes, dahinter Hauptgebäude der Sternwarte, Mitte: Direktorenvilla, links: Turm der Bogenhausener Kirche

Blick vom Dach der Sternwarte auf die Münchener Innenstadt (rechts) und die östlichen Vorstädte. Im Vordergrund die Direktorenvilla mit der Hl. Kreuz-Kirche, Giesing, um 1900

Blick von der königlichen Sternwarte nach Südosten: Am Horizont die Steinhauser Ziegeleien und das Gaswerk am Kirchstein, um 1905

der sich stürmisch entwickelnden Astrophysik nicht mehr den Stellenwert wie früher. Trotzdem machte Rabe aus der Not eine Tugend und startete 1934 am fast 100jährigen Refraktor ein Programm der mikrometrischen Vermessung physischer Doppelsterne, das er mehr als 20 Jahre fortsetzte und das ihn zu einem der bedeutendsten Beobachter auf diesem Gebiet werden ließ. In Würdigung dieser Verdienste trägt heute ein Marskrater seinen Namen.

Kurz vor Beginn des Zweiten Weltkrieges (1937/38) wurde die Sternwarte aus dem Zuständigkeitsbereich der Akademie ausgegliedert und der Ludwig-Maximilians-Universität unterstellt. Dieser Krieg hatte neben personellen Beeinträchtigungen auch unmittelbare Folgen für die Bogenhausener Sternwarte: Nach schweren Luftangriffen am 11. und 13. Juli 1944 brannte der Ostflügel des Hauptgebäudes völlig aus, der Westflügel wurde teilweise zerstört und sämtliche Dächer in Mitleidenschaft gezogen. Die 1886 erbaute Direktorenvilla wurde größtenteils ein Raub der Flammen. Glücklicherweise konnte praktisch die gesamte wertvolle Bibliothek gerettet werden und auch die Instrumente blieben fast alle unbeschädigt.

Nach dem Amtsantritt des neuen Direktors Erich Schoenberg (1882–1965) im Jahre 1946 wurde sofort mit dem Wiederaufbau der zerstörten Gebäude begonnen, der erst 1954 zum Abschluß kam. Die Direktorenvilla wurde jedoch nicht wiederhergestellt, sondern 1956 ganz abgetragen. Daneben kam es 1949 zu strukturellen Änderungen im Gefüge der Sternwarte: Die Universität zog alle geophysikalischen Einrichtungen ab, und das kurz vor dem Kriege im wesentlichen aus militärischen Überlegungen heraus gegründete und 1941 in Betrieb gegangene Sonnenobservatorium Wendelstein wurde von den amerikanischen Behörden dem bayerischen Staat übergeben, der es der Sternwarte angliederte. Dieses Observatorium war dann bis 1987, eingebettet in ein weltweites Beobachtungsnetz, vor allem zur Überwachung der Sonnenaktivität eingesetzt.

Nach Schoenbergs Emeritierung (1955) stand die Sternwarte sechs Jahre lang unter der kommissarischen Leitung des Physikers Walter Rollwagen, bevor 1961 Peter Wellmann zum neuen Direktor berufen wurde. Die Zeit der innerhalb oder im Einzugsbereich dichtbevölkerter Städte betreibbaren, den modernen Problemstellungen gerechtwerdenden beobachtenden Astronomie war vorüber. Es begann sich der Trend durchzusetzen, Observatorien in klimatisch begünstigten, dünnbesiedelten Gebieten zu bauen und die Auswertung der Beobachtungen sowie die theoretische Forschung in den Heimatinstituten vorzunehmen. Da es auf europäischer Ebene Bestrebungen gab, modernstes Beobachtungsinstrumentarium in hervorragender Lage zur gemeinsamen Nutzung zu schaffen, konnte man sich in Bogenhausen darauf konzentrieren, exzellente Studien- und Arbeitsbedingungen zu schaffen. Daher wurde 1964 das alte Sternwartgebäude abgerissen und an der historischen Stelle ein moderner Institutsbau errichtet, der 1966 bezogen werden konnte.

Die Universitätssternwarte in Bogenhausen, die seit 1982 unter der Leitung von Rolf-Peter Kudritzki steht, hat inzwischen mit ihren astrophysikalischen Forschungsaktivitäten längst wieder internationales Renommee errungen, die zugrunde liegenden Beobachtungsdaten kommen aber von weit her: von Astronomiesatelliten etwa oder z. B. vom deutsch-spanischen Astronomiezentrum Calar Alto/Spanien und der europäischen Südsternwarte La Silla/Chile, wo Mitarbeiter der Sternwarte fast regelmäßig ihre Forschungsprojekte mit den dortigen Großteleskopen durchführen. Für bestimmte Vorhaben liefert seit 1989 allerdings auch das institutseigene, mit modernstem Gerät zur Nachtastronomie umgerüstete Observatorium Wendelstein entsprechende Daten. Ein zweites »privates« Beobachtungsstandbein wird die Sternwarte in nächster Zukunft darüberhinaus in Texas/USA haben, da sie kürzlich Mitbesitzer eines dort gerade im Bau befindlichen Großteleskopes geworden ist.

Die ehemals »Königliche Sternwarte zu Bogenhausen« ist heute wieder in der Lage, die Herausforderungen moderner Astronomie anzunehmen und einen wichtigen Part im gemeinsamen internationalen Bemühen bei der Erforschung des Aufbaus und der Entwicklung unseres Kosmos zu spielen.

Die Eingemeindung Bogenhausens in die kgl. Haupt- und Residenzstadt München

Fritz Lutz

Vorgeschichte, wirtschaftliche Schwierigkeiten

Im 19. Jahrhundert beschäftigten zwei Probleme immer wieder die damals selbständige Gemeinde: die Bogenhausener (heutige Max-Joseph-)Brücke und die übergeordnete Distrikt- (später Bezirks)-straße von Haidhausen über Bogenhausen und Oberföhring in Richtung Ismaning.

Brückenprobleme

Die Bogenhausener Brücke entstand schon 1804 unter Maximilian Freiherr (später Graf) von Montgelas, Staatsminister von Kurfürst (ab 1806 König) Max I. Joseph (reg. 1799–1825). Die Notwendigkeit eines Brückenschlages begründete die ehem. Landesdirektion am 13. Januar 1804 wie folgt: »Da der unentbehrliche Verkehr der diesseitigen Bewohner der Isar mit den jenseitigen besonders bei der immer zunehmenden Bevölkerung der Residenzstadt, die Erleichterung der Trockenlegung des Ismaninger Mooses zum Besten der Kultur, die Beförderung der Holzzufuhr aus dem Anzinger Forst und die Belebung und Verschönerung der hiesigen Gegend solche Gründe zur Anlage einer neuen Brücke über die Isar bei Bogenhausen sind, so . . . werden 13880 fl für die Isarbrücke und für die Eisbachbrücke 159 fl ex aerario bewilligt.« Auch die Säkularisation, die 1803 das bischöfliche Fürstentum Freising mit dem Kurfürstentum Bayern vereinigte (die Grenze reichte bis hart an die Ziegelstädel bei Bogenhausen), wurde zur Begründung der Notwendigkeit einer Brücke nördlich von München herangezogen. Dadurch wollte man den vielen Schwierigkeiten abhelfen, die durch die zahlreichen Zerwürfnisse zwischen dem Herzogtum Bayern und dem Hochstift Freising wegen der Isarwasserbauten zum Nachteil der angrenzenden Gemeinden Ober- und Unterföhring sowie Ismaning entstanden waren und die schon 1624 das Reichskammergericht bemüht hatten.[2]

Außerdem wollte Minister Montgelas von seiner Stadtwohnung (nach 1813 im Palais Montgelas am Promenadenplatz 2) bequemer über den Englischen Garten zu seinem Hofmarkschlößchen gelangen.[2]

1804 entstand unterhalb des Bogenhausener Kirchberges eine Holzbrücke mit zwölf Jochen und geringen Spannweiten.[3]

Doch diese Holzbrücke hatte keine lange Lebensdauer. 1809 wurde sie von der österreichischen Besatzung beim Anmarsch des Franzosenkaisers Napoleon I. teilweise abgebrochen. 1811/12 entwarf der Generaldirektor des königlichen Wasser-, Brükken- und Straßenbauamts, Carl Friedrich von Wiebeking, eine neue Holzbrücke auf zwei gemauerten Pfeilern mit drei gleichgroßen Öffnungen (siehe Abb.). Von Wiebeking hatte als ersten Abschnitt bis 1805 die Isar zwischen der heutigen Maximilian- und der Bogenhausener Brücke in ein schnurgerades Flußbett mit zwei Hochwasserdämmen unter Abschneidung der zahlreichen Altwasserarme gezwängt.

Schon 1823 war die Wiebekingsche Brücke so verfault, daß man 1826 eine Notbrücke errichten mußte. Zwei Jahre später zeigten sich wieder Schäden, und 1837 war bereits wieder die Fahrbahn durchgefault. Der ständige Geldmangel nötigte den Staat zu einem Flickwerk, das sich über 47 Jahre hinzog.

Und hier lagen die Meinungsverschiedenheiten zwischen dem Staat (königlicher Aerar) und den anliegenden Gemeinden – am linken Ufer Schwabing und Freimann, am rechten Ufer die Stadt München samt der Vorstadt Au und den selbständigen Gemeinden Bogenhausen, Ober- und Unterföhring sowie Ismaning. Am 2. Februar 1854 stellte die Regierung von Oberbayern in einem Dekret

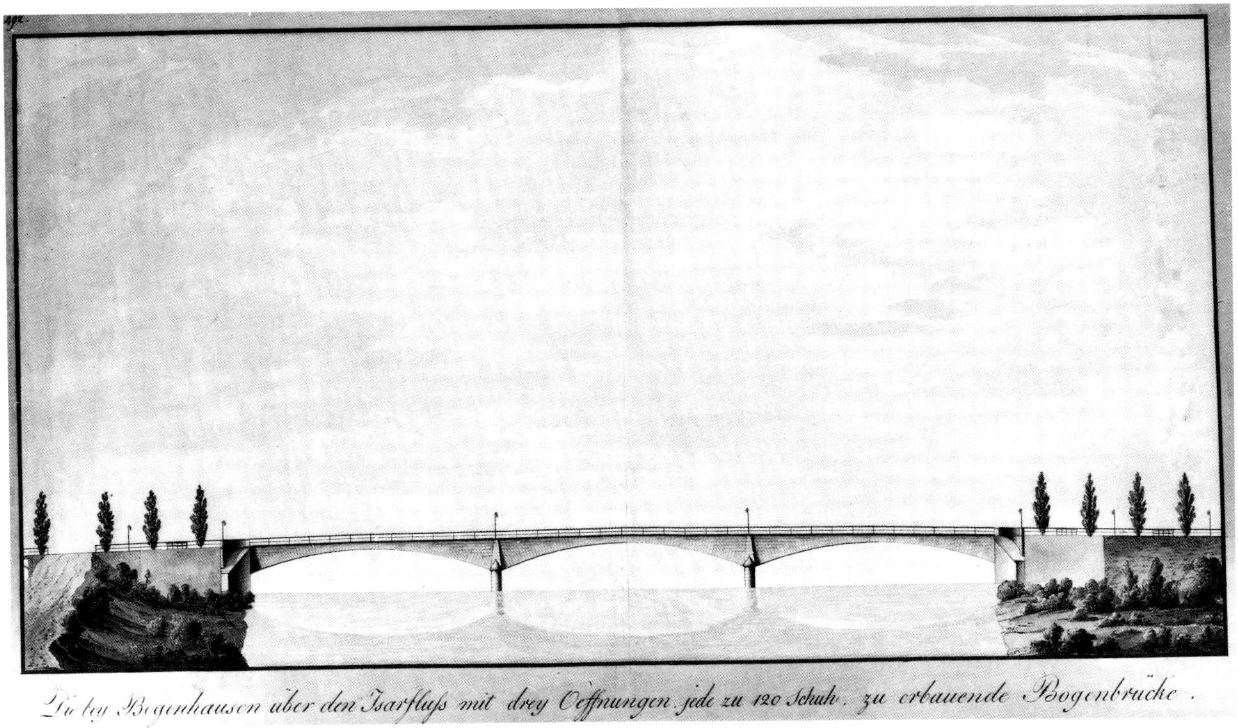

Entwurfszeichnung von Carl Friedrich von Wiebeking der Bogenhauser Holzbrücke von 1812

fest, »daß eine rechtliche Verbindlichkeit des k. Aerars zum Brückenbau und Straßenunterhalt sich nicht erweisen läßt«.[4]

Wohl hat die Gemeinde Bogenhausen die zum Bau der ersten Brücke von 1804 nötige Verbindungsstraße, abzweigend von der Distriktstraße nach Ismaning, hergestellt. Doch mußten in den Jahren 1804–1812 die ehemaligen Untertanen der Grafschaft Ismaning, deren Südgrenze der früher Prielwald bildete[5], nämlich Ober- und Unterföhring sowie Ismaning mit dem immer schon kurbayerischen Dorf Bogenhausen anstatt eines Roß- und Handscharwerks ein Wasserkonkurrenzgeld von 3 Gulden 42 Kreuzer von einem ganzen Hof bezahlen.

1813 mußten sie beim Wiederaufbau der Brücke und zu den Brückendämmen täglich 15 Fuhren frohnen. Man war der Meinung, daß auch die nördlich an der Isar gelegenen Dörfer einen Vorteil an der kürzeren Verbindung nach München-Nord hatten.

Doch am 15. Februar 1854 bestritten die Gemeindevorsteher von Ismaning und Unterföhring vor dem Landrichter Eder des Gerichts Au diesen Vorteil einer Brücke bei Bogenhausen. Denn die Bauernfuhrwerke, die die Ernte in die Landeshauptstadt lieferten, benutzten diese kaum. Sie fuhren ebenso leicht über Haidhausen und die steinerne Brücke (heute Ludwigsbrücke) nach München und wieder zurück.

Die Bogenhausener Brücke benützten sie nur ausnahmsweise, um manchmal dem Gedränge über die steinerne Brücke auszuweichen. Eher gebrauchten die Bogenhausener und Oberföhringer Bauern noch zwischen 1804 und 1813 die Brücke, da sie viele Grundstücke über der Isar auf der Schwabinger Seite liegen hatten. Doch seit 1851 hatten sie das Land an den König zur Erweiterung der Hirschau verkauft.

Auf den Gemeindeversammlungen vom 14. Februar 1854 beschlossen die Föhringer und Ismaninger, »lieber die Bogenhausener Brücke eingehen zu lassen, als einen Beitrag oder Konkurrenz dafür zu leisten«. Zu diesem Schritt war das Ministerium schon am 2. Februar 1854 auch entschlossen, falls ein Vergleich zwischen dem königlichen Aerar und den betroffenen Gemeinden nicht zustande käme.

Bei einem weiteren Streit im Jahre 1869 um die Konkurrenzleistungen der genannten Gemeinden berichtete das Bezirksamt an die Regierung von Oberbayern, »daß die Bogenhausener Brücke nur einen Vergnügungszweck für das lustwandelnde Publikum der Haupt- und Residenzstadt München habe«. Die Fuhrwerke hatten ja seit 1863 nach der Eröffnung der Maximiliansbrücke neben der alten Ludwigsbrücke einen weiteren Flußübergang.[6]

Der Streit um den Bauunterhalt von Brücke und Distriktstraße München–Ismaning wurde durch die mit Entschließung vom 22. Mai 1854 getroffene Umbildung der Landgerichte Au und München hinausgezögert. Alle auf dem rechten Isarufer gelegenen Gemeinden wurden mit Wirkung vom 1. Oktober 1854 dem neu errichteten Landgericht München rechts der Isar mit dem Amtssitz in Haidhausen zugeteilt, also auch Unterföhring und Ismaning. Die Gemeinden auf dem linken Isarufer (Schwabing, Freimann, Garching) wurden im Landgericht München links der Isar zusammengefaßt. Damit änderten sich auch die Distrikte dieser beiden Landgerichte, die für den Bau von Brücken und Straßen zuständig waren.

Eine Fähre und ein Notsteg nach der Hochwasserkatastrophe von 1873

Die Situation in Bogenhausen wurde durch die Tatsache besonders prekär, als der Flußbauamtsverwalter Hochholzer seiner vorgesetzten Behörde melden mußte: »Am 1. 9. 1873 wurde durch das Hochwasser die sog. Bogenhausener Brücke über die Isar in den Englischen Garten zerstört. Wegen des lebhaften Verkehrs ergibt sich die Frage, wem die Verpflichtung obliegt, die Brücke neu herzustellen. Da dieses zweifelhaft ist, so habe ich mich entschlossen, den Verkehr durch eine fliegende Fähre über die Isar zu vermitteln, und zwar an der gleichen Stelle wie die Brücke.«[7]

Das 15 Meter lange und 1,5 Meter breite Überfahrtsschiff des Straßen- und Brückenbauamts war natürlich nur für Personenverkehr in der Zeit von 4 Uhr morgens bis 9 Uhr abends gegen einen Kreuzer Gebühr bestimmt. Bewohner von Bogenhausen und Schwabing mußten für die Hin- und Rückfahrt zusammen 10½ Kreuzer, Maschinenarbeiter (Maffeifabrik und Walzmühle Tivoli in der Hirschau), Wasserbau- und Ziegelarbeiter bezahlten nur einen Kreuzer hin und zurück. Täglich wurde die Fähre von 50–100 Personen, an Sonn- und Feiertagen von 300 Personen frequentiert. Doch erwies sich die Überfahrt im Winter bei geringem Wasserstand und Eisbildung als schwierig.

Schon im nächsten Frühjahr 1874 löste ein Notsteg den Fährbetrieb ab. Erfolgreiche Baubewerber waren nicht die bisherigen Fährleute Hochholzer und Breitmoser, sondern die Gemeinde Bogenhausen selbst, wobei die Regierung von Oberbayern eine Reihe von Auflagen machte, wie genügende Festigkeit und Tragfähigkeit, ein Meter hohes Sicherheitsgeländer zu beiden Seiten und eine Durchfahrtsöffnung für die Flöße mit mindestens zwölf Metern Breite.[8] Wegen der Dringlichkeit dieser Baumaßnahme konnnte wieder nicht die schwierige Frage der Baupflicht abgewartet werden. Zwar war die erste Brücke von 1804 auf Staatskosten gebaut worden, doch verneinte das Finanzministerium bereits um 1850 die Bau- und Unterhaltspflicht. Es sprang nur ausnahmsweise ein, auch für den Straßenanschluß bis zur Ismaninger Distriktstraße.

Am 15. Oktober 1873 hatte der neue Bogenhausener Bürgermeister Josef Schrädler[9] ausführlich, aber noch vorsichtig, »die Notwendigkeit einer neuen Brücke, jedenfalls aber Errichtung eines Notsteges bis zur Erbauung einer Brücke begründet«.[10] Er stellte nochmals fest, daß die Brücke Eigentum des Staates sei, von diesem erbaut und seit »unfürdenklichen Zeiten« unterhalten werde. Auch die Ismaninger Distriktstraße durch das Dorf Bogenhausen und zur Brücke hinab war immer eine Staatsstraße und wurde vom königlichen Straßen- und Flußbauamt München versorgt. Zum Schluß des Briefes versuchte der Bürgermeister König Ludwig II. (reg. 1864–1886) die Übernahme der Brücke in Erinnerung an dessen Vater schmackhaft zu machen: »Es ist nur zu bekannt, welch großen Verkehr fragliche Brücke dadurch bot, daß dieselbe eine Verbindung zum Englischen Garten und den großartigen Schöpfungen Sr. Majestät, König Max II. sel., nämlich die Anlagen rechts der Isar (am Hang zwischen Maximilianeum und Bogenhausener Georgskirche!) herstellte. Bei dem Mangel dieser Brücke aber sind diese Anlagen geradezu entwertet und wird der weisen Absicht des hohen Schöpfers entgegengetreten.«

Bereits am 16. Februar 1874 meldete das königliche Bezirksamt München rechts der Isar der Regierung von Oberbayern, daß der Gehsteg nunmehr vollendet sei. Einen Monat später konnte die Gemeinde Bogenhausen die ortspolizeilichen Vorschriften plakatieren, wonach das Innenministerium zur Deckung der Unkosten einer Brückenzoll genehmigte, jedoch nur für Fußgänger (normal ein Kreuzer; Bewohner der Gemeinde Bogenhausen sowie Mitglieder des königlichen Hauses und Beamte des Zivil- und Militärstandes waren frei). Die Einnahmen aus dem Brückenzoll waren bis 1876 mit 12000 Mark – Umstellung in diesem Jahr von Gulden auf Mark! – so hoch, daß die Gemeinde die Erweiterung des Friedhofs und den Bau eines Leichenhauses finanzieren konnte.

Die Eisenbrücke von 1876, ein ständiges Ärgernis

Doch bereits am 23. März 1875 mußte der Gemeinderat von Bogenhausen eine Ersatzbrücke auch für Fahrzeuge beschließen. Mittlerweile hatten die Ziegeleien in der Bogenhausener Gemeindeflur so zugenommen, daß diese Fabriken auf eine gute Fahrverbindung mit den Neubaugebieten im Münchner Norden angewiesen waren. Schon im Sommer 1865 beanstandete der Ziegeleibesitzer Georg Roth von Bogenhausen, daß Ziegeleifuhrwerke die alte Bogenhauser Brücke aus Sicherheitsgründen nicht mehr befahren dürfen. Durch den Umweg über die Maximiliansbrücke – seit 1863 – verteuerte sich jeder tausendste Ziegel um einen Gulden, was am Tag ca. 6 Gulden ausmachte! Als Konkurrent für die Gemeinde Bogenhausen trat beim Bezirksamt der Besitzer der im Jahre 1807 eröffneten Wasserheilstätte Bad Brunnthal auf, der die neue Brücke auch mit Brückenzoll finanzieren wollte. Doch der Regierung erschien die Gemeinde als Bauherr sicherer als ein Privatmann.

Am 15. April 1875 konnte man im »Bayerischen Kurier« über die geplante Bogenhausener Brücke lesen: »Die Brücke erhält durchaus einen steinernen Unterbau, eine Öffnung ohne Pfeiler über dem aktiven Fluß mit eisernem Oberbau, dann 7 Flutöffnungen – 5 auf der linken und 2 auf der rechten Seite des Flusses – mit Holzüberbrückung und schließt auf beiden Seiten an die bestehende Staatsstraße an.« Die Pläne könnten beim Bezirksamt eingesehen werden.

Freilich sollte die eiserne Kastenbrücke in Zukunft ganz anders aussehen. Im März 1875 formierte sich ein erweiterter Bauausschuß mit Bürgermeister Josef Schrädler an der Spitze, dem Schreiner Johann Gastl, dem Wirt Joachim Betz als Gemeindeausschuß, ergänzt durch den Ökonomen Michael Bader, den Baumeister Michael Reiffenstuel und den Ziegeleibesitzer Gustav Eckhardt.

Nachdem die Kompetenzstreitigkeiten über die Baupflicht nicht so schnell ausgeräumt werden konnten und die Zeit drängte, erbot sich die Gemeinde Bogenhausen mit Beschluß vom 23. März 1875, die Brücke, die zwei Teile einer Staatsstraße verbindet, in eigener Regie zu bauen; »denn die Kammer der Abgeordneten hat wiederholt die Mittel zum Wiederaufbau der Brücke verweigert und weder die Stadtgemeinde München noch die Civilliste (des Königs!) wollen, sicherem Vernehmen nach, den Bau übernehmen ... Sollte die Gemeinde sich gleichwohl freiwillig herbeilassen, diese Brücke gegen Bewilligung eines Zolles wieder aufzubauen, so kann und darf aus dieser Tatsache niemals die Verbindlichkeit für die Gemeinde abgeleitet werden«.[12]

Die neue Brückenkonstruktion, die der Distriktwegemeister Ginhard vorgeschlagen hatte und die bei 100000 Gulden Kosten aus dem Brückenzoll finanzierbar erschien, entsprach dem neuesten Stand der Technik und war eine Verbindung von Eisen-,

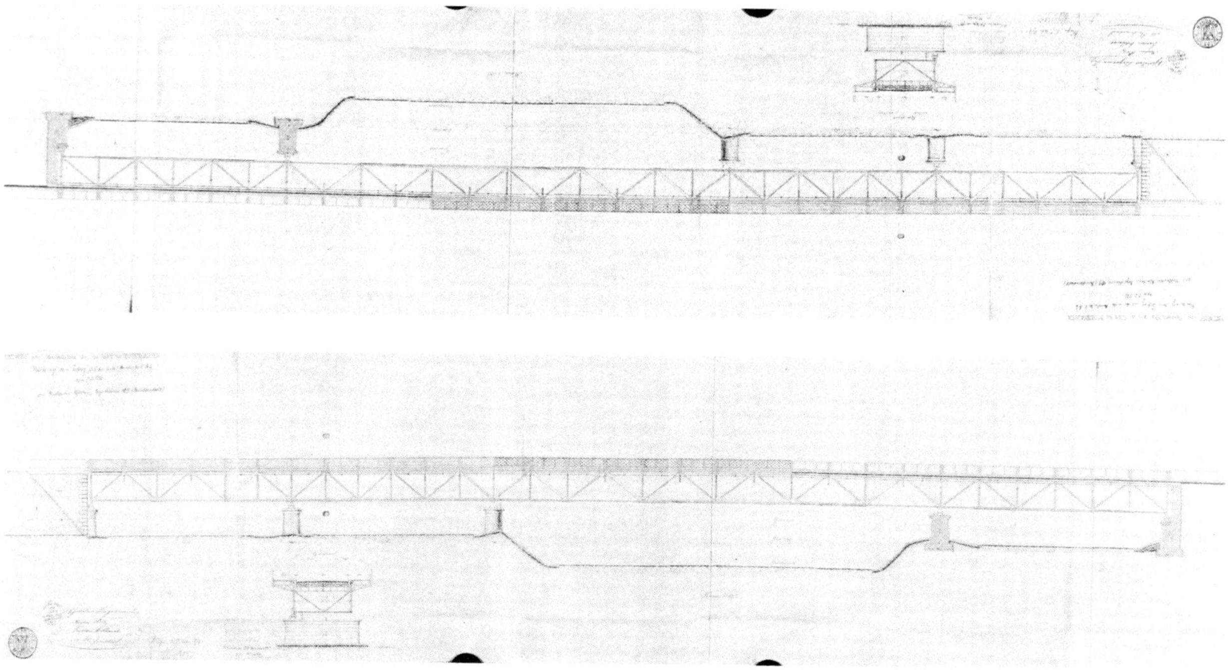

Entwurf einer Straßenbrücke über die Isar bei Bogenhausen nach dem Vertrag mit der Süddeutschen Brückenbau AG vom 7. 2. 1768

Stein- und Holzbau. Kein Pfeiler lag im tiefen Flußbereich, zwei massive Pfeiler standen in den Niederwasserbetten. Im Gegensatz dazu schlug die Staatsregierung wieder eine reine Holzbrücke ähnlich der Reichenbachbrücke vor. Obwohl Ginhard einen Bauvertrag mit der Süddeutschen Brückenbau AG München vom 10. Dezember 1875 vorschlug (s. Abb.), entschied sich der Gemeinderat Bogenhausen schon einen Monat früher für eine etwas breitere Brücke der Firma Decker in Cannstatt/Stuttgart. Diese baute zum selben Zeitpunkt eine Pumpstation der Tivoli AG.

Im Stadtarchiv München ist ein umfänglicher Akt über den Streit der beiden Firmen überliefert. Der königliche Generaldirektionsrat Dr. Schnorr von Carolsfeld, der ein Gutachten über die beiden Alternativen abgeben mußte, entschied sich für die etwas teurere Konstruktion der Münchner Firma. Auch der Bezirksamtmann Herrmann plädierte gegen die Firma Decker, da er vom Direktor der Schweizer Gotthardbahn AG »von liederlichen Arbeiten« dort erfahren hatte. Die Kosten für einen absehbaren Rechtsstreit mit der Firma Decker übernahm die Süddeutsche Brückenbau AG. Außerdem erklärte sich diese bereit, den Trottoirbelag aus Granit wie die Firma Decker auszuführen und die Gesamtkosten von 50000 Mark auch auf 45000 Mark zu ermäßigen. Anläßlich der Klage der Firma Decker auf Entschädigung für die Planausfertigung und Reisen nach Bogenhausen wußte sich der Bogenhausener Bürgermeister herauszuwinden: »Es ist Ihre Schuld, daß die Regierung von Oberbayern Ihr Projekt abgelehnt hat. Wir haben an Ihrem Projekt so lange festgehalten, so lange es uns gesetzlich möglich war. Als jedoch die Regierung ablehnte, mußten wir zurücktreten.«

Endlich war es am Donnerstag, 12. Oktober 1876, dem »Namenstag des höchstseligen König Max II.» soweit, die Bogenhausener Brücke einzuweihen. Die Gemeinde Bogenhausen hatte unmittelbar beim Innenministerium beantragt, »Seine Majestät der König möchte für die neue Isarbrücke bei Bogenhausen einen Namen allerhuldvollst zu bestimmen geruhen«. Die Antwort lautete: »Mit Rücksicht auf den Umstand, daß die erste Erbauung

Die Max-Josephs-Brücke bei Bogenhausen in Eisenkonstruktion erbaut 1875. Bleistiftzeichnung Josef Resch 1878

der Brücke unter der Regierung des Kurfürsten und nachmaligen Königs Max Joseph I. stattgefunden hat, haben Seine Majestät der König allerhuldvollst zu bestimmen geruht, daß die neue Brücke bei Bogenhausen ›Max-Joseph-Brücke‹ genannt werde.« Ludwig II. dankte der Gemeinde »für die anhängliche Gesinnung an das Herrscherhaus«.[13]

Bürgermeister Schrädler lud mit folgendem Programm ein:

»9 Uhr in der Pfarrkirche Bogenhausen unter Beteiligung der Gemeinde, des Brückenbauausschusses und der Schuljugend feierlicher Gottesdienst, dann Festzug zur Brückeneinweihung.

Für die offizielle Eröffnungsfeier wird als Sammelpunkt der Platz beim Zollhaus am rechten Isarufer bezeichnet, dort Empfang der geladenen Gäste.

Um 3 Uhr nachmittags Eröffnung der Feier durch einen musikalischen Vortrag, dann Festrede, Festzug per Wagen über die Brücke und nach deren Überschreitung über den Sammelplatz retour zum Betzschen Gasthaus, dort ein Festdiner für die Geladenen, zugleich ein Konzert.«

Nach dem Jubelfest begann am nächsten Tag wieder der graue Alltag. Wie immer und überall bei solch großen Bauten erhöhten sich die Kosten auf 197634,38 Mark. Ursprünglich sollte nach dem Projekt von 1875 nur über dem Flußbett auf einer Länge von 47 Metern eine Eisenkonstruktion erstellt, die übrigen 48 Meter zu beiden Seiten jedoch aus Holz gebaut werden. Die beschotterte Fahrbahn war nur mit fünf Metern und das mit Holzdielen belegte Trottoir nur mit 1,80 Meter Breite gedacht. Doch nach dem zweiten Projekt der Süddeutschen Brückenbau AG entstand eine Eisenkonstruktion über die Gesamtlänge von 115 Metern mit einer Fahrbahnbreite von 5,60 Metern (drei Pferdefuhrwerke nebeneinander zum Überholen!), alles mit Granitwürfeln gepflastert. Der 2,50 Meter breite Gehsteig wurde mit Granitplatten belegt. Die Gemeinde Bogenhausen mußte deshalb das Darlehen von 188000 Mark bei der Bayerischen Hypothek- und Wechselbank um 50000 Mark erhöhen und durch den Brückenzoll amortisieren lassen.

Doch diese Einnahmen – mittlerweile war die Währung von Gulden und Kreuzer auf Mark und

Pfennig umgestellt – mußten die sozialen Verhältnisse der Benutzer berücksichtigen, so daß eine Kostendeckung nicht gewährleistet war. Die neue Brückenzollordnung vom 7. Oktober 1876 bestimmte: pro Person 3 Pfennig, pro Reiter zehn Pfennig, pro Anspanntier an Personenwagen und Fuhrwerken zehn Pfennig. An beiden Seiten der Brücke mußten Zollhäuschen errichtet und je ein Zolleinnehmer angestellt werden.[14]

Anders als beim Brückenzoll am Notsteg blieben diesmal die Einnahmenüberschüsse aus. 1878 verzeichnete man ein Defizit von ca. 1200 Mark, in erster Linie wegen der ungünstigen Witterung: Die Ausflügler und Spaziergänger waren nicht in gewohnter Zahl gekommen. In einem ausführlichen Brief vom 29. Juli 1881[15] schilderte Bürgermeister Schrädler dem königlichen Bezirksamt München I, daß »die mißlichen Verhältnisse ihren üblen Einfluß auf den Erfolg des Brückenbauunternehmens bereits in einer solchen Weise geäußert haben, daß die Gemeinde sich ernstlich Sorge machen muß, es könnte in nicht zu ferner Zeit der Ordnung deren Haushalts wirkliche Gefahr drohen, und muß dieselbe an die gewissenhafte Beantwortung der Frage herantreten, ob ihr die Verhältnisse nicht nunmehr den Zwang auferlegen, Schritte zu tun, um eine Übernahme der Max-Joseph-Brücke durch den Staat anzustreben. »Das Gutachten der kgl. Obersten Baubehörde hatte ja die Gemeinde Bogenhausen gezwungen, anstelle einer billigen Holzbrücke nach dem Muster der Reichenbachbrücke – allerdings mit die Floßfahrt gefährdenden Pfeiler im Flußbett – eine teuere Eisenkonstruktion zu erstellen. So waren eben die Kosten einschließlich der beiden Zollhäuschen und zusätzlicher Geldaufnahme auf 238000 Mark angewachsen, wobei bei dem ursprünglichen Voranschlag von 283000 Mark noch 45000 Mark eingespart werden konnte. Der Staat würde sicher ein Objekt übernehmen, das seine Kosten mehr als wert ist!« Natürlich wies der Bürgermeister nochmals darauf hin, daß es für die Gemeinde eine Rechtsverbindlichkeit zum Neubau der eingestürzten, dem Staat gehörigen Brücke nicht bestand. Die Regierung wolle nun, um die Gemeinde vor schwerem Schaden zu bewahren, einen Antrag zur Übernahme der Brücke beim Landtag befürworten.

Am 26. September 1881 legte die Gemeinde Bogenhausen ihre mißlichen Finanzverhältnisse in den letzten fünf Jahren offen:

Defizit am Bieraufschlag	5500,27 M
Defizit am Brückenzoll	12964,42 M
Defizit an erhobenen Gd-umlagen	2606,13 M (30%)
Defizit an erhobenen Distriktumlagen	3625,06 M (46%)
Vermögen der Gemeinde	19497,14 M
Schulden der Gemeinde	313891,81 M

Der neue Bogenhausener Bürgermeister, Gutsbesitzer Joseph Selmayr[16], versuchte nun, die Übernahme der Brücke durch den Staat mit einer umfangreichen Petition an die Hohe Kammer der Reichsräte vom 3. März 1882 zu erreichen. Er berief sich auf die Entschließung der Regierung von Oberbayern vom 4. Mai 1875, daß sich »das kgl. Aerar auch das Recht vorbehalte, die Brücke als Verbindung zweier Staatsstraßen, welche nunmehr von der Gemeinde Bogenhausen hergestellt ist, gegen Ersatz der Baukosten zu erwerben«. Wenn schon der Staat die Baukosten nicht übernehmen kann, so sollte die Kammer der Reichsräte »wenigstens die Einsetzung eines Zuschusses von je 5000 Mark für jedes Jahr der bevorstehenden Finanzperiode zur Deckung des Defizits aus der Brückenverwaltung in den Etat für das Staatsbauwesen veranlassen«.[17]

Als dann im Oktober 1882 eine Initiative von Münchner Bürgern unter Führung des königlichen Akademiedirektors Franz von Seitz sowie des Kunstanstaltsbesitzers Edgar Hanfstaengl, von Privatiers und Geschäftsleuten beim Magistrat München die Errichtung eines Notsteges auf Gemeindekosten vom Ende der Liebigstraße zu den Maximiliansanlagen über der Isar beantragte, war »Feuer am Dach« bei den Bogenhausenern. Die Münchner wollten den Weg über die Maximiliansbrücke vermeiden, »da derselbe auch noch von der Pferdebahn in ergiebigster Weise occupiert ist«. Der Hintergrund war das Entstehen eines Stadtteils an den Maximiliansanlagen, »der dem materiellen Gedeihen wie dem günstigen Ruf unserer Vaterstadt in gleicher Weise diente«. Damit wäre den Bogenhausenern noch mehr Brückenzoll entgangen. Zum Glück fand dieser Antrag nicht die Zustimmung der Regierung.

Die Gemeinde Bogenhausen ließ in der Folge nicht locker. Bürgermeister Selmayr wandte sich mit einer neuen Petition vom 4. Oktober 1883 diesmal an die Kammer der Abgeordneten. Er klagte, daß die Gemeinde von den beantragten 5000 Mark Jahreszuschuß in den Jahren 1882 und 1883 nur 1500 Mark für ausgefallene Brückenzölle erhalten habe. Als Sparmaßnahme wurde die Zollfreiheit der Einheimischen aufgehoben und einer der beiden Zolleinnehmer entlassen. Trotzdem stieg der Zollausfall auf 6000 Mark. Die Fuhrwerke mieden die Max-Joseph-Brücke, nicht zuletzt auch wegen des schlechten Geschäftsganges in den Ziegeleien.

»Die kleine, meistenteils aus armer Bevölkerung bestehende Gemeinde Bogenhausen geht schon dem sicheren Ruin entgegen, wenn nicht in irgendeiner Weise Abhilfe geschaffen wird. Während an anderen Orten in der Nähe der Haupt- und Residenzstadt die Einwohnerzahl von Jahr zu Jahr wächst, ist sie in Bogenhausen bedeutend zurückgegangen« (1875: 1414 Einwohner, 1880: nur noch 1217 Einwohner). Drei Viertel der Bogenhausener zählen zur Arbeiterbevölkerung, nicht zuletzt der Ziegeleien wegen. So mußte der Bürgermeister seine Bitte um 5000 Mark Jahreszuschuß wiederholen.

Nicht nur die Gemeinde Bogenhausen, sondern auch eine Gruppe von zwölf Bürgern mit dem Krämer Karl Steigenberger als Wortführer wandte sich am 12. März 1885 mit einer Petition an die Kammer der Abgeordneten. Sie argumentierten: »Das Dorf ist in zwei Gruppen gespalten: das obere und das untere Dorf (zu denen die Bittsteller gehörten!). Seit der Einführung des Brückenzolles hat das Unterdorf stark gelitten. Die bis dahin von gutsituierten Familien besessenen Mietwohnungen stehen leer, und die Sommerfrischler bleiben aus. Der Verkehr mit Fuhrwerken wird immer geringer, die Geschäfte der Wirte, Krämer usw. gehen zurück. Die Entwertung der Anwesen ist eine unausbleibliche Folge. Das Bad Brunnthal gehört auch zur unteren Dorfgruppe. Es ist eine erhebliche Abnahme der Kurgäste zu verzeichnen. Die Gemeinde kann auf die Dauer ihre Verpflichtungen nicht mehr erfüllen. Das Dorf droht zu verarmen.«[8]

Eine neuerliche Eingabe der Gemeinde Bogenhausen an die Abgeordneten vom 15. Oktober 1885 wiederholte die Bitte um Übernahme der Brücke durch den Staat oder zumindestens um Erhöhung eines Brückenzollzuschusses. Der Bürgermeister brachte neue Argumente: Die Max-Joseph-Brücke ist die nördlichste in der Region München. Bis hinunter nach Freising, also ca. 30 Kilometer gab es keinen Flußübergang. Es sei nicht einzusehen, daß 50 Schritte von der Max-Joseph-Brücke entfernt am linken Isarufer eine weitere, in Fortsetzung der Staatsstraße liegende Brücke über den zur Isar parallel fließenden Eisbach seit eh und je vom Staat gebaut und erhalten werde, während man der Brücke bei Bogenhausen die Baupflicht abspreche. Die bisher insgesamt gewährten Zuschüsse von 9000 Mark seien nur ein Tropfen auf dem heißen Stein. Die Erhebung des Bieraufschlags sei wegen des schlechten Umsatzes der Ausflugswirtschaften von früher 7500 auf 4000 Mark zurückgegangen. Zum Brückenzoll komme bei den Ziegelei- und Bauernfuhrwerken noch der Pflasterzoll. Die Ziegeleibesitzer müßten jährlich 500–600 Mark für das Reparieren der Wege aufbringen. In der Gemeindeverwaltung herrsche spartanische Sparsamkeit: Der Bürgermeister erhalte ein Jahresgehalt von nur 86 Mark, der Gemeindekassier, der auch die Brückenzollkasse verwalten müsse, bekomme 90 Mark. Alle übrigen Funktionen der einzelnen Gemeinderäte wie die Schul-, Bieraufschlags-, Pflasterzoll, Armenfonds- und Armenkasse würden unentgeltlich geleistet. Die schwierige Finanzlage der Gemeinde beweise die Tatsache, daß von den 238000 Mark Brückenbauschuld bis 1885 nur ganze 3572 Mark abbezahlt wurden. Die Übernahme der Brücke durch die Stadt sei also unabdingbar.

Auch am 19. Oktober 1887 mußte sich Bürgermeister Selmayr wieder an die Kammer der Abgeordneten wenden: »Wenn vor fünf und zwei Jahren das Gesuch vor allem durch den Hinweis auf die hinter den Erwartungen weit zurückgebliebenen Erträgnisse des Brückenzolls und die daraus für die Gemeinde Bogenhausen erwachsenen übermäßigen

Belastungen begründet wurde, so sind es diesmal vor allem Gründe wirtschaftlicher Art... Nach mehr als zweijährigem Bestand der Brücke hat sich nämlich herausgestellt, daß die Erhebung des Brükkenzolls für die Gemeinde Bogenhausen eine Reihe tiefgehender Schädigungen zur Folge hatte.«[19] Der Bürgermeister zählte auf:

- Rückgang der Besucher in Bogenhausen, da der Brückenzoll für größere Familien zu teuer kommt,
- Stillstand der Bautätigkeit in Bogenhausen und Zuzug von einem »oft sehr zweifelhaften Proletariat aus der Hauptstadt«,
- Rückgang der Pendler aus der Stadt Schwabing als Ziegelei- und Fabrikarbeiter.

Nun begnügte sich der Bürgermeister nicht mehr mit einem Zuschuß, sondern verlangte die Übernahme der ganzen Brücke und der immer noch 220000 Mark betragenden Bauschulden.

Doch davon war in der Landtagssitzung vom 15. Dezember 1887 keine Rede. Es wurde zwar beklagt, daß sich die Stadt München bisher nicht an der Brücke beteilige und daß der Landtagsausschuß die Änderung der bisherigen Rechtsverhältnisse ablehne. Bogenhausen habe eben 1876 »ohne Inanspruchnahme der fiskalischen Baupflicht und ohne Rechtsverwahrung gebaut, also zur baulichen Unterhaltung der Brücke sich verpflichtet, wofür ihr eben ein Brückenzoll zugestanden worden sei. Es liege auch kein Vertragsverhältnis vor, und wenn der Staat 6000 Mark zuschießt, so bestreite er schon die Verzinsung von einem Kapitel von 150000 Mark, so daß die Erträgnisse des Brückenzolls zum großen Teil auf Kapitalstilgung und Minderung der Brückenbauschuld verwendet werden können. Sollte die Brücke einmal wieder einstürzen, so könne die Gemeinde allerdings nicht zum Neubau gezwungen werden; aber auch die Gemeinde könne andrerseits den Staat nicht mehr zwingen, einen Neubau aufzuführen; und es läge eben dann wieder das alte Verhältnis vor.« So der Berichterstatter, Abgeordneter Joseph Huber, der sich letzten Endes auf eine Erhöhung des Zuschusses von bisher 4000 Mark auf 6000 Mark herbeiließ.[20]

Selbst der Innenminister Freiherr von Feilitzsch sah sich wegen der schlechten Finanzlage des Staates nicht in der Lage, der Gemeinde Bogenhausen wirksam zu helfen. Nicht ganz zu Unrecht rügte der Abgeordnete Lukas in der Landtagsdebatte die Bogenhausener, daß sie bisher nur eine Gemeindeumlage von 30 Prozent erhoben hätten. Sie hätten die Schulden selbst durch einen größeren Hebesatz verringern können. Diesen Tadel nahm sich die Gemeinde zu Herzen und erhöhte ihre Gemeindeumlage auf 50 Prozent.

Eine kleine Erleichterung brachte die Eingemeindung von Schwabing nach München am 20. November 1890; denn Bogenhausen konnte sein rechtsseitiges Brückenzollhäuschen an die Stadt München vermieten. Der städtische Pflasterzollaufseher kassierte nun gleichzeitig auch den Bogenhausener Brückenzoll.[21]

Teures Pflaster

Neben der Brücke war eine weitere Belastung im Gemeindehaushalt die Unterhaltung der Distriktstraße von München in Richtung Ismaning. Die vor dem Brückenbau von 1876 in den Akten niedergelegten Beschwerden über den schlechten Zustand der Straße bleiben hier unerwähnt. Nach der Eröffnung der Brücke konnten wieder schwere Fuhrwerke, vor allem von den Ziegeleien über die Straße rollen. Doch reichte eine Beschotterung der Straßen im Dorf mit Basalt nicht aus. Eine Pflasterung mit Granitwürfeln war die beste Lösung. Am 22. September 1876 beschloß der Gemeindeausschuß eine Bitte an das königliche Bezirksamt München rechts der Isar, daß zur Deckung der Kosten ca. 35000 Mark aus dem Brückenzoll genommen werden sollten.[22] Man war damals noch der optimistischen Auffassung, daß nach Abzug der Unkosten von diesem Zoll ein jährlicher Reingewinn von 10000 Mark übrig bliebe. Die Genehmigung der Pflasterung wäre die »schönste Entschädigung für die durch den Brückenbau erwachsene Last«, schrieb Bürgermeister Schrädler.

Doch das Innenministerium, Abteilung Landwirtschaft, Gewerbe und Handel, wandte sich in

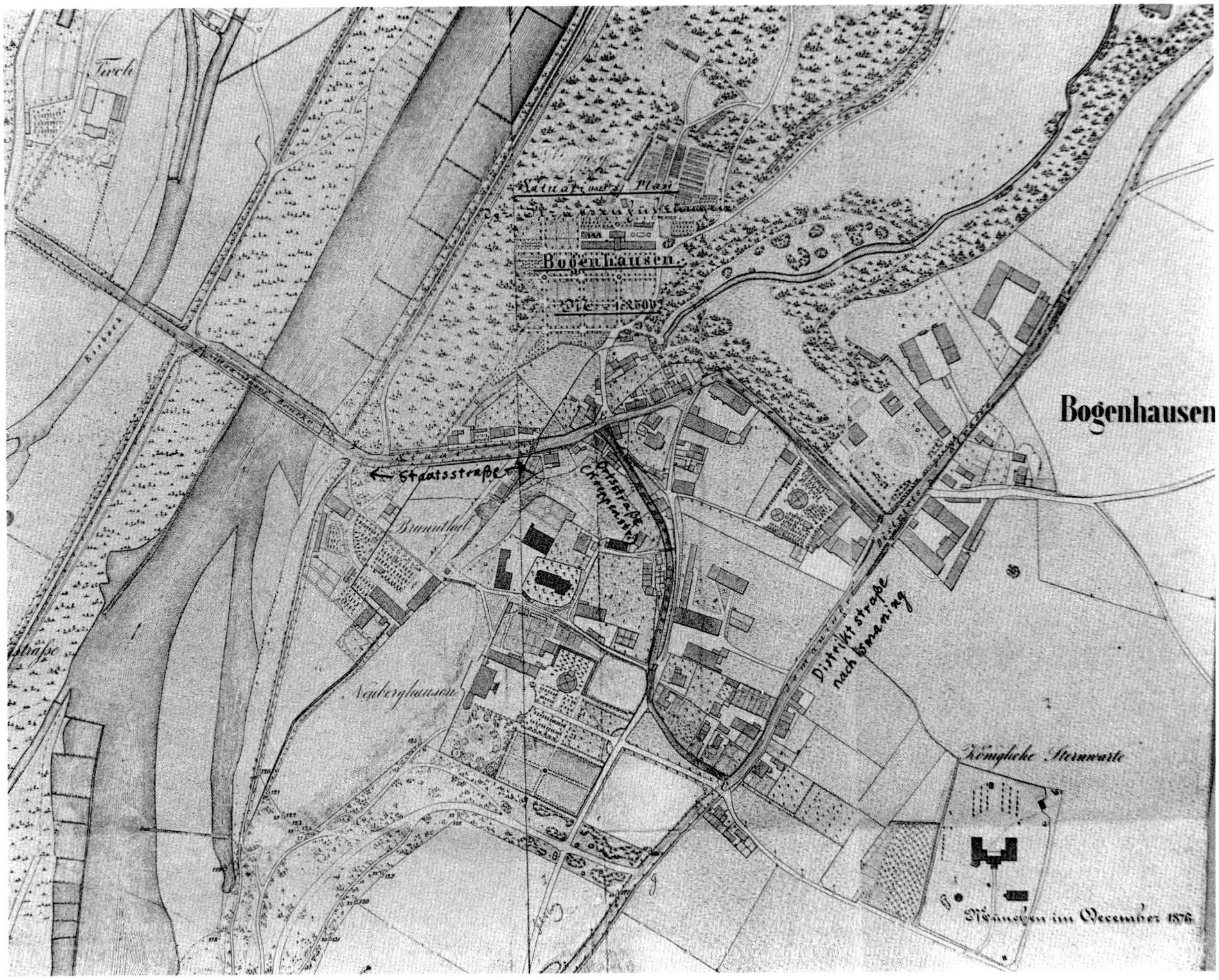

Herstellung des Straßenpflasters in Bogenhausen im Jahr 1876. Über der Bildmitte die ausgedehnten ehemals Montgelas'schen dann Herzog Max'schen Gartenanlagen im nachmaligen Herzogpark

weiser Vorsicht gegen eine Verwendung von Brükkenzollerträgnissen und regte die Erhebung eines gesonderten Pflasterzolls an. Man schlug einen kombinierten Brücken- und Pflasterzoll vor, da die meisten Fahrzeuge die Max-Joseph-Brücke benützten. Nachdem die Gemeindeversammlung den Beschluß zum Unterhalt der Pflasterstrecke gefaßt hatte, genehmigte das Innenministerium dieses Projekt. Dazu mußten 16000 Mark ausgeliehen werden, die jedoch nicht mit der Brückenschuld vereinigt werden konnten. Dieses Kapital stellten die Stiftungsmittel der Stadtgemeinde München gegen fünf Prozent Zins zur Verfügung (zahlbar bis 1892).

Die Granitwerke Norman bei Passau lieferten im Frühjahr 1878 die benötigten 3180 Quadratmeter Pflastersteine und 798 laufende Meter an Randsteinen um 35222 Mark und führten die Arbeiten von Mai bis Juli 1878 aus. Mit Genehmigung des Innenministeriums erschienen im »Bayerischen Kurier« vom 22. August 1878 die ortspolizeilichen Vorschriften über die Erhebung des Pflasterzolls und die Benutzung des Straßenpflasters in Bogenhausen. Die Gemeinde kam mit der Stadt München überein, daß der Pflasterzoll (je Pferd, Hornvieh und größere Schweine drei Pfennig, je Kleintier ein Pfennig) vom Zollhaus der Stadtgemeinde München an der

Ismaninger Straße eingesammelt wurde (gegen eine Entschädigung von sechs Prozent des Umsatzes). Der Brückenzoll an der Max-Joseph-Brücke wurde für ein Reit- oder Nutztier von zehn auf fünf Pfennig ermäßigt. Den Umfang der Pflasterung der Distriktstraße München–Ismaning zwischen Bogenhausen und Oberföhring zeigt die folgende Aufstellung (siehe Abb.):

Haidhausen bis Sternwartstr.	1878	412 m	3900 qm um	33000 M
im Dorf Bogenhausen	1878	650 m		
bis zum Priel	1886	591 m	3132 qm um	28188 M
bis zum Priel	1889	280 m	1484 qm um	14200 M
bis Zollhaus Oberföhring (nur halbseitig und nur stadteinwärts gepflastert!)	1890	604 m	3020 qm um	30200 M
		2537 m	11536 qm um	105888 M

Freilich trug einen Teil der Kosten der Distrikt München; doch blieb der Gemeinde Bogenhausen zusätzlich zur Brückenschuld noch ein gerüttelt Maß an Ausgaben, die auf die Dauer nicht mehr zu verkraften waren.

Die Eingemeindung zum 1. Januar 1892

Leider sind uns die Verhandlungen über die Eingemeindung Bogenhausens in die Landshauptstadt nicht so lückenlos in den Akten des Münchner Stadtarchivs (ehemaliges Gemeindearchiv Bogenhausen und Schriftverkehr »Bürgermeister und Rat«) überliefert wie z. B. bei der Nachbargemeinde Oberföhring (ab 1. Juli 1913).

Erste Fühlungnahmen

Schon 1865, also noch vor den finanziellen Schwierigkeiten mit dem Brückenbau, hatte Bogenhausen einen Einverleibungsantrag gestellt, der jedoch vom Münchner Magistrat zurückgewiesen wurde: »Wir bemerken jedoch, daß das Pfarrdorf Bogenhausen mit München in keiner so nahen Beziehung steht, um eine Einverleibung derselben in die Hauptstadt als notwendig erscheinen zu lassen, weshalb wir diese Einverleibung ablehnen müssen.« Damals erstreckten sich noch weite unbebaute Felder und Wiesen bis zur Gemeindegrenze von München-Haidhausen.[23]

1878, also zwei Jahre nach dem Bau der Max-Joseph-Brücke, hatte die Gemeinde Bogenhausen einstimmig einen erneuten Gesamtgemeindebeschluß auf Eingemeindung gefaßt.[24] Doch der Magistrat lehnte so lange ab, »bis das von der Distriktgemeinde München rechts der Isar aufgenommene Pflasterherstellungskapital vollständig getilgt ist oder die Stadtgemeinde München in solchem Falle veranlaßt werde, den noch ungedeckten Rest dieser Schuld von der Distriktgemeinde München zu übernehmen oder dieser zu ersetzen«. In diesem Jahr mußte die Pflasterung von der Stadtgrenze nördlich von Haidhausen bis zur Sternwartstraße (412 Meter) und dann durch das Dorf Bogenhausen (650 Meter) finanziert werden (siehe oben).

Eingemeindungsverhandlung

Am 13. November 1890 faßte Bürgermeister Selmayr von Bogenhausen die bisherigen Fühlungnahmen mit dem Magistrat München (die leider nicht erhalten sind) wie folgt zusammen:[25]

»Mit Beziehung auf die schwebende Frage der Vereinigung der Gemeinde Bogenhausen mit der Stadtgemeinde München sichert letzte Folgendes in bindender Weise zu:

I)

1. die Aufhebung des Brückenzolles an der Max-Joseph-Brücke,
2. die Pflasterung des zwischen der gepflasterten Kreppenstraße und der Brücke liegenden Teils der jetzigen Staatsstraße,
3. die ungeänderte Aufrechterhaltung der von den einschlägigen Behörden genehmigten Baulinien (und Bauplätzeverteilung des Möhlschen Planes) und der erlassenen ortspolizeilichen Vorschriften für das östlich der kgl. Anlagen sich erstreckende Bebauungsgebiet,
4. baldigste Kanalisation dieses Gebietes und Ausdehnung der Wasserleitung auf dasselbe,
5. Fortführung der Prinzregentenstr. in gerader östlicher Richtung,

6. Berücksichtigung des von der Gemeinde Bogenhausen aufgestellten Baulinienplanes in seinen Grundzügen,
7. die Ausführung des von der Gemeinde Bogenhausen in Angriff genommenen, insbesonders die Erbauung und Erhaltung einer Kinderbewahranstalt und die Erweiterung des Friedhofes auf dem nördlichen Teil des bisherigen Pfarrgartens, dessen käufliche Erwerbung von dem Gemeindeausschuß dem Pfarrpfründeinhaber angeboten und von diesem akzeptiert wurde.
8. Die Gemeindebürger von Bogenhausen werden mit dem Akt der Einverleibung Bürger Münchens mit dem Vollbesitz aller Rechte solcher.
9. Der bisherige, 11 Jahre im Dienst stehende Gemeindeschreiber Orlamünde erhält eine entsprechende Stelle im städtischen Dienst.

II)

Die Stadt München sagt möglichstes Entgegenkommen bezüglich folgender Punkte zu:

1. Fortsetzung der Trambahnlinie bis zum gegenwärtigen Ortseingang von Bogenhausen,
2. Rücksichtnahme bei Anwendung der ortspolizeilichen Vorschriften auf die Ökonomie- und Ziegeleibetriebe der Bewohner von Bogenhausen,
3. Regulierung der Terrainverhältnisse und des Komplexes kleiner Anwesen am südlichen Eingang der Kreppenstraße,
4. Verwendung der bisherigen Gemeindebediensteten (Gemeindediener Wittig, Zolleinnehmer Burger, Flur-, Nachtwächter und Laternenanzünder Lechner und Gemeindebote Hohenleitner).«

Die Antwort des Magistrats München an die Gemeinde Bogenhausen war alles andere als freundlich. Den etwas fordernden Ton und die gestellten Bedingungen waren die Münchner wohl nicht gewöhnt. Bürgermeister Borscht schrieb erst am 27. Mai 1891 an Bürgermeister Selmayr: »Auch bei den anderen Einverleibungsverhandlungen wurden keine Zusicherungen von Wünschen gegeben. Wir ziehen daraus den Schluß, daß ein Bedürfnis hierfür bei den beteiligten Gemeinden nicht empfunden wurde (!).

Bisher waren die einverleibten Nachbargemeinden mit der Durchführung der Einverleibung durchaus befriedigt. Wir sehen Ihre Wünsche als eine überflüssige und unbegründete Besorgnis an. Von der Stadt München darf erwartet werden, daß sie Erweiterung ihres Burgfriedens nur unter Berücksichtigung der Interessen der einverleibten Nachbargemeinden durchführt. Wir werden jedoch die Anregungen würdigen und alle Schritte unternehmen, daß die Einverleibung tatsächlich zustandekommt.

Es ist selbstverständlich, daß die Gemeindebürger von Bogenhausen vollberechtigte Bürger wie die Münchner sind. Der Gemeindeschreiber Orlamünde wird eine entsprechende Stelle bekommen. Mit der Erweiterung des Friedhofes und der Fortführung der Prinzregentenstraße nach Osten sind wir einverstanden. Es ist selbstverständlich, daß der Pflasterzoll abgeschafft wird und die Pflasterung des angeregten Teilstückes der Staatsstraße ausgeführt wird. Die verlangte Kanalisation kann nur in gleichheitlicher Berücksichtigung der für das Stadtgebiet gültigen Normen erfolgen. Die Festsetzung der Baulinien ist dagegen Sache des Innenministeriums. Es ist also nicht sicher, daß hierin alle Wünsche erfüllt werden können. Die Stadt München ist jedoch bereit, auf die aufgestellten Baulinienpläne der Gemeinde Bogenhausen Rücksicht zu nehmen.

Die unter II, 1–4 gewünschten Zusagen nehmen wir keinen Anstand, hiermit zu erteilen. Wir glauben hierdurch, für eine gedeihliche Vereinigung beider Gemeinden die Wege geebnet zu haben.

Sollte die Gemeinde Bogenhausen demnächst den formellen Antrag stellen, muß auch die Gemeinde Bogenhausen wie auch Neuhausen und Schwabing die Zusage geben, daß sie Gemeindebeschlüsse für etwaige Baumaßnahmen nur unter Vorbehalt unserer Einvernahme faßt.«

gez.: Bürgermeister Borscht

Am 7. Juni 1891 berief Bürgermeister Selmayr eine Gemeindebürgerversammlung ein. Von den 55 Gemeindebürgern, deren Steuerkraft diese herausgehobene Rechtsstellung gewährleistet, waren 44, also vier Fünftel erschienen. Es waren nicht alle Gemeindebürger mit der Eingemeindung einverstanden. Der einflußreiche und wohlhabende Guts- und Ziegeleibesitzer Anton Höchl, Architekturmaler im Prielschlößchen, Ehrenbürger seit 1884, war ferngeblieben. Doch die Anwesenden beschlossen einstimmig, »daß die Vereinigung mit München noch bis Ablauf des Jahres 1891 ins Werk gesetzt würde«.

Dieser Beschluß war der Auslöser, daß der Magistrat München am 12. Juni 1891 eine positive Meinung für die Eingemeindung Bogenhausens faßte. Trotz aller wirtschaftlichen Belastungen (z. B. Brückenbauschulden) und in Anbetracht einer günstigen Entwicklung in den Jahren 1888–1890 sowie der begehrten Baugründe an der Südgrenze der Gemeindeflur ließen jetzt Bogenhausen nicht mehr als bankrottes Gemeinwesen erscheinen.

Die Spannungen zwischen den beiden Gemeinden ließ dieser Stadtratsbeschluß vom 12. Juni 1891 aufscheinen: »Bei der Lokalbaukommission schweben bereits seit längerer Zeit Verhandlungen über die Bebauung des Terrains zwischen Langer- und Ismaninger Straße, dem Dorf Bogenhausen und den Anlagen östlich der Prinzregentenbrücke. Es wurde angeregt, dieses Terrain von Bogenhausen loszutrennen, was jedoch durch Schreiben vom 27. August 1890 von der Gemeinde Bogenhausen abgelehnt wurde – eine Parallele zum Streit um den Herzogpark bei der späteren Eingemeindung von Oberföhring! Die Möglichkeit eines gesamten Anschlusses an München wurde dabei offengelassen. Nach anfänglichen Meinungsdifferenzen wurde dann die Einverleibung Bogenhausens in Angriff genommen. In einer unverbindlichen Vorbesprechung hatte Bürgermeister Selmayr schon zu Anfang des Jahres 1891 die Bereitwilligkeit der Gemeinde Bogenhausen zur Einverleibung mitgeteilt.

Dabei wurde aber darauf hingewiesen, daß der Anschluß wohl nicht unbedingt, sondern nur unter der Voraussetzung erfolgen werde, daß die Erfüllung verschiedener Wünsche der Gemeindebürger an die Stadt München zugestanden werde. Eine Aufzeichnung dieser Punkte vom 13. November 1890 wurde vom Magistrat in der Sitzung vom 27. Mai 1891 beschlußmäßig gewürdigt. Mit Bericht vom 7. Mai 1891 hatte die Gemeinde Bogenhausen ihren am gleichen Tag gefaßten einstimmigen Gemeindeversammlungsbeschluß der Stadt München vorgelegt und unter dem 9. Juni 1891 eine Anzahl von Rechnungen übermittelt.

Die Würdigung des Einverleibungsantrages führt zu folgendem Ergebnis:[26] »In materieller Beziehung darf von Erörterungen darüber wohl abgesehen werden, ob überhaupt Stadtvergrößerungen vom ethischen, sozialen und wirtschaftlichen Standpunkt erstrebenswert oder hintanzuhalten seien. Wie immer man grundsätzlich zu diesen Fragen Stellung nehmen mag, wird man doch zugeben müssen, daß Maßnahmen wie eine Burgfriedenserweiterung auch an sich nicht, jedenfalls aber nicht in allen Fällen zu einem außergewöhnlichen oder ungesunden Anwachsen der Städte beitragen ... (Nun folgen dort allgemeine Ausführungen über die Ergebnisse von Eingemeindungen.) ... Von diesem Gesichtspunkte ausgehend, sah sich die Stadtgemeinde München in den letzten beiden Jahren zur Einverleibung der Nachbargemeinden Neuhausen und Schwabing veranlaßt, da die beiden in ihrer Ausgestaltung und Entwicklung territorial so sehr in das Gebiet der Hauptstadt hereinragten und auch materiell die Verwaltung derselben teils erschwerte teils für gewisse Fragen sogar gefährdeten ...

... Nicht viel verschieden liegen die Verhältnisse hinsichtlich der nun angeregten Einverleibung der Gemeinde Bogenhausen. Die mit der Durchführung der Prinzregentenstraße und Erbauung der Luitpoldbrücke eingeleitete Entwicklung einer voraussichtlich regen Bautätigkeit auf den östlich der Anlagen sich erstreckenden Areal wird eine Ineinanderschiebung der beiden Nachbargebiete sofort herbeiführen und überdies die Gemeinde Bogenhausen zu Einrichtungen veranlassen, welche sie in verhältnismäßig nur wenig zweckmäßiger Weise selbständig durchführen kann. Dazu kommt aber, wie das stadtamtliche Gutachten vom 10. Juni 1881 ersehen läßt, daß die Stadtgemeinde München bezüglich der Durchführung ihrer Entwässerungsanlage in ganz erheblichem Umfang auf die Gemeinde Bogenhausen angewiesen ist. Es wären in dieser Richtung freilich gegebenenfalls auch durch Zuhilfenahme der Zwangsenteignung etwaige Widerstände zu beseitigen; allein es erscheint doch wenig empfehlenswert, hierauf von vorneherein ausschließlich Bedacht zu nehmen und andere Wege der Bereinigung unversucht zu lassen. Der Weg der Vereinigung der Gemeinde Bogenhausen ist hiernach von selbst vorgezeichnet, und es kann sich nur noch einerseits um den Zeitpunkt der Durchführung, andrerseits auch um die Frage handeln, ob die wirtschaftlichen und finanziellen Verhältnisse der Gemeinde Bogenhausen nicht etwa derartige sind, daß die Einbeziehung dieser Gemeinde in den Verband von München in unverhältnismäßiger Weise belastend auf den städtischen Haushalt wirken würde.

Letztere Frage ist auf Grund der vorgelegten Rechnungen dahin zu beantworten, daß der Vermögensstand der Gemeinde Bogenhausen als ein durchaus geordneter und günstiger bezeichnet werden kann. Allerdings weist die Brückenzollrechnung eine Überschuldung von 175000 Mark und die Bieraufschlagskasse eine solche von 54000 Mark, endlich die Pflasterzollkassenrechnung eine solche von rd. 20000 Mark auf, so daß im ganzen eine Schuld von 250000 Mark sich berechnet, wovon im Laufe des gegenwärtigen Jahres nicht unerhebliche Beträge zur Rückzahlung gelangen werden. Allein aus der Gemeinderechnung pro 1889 – jene von 1890 ist noch nicht abgeschlossen – ist ersichtlich, daß dieser Belastung ein Aktivvermögen von rd. 525000 Mark gegenübersteht, so daß selbst, wenn der Wertansatz für die Gemeinderealitäten als zu hoch gegriffen angesehen werden sollte, immerhin noch ein günstiger Vermögensstand als vorhanden angenommen werden darf.

Was aber den Zeitpunkt der Einverleibung anbelangt, so rechtfertigt sich im Interesse der leichten Durchführung der Verwaltung, Vermögensausscheidung und Rechnungsführung der 1. Januar 1892.

Es wird deshalb beantragt, die Einverleibung der Gemeinde Bogenhausen mit Wirkung vom 1. Januar 1892 zu beschließen und dies der Gemeindeverwaltung durch Wiederholung des bereits im Magistratsbeschluß vom 27. Mai 1891 ausgesprochenen Vorbehalte mitzuteilen.«

Auffallend war, daß der Beschluß des Magistrats nur mit einer Gegenstimme erfolgte. Nun mußte noch das zweite Organ des Stadrats, das Kollegium der Gemeindebevollmächtigten, gefragt werden. Dieses stimmte am 9. Juli 1891 mit der Modifizierung zu, daß

»1. die im Gemeindebezirk Bogenhausen liegende Staatsstraße zur Pflasterung nicht zu übernehmen und
2. der Fortführung der Prinzregentenstraße in östlicher Richtung unter Anwendung des Pflasterstatus und ohne Inanspruchnahme gemeindlicher Mittel zuzustimmen sei«.

Damit waren Verhandlungen über die Vermögensauseinandersetzungen mit dem Distrikt München rechts der Isar gefordert. Dieses Gremium faßte am 7. Juli 1891 den Plenarbeschluß: »Durch die Einverleibung von Bogenhausen ist eine Abteilung des Distriktsvermögens erforderlich. Analog dem Vorgang wie in den letzten Jahren bei Neuhausen und Schwabing wird es sich empfehlen, einen Anteil des Distriktvermögens nicht zu beanspruchen, dagegen aber auch eine Quote von Passiven des Distrikts nicht zu übernehmen.« (Eingemeindungsbeschluß s. S. 86)

Die »Münchner Gemeindezeitung« Nr. 103 vom 31. Dezember 1891 veröffentlichte die vom Bürgermeister Dr. von Widenmayer unterschriebenen Einzelheiten über den Einverleibungsmodus. Bogenhausen gehörte nun zum Distriktsverwaltungsbezirk München, zum Amtsgericht München I und zu den Stadtrentenämtern I, II und III. Der neue Stadtteil unterliegt vom 1. Januar 1892 an den für München gültigen Gebühren, Normen, Tarifsätzen sowie den statuarischen und ortspolizeilichen Vorschriften. Bogenhausen wurde wie Haidhausen dem XIV. Stadtbezirk als 15. Distrikt zugeteilt. Distriktvorsteher war der in Bogenhausen angesehene Guts- und Ziegeleibesitzer Franz Kaffl.[27]

In der bisherigen Gemeindekanzlei hielt der Bezirksinspektor Kaufmann, der sonst in der Äußeren Maximilianstraße (heute Einsteinstraße) amtierte, jeden Nachmittag eine Sprechstunde für die Bogen-

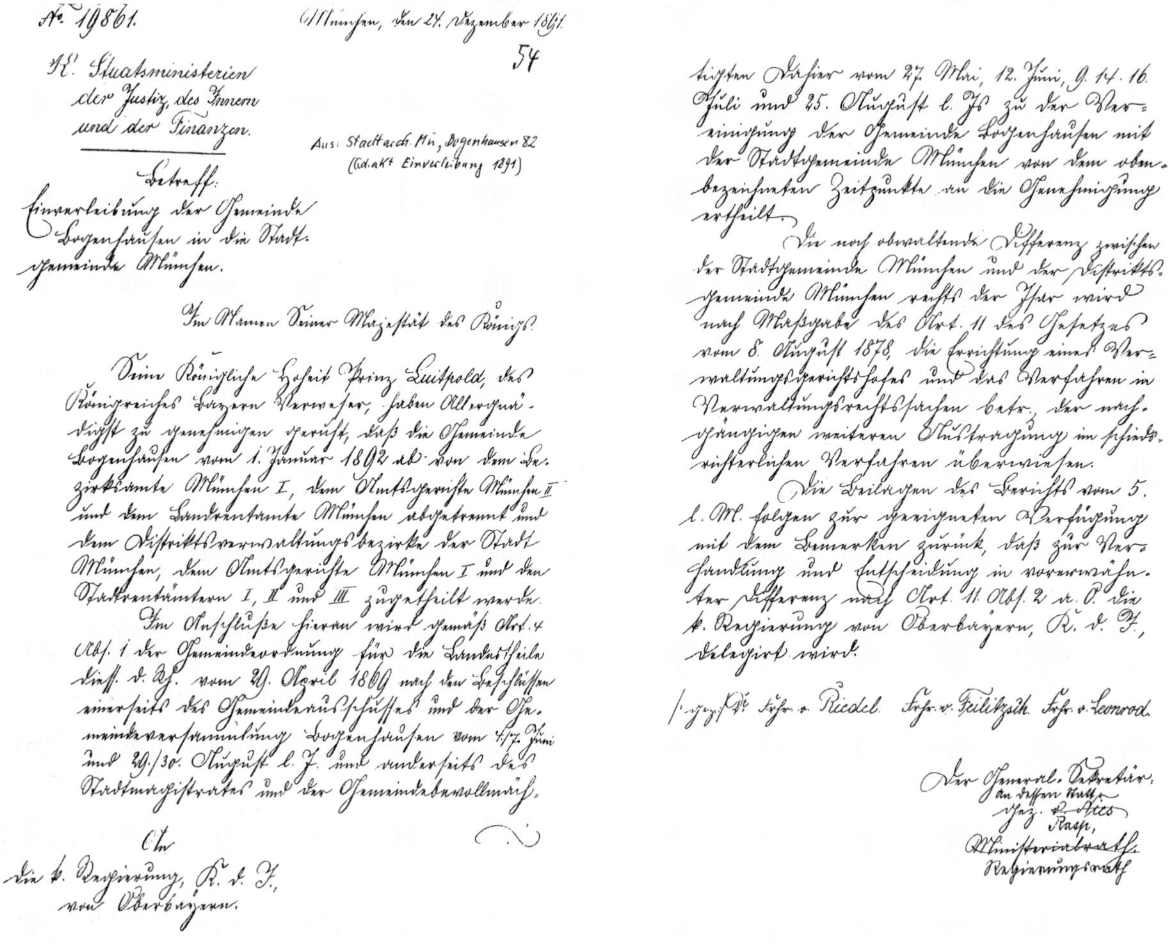

No. 19861.
K. Staatsministerien
der Justiz, des Innern
und der Finanzen
Betreff:
Einverleibung der Gemeinde
Bogenhausen in die Stadt-
gemeinde München

Der Eingemeindungsbeschluß vom 24. Dezember 1891

München, den 24. Dezember 1891

An K. Regierung, Kammer des Innern
von Oberbayern

Im Namen Seiner Majestät des Königs.

Seine Königliche Hoheit Prinz Luitpold, des Königreichs Bayern Verweser, haben allergnädigst zu genehmigen geruht, daß die Gemeinde Bogenhausen vom 1. Januar 1892 ab von dem Bezirksamte München I, dem Amtsgerichte München II und dem Landrentamte München abgetrennt und dem Distriktsverwaltungsbezirke der Stadt München, dem Amtsgerichte München I und den Stadtrentämtern I, II und III zugeteilt werde.

Im Anschlusse hieran wird gemäß Art. 4 Abs. 1 der Gemeindeordnung für die Landestheile diess. d. Rh. vom 29. April 1869 nach den Beschlüssen einerseits des Gemeindeausschusses und der Gemeindeversammlung Bogenhausen vom 4./7. Juni und 29./30. August l. J. und anderseits des Stadtmagistrats und der Gemeindebevollmächtigten Dahier vom 27. Mai, 12. Juni, 9./14./16. Juli und 25. August l. Js. zu der Vereinigung der Gemeinde Bogenhausen mit der Stadtgemeinde München von dem obenbezeichneten Zeitpunkte an die Genehmigung ertheilt.

Die noch obwaltende Differenz der Stadtgemeinde München und der Distriktsgemeinde München rechts der Isar wird nach Maßgabe des Art. 11 des Gesetzes vom 8. August 1878 die Einrichtung eines Verwaltungsgerichthofes und das Verfahren in Verwaltungsrechtssachen betr. der nachgängigen weiteren Austragung im schiedsrichterlichen Verfahren überwiesen.

Die Beilagen des Berichts vom 5. l. M. folgen zur geneigten Verfügung mit dem Bemerken zurück, daß zur Verhandlung und Entscheidung in vorerwähnter Differenz nach Art. 11 Abs. 2 a. O. die k. Regierung von Oberbayern, R. d. I., delegirt wird.

gez. Frhr. v. Riedel. Fr.hr. v. Feilitzsch. Frhr. v. Leonrod.

Der General-Sekretär.
An dessen Statt
gez. P. Nies (getilgt)
Rasp.
Ministerial-Regierungsrath

hausener. Die bisher gültigen Sondersteuern wie z. B. der Lokalbieraufschlag, der Pflaster- und Brükkenzoll entfielen. Bogenhausen wurde an die Münchner Wasserleitung angeschlossen. Auch hinsichtlich der reinlichkeitspolizeilichen Vorschriften, der Feuerpolizei, der Gemeindekrankenversicherung, des Beerdigungswesens und der Armenpflege galten nun die Münchner Bestimmungen.

Bogenhausen als neuer Stadtteil

Gleich am Tag nach der Eingemeindung übernahmen auf seiten der Landeshauptstadt der rechtskundige Bürgermeister Dr. von Widenmayer, der Magistratsrat Alberstötter und zwei Buchhalter und auf seiten der ehemaligen Gemeinde Bogenhausen der Bürgermeister Joseph Selmayr und die Gemeindeausschußmitglieder Franz Kaffl, Georg Schwarz und Lorenz Betz das Gemeindevermögen. Als erstes wurde der nicht unerhebliche Gemeindebesitz besichtigt:

Hsnr. 71½ Neues Schulhaus (Schulsäle im 1. Stock, Lehrerdienstwohnungen im Erdgeschoß), Wert: 60000 Mark

Hsnr. 71 Altes Schulhaus (Gemeindekanzlei im Erdgeschoß, Dienstwohnung des Gemeindeschreibers im 1. Stock), Wert: 8000 Mark

Hsnr. 72 Kinderbewahranstalt im nördlichen Flügel. Der südliche Flügel wurde vom Gemeindediener u. einigen Ortsarmen bewohnt, Wert: 8000 Mark

Hsnr. 71¾ Feuerhaus (zur Aufbewahrung der Feuerlöschrequisiten), Wert: 2000 Mark

Hsnr. 58 Leichenhaus

Zollhaus rechts am Isarufer (dient auch dem städt. Pflasterzollaufseher als Dienstwohnung), Wert: 8000 Mark

Zollhaus links am Isarufer (Brückenzolleinhebestelle, zugleich Dienstwohnung für den Zollwächter), Wert: 8000 Mark.[28]

Bei der Überprüfung des Gemeindevermögens zeigte es sich, daß die Gemeinde Bogenhausen in den letzten Jahren bis zum Zeitpunkt der Eingemeindung gar nicht schlecht dastand. Bei der Abgleichung von Einnahmen und Ausgaben konnte überall ein Aktivrest verzeichnet werden. Die folgende Aufstellung gibt nur die Einnahmen, um die ungefähre Größenordnung zu verdeutlichen, wider:[29]

Einnahmen in der	Bieraufschlagskasse	ca. 47000 Mark
	Armenkasse	ca. 2300 Mark
	Pflasterzollkasse	ca. 7700 Mark
	Schulkasse	ca. 3500 Mark
	Gemeindekranken-versicherungskasse	ca. 8800 Mark
	Friedhofskasse	ca. 1900 Mark
	Armenfondskasse	ca. 90 Mark
	Brückenzollkasse	ca. 25000 Mark
	Gemeindekasse	ca. 36000 Mark

Insgesamt betragen die Aktivreste ca. 11000 Mark.
Außerdem kam noch ein Vermögen in Wertpapieren von insgesamt 26000 Mark hinzu.
Der Grundbesitz der Gemeinde war beachtlich:
Ein Bauplatz an der Maria-Theresia-Straße/Möhlstraße im Wert von 300000 Mark.

Ein Bauplatz an der Kreppenstraße und ein Grundstück am Pfarrberg mit je 10000 Mark und der der Gemeinde gehörige nördliche Teil des Friedhofes im Wert von 5000 Mark.

Dem Gesamtvermögen der Gemeinde von ca. 450000 Mark standen Schulden in Höhe von ca. 242000 Mark gegenüber. Der größte Brocken davon war die immer noch nicht getilgte Brückenbauschuld von 165000 Mark (seit 1876).

Im Zuge der Eingemeindung mußten auch die Gemeindebediensteten von der Stadt München übernommen werden, so der 40 Jahre alte Gemeindeschreiber Alexander Orlamünde (Hilfskraft beim Bezirksinspektor Kaufmann), der 66jährige Gemeindediener Johann Wittig, der 53jährige alte Brückenzollwächter Johann Burger, der 58jährige Flur- und Nachtwächter, Laternenanzünder und Totengräber Josef Lechner sowie der 44jährige Gemeindebote und zugleich Pfarrmesner Benedikt Hohenleitner. Das Lehrpersonal wurde in städtische Dienste überführt, so der seit 1. April 1890 in Bogenhausen tätige Lehrer Konrad Eichhorn (mit Dienstwohnung) und die seit dem 4. November 1881 nach Bogenhausen versetzte Lehrerin Rosa Reichl (mit einer Dienstwohnung aus drei Zimmern und einer Küche, als ledige Person!).

Der größte Vorteil für die Siedlungsentwicklung Bogenhausens war der Fortfall des Brückenzolles an der Max-Joseph-Brücke. Dieser wurde vom Plenum des Stadrats erst am 5. Januar 1892 ausdrücklich beschlossen.

Der langwierigste Streit entfachte sich zwischen dem Distrikt München rechts der Isar und der Stadt München als Rechtsnachfolger der Gemeinde Bogenhausen: Die Stadt war bereit, von einer auf 80000 Mark geforderten Ablösesumme nur 38000 Mark herauszuzahlen. Zur Schlichtung des Prozesses wurde der Verwaltungsgerichtshof angerufen. In einem ausführlichen Rechtsgutachten plädierte Bezirksamtmann Geis vom Bezirksamt München auf einen Betrag von 68959 Mark. Dieser Rechtsstreit, wozu auch noch ein Gutachten der königlichen obersten Baubehörde sowie eine Erhebung über die im Jahre 1890 erfolgte Pflasterung der Straße nach Oberföhring und über den Wert der wiederverwendeten Pflastersteine eingeholt werden mußte, zog sich bis zum Dezember 1894 hin. Endlich konnte ein Vergleich über 55000 Mark Ablösungssumme ausgehandelt werden.[30]

Auf dem Weg zum Villenviertel

Im Gegensatz zur späteren Eingemeindung von Oberföhring von 1913, wo deren Bürgermeister das Geschick seiner Gemeinde »bedingungslos, aber doch vertrauensvoll in die Hände der beiden Kollegien legen« mußte, oder gar zur Eingemeindung der bankrotten Gemeinde Daglfing in der Weltwirtschaftskrise von 1930, konnnte Bogenhausen 1892 nach Jahren der Schwierigkeiten zwischen 1881 und 1887 doch Trümpfe ausspielen, die sie in der Siedlungspolitik Münchens begehrenswert machten: Das werden in erster Linie wohl die großen Baugründe im Wert von 300000 Mark gewesen sein, die sich zwischen der Maria-Theresia-Sraße und Möhlstraße hinter den Maximiliansanlagen erstreckten. Dieser Grüngürtel, 1856–1861 nach den Plänen von Hofgartendirektor Carl von Effner im englischen Landschaftsstil geschaffen, lud so recht ein, ein Villenviertel für die gehobene Bürgerschaft zu bauen. Der Stadterweiterungswettbewerb von 1892 schuf die Voraussetzungen dafür. Nicht gerade, schachbrettartige Straßenzüge wie das klassizistische München zu Beginn des 19. Jahrhunderts, sondern gekrümmte oder leicht abknickende Straßen zwischen auseinandergezogenen Villen mit Vorgärten, sind das Charakteristikum des heute denkmalgeschützten Ensembles Altbogenhausens.

Ein weiteres städteplanerisches Fernziel für die südliche Gemeindeflur von Bogenhausen war die Verlängerung der Prinzregentenstraße, östlich der gleichnamigen Brücke ab 1898, als mit der Erschließung des damaligen Stadterweiterungsgebietes begonnen wurde. Der Bau des Prinzregententheaters 1901/02 als Richard-Wagner-Weihestätte war der krönende Abschluß. Bogenhausen, das nach 1880 außer von großen Bauern und Ziegeleibesitzern zu zwei Drittel von ärmerer Bevölkerung bewohnt war – im Jahr der Eingemeindung von insgesamt nur 1570 Einwohnern –, war zu einem begehrenswerten Wohnviertel aufgestiegen, das auch heute noch eine geringe Bevölkerungsdichte aufweist: nur 29 Einwohner je Hektar – im Vergleich zum Stadtdurchschnitt von 41 Einwohnern pro Hektar.

Als dann am 7. August 1896 – also erst vier Jahre nach der Eingemeindung – die Trambahn von Haidhausen aus bis zum heutigen Herkomerplatz fuhr, war das Glück der Bogenhausener und deren Wirte in den Ausflugsgaststätten vollendet. Die weiter nordöstlich gelegenen Stadtviertel warten heute teilweise noch auf eine günstige Verkehrsanbindung.

Anmerkungen

Erklärung der Quellenabkürzungen:
StA Mü. = Staatsarchiv München (für Oberbayern)
Stadt-A. Mü. = Stadtarchiv München
mit Nr. des ehem. Gemeindearchivs Bogenhausen
mit Nr. des Bestandes »Bürgermeister und Rat«

1 Stadt-A. Mü., Bogenhausen 83 (Petition der Gemeinde Bogenhausen an die Kammer der Reichsräte vom 3. März 1882).
2 Siehe Kapitel »Barocke Adelssitze« in diesem Buch.
3 Hackelsberger, Christoph, München und seine Brücken, München 1981, S. 109f.
4 StA Mü., AR 790/382 u. Stadt-A. Mü., Bogenhausen 83.
5 Heute Mahir- und Normannenstraße sowie das ehemalige Pflasterzollhaus an der Oberföhringer Straße 57.
6 Stadt-A. Mü., Bogenhausen 109.
7 Stadt-A. Mü., Bogenhausen 76.
8 Stadt-A. Mü., Bogenhausen 83 und 84.
9 Bürgermeister Schrädler, Josef, erscheint nur elf Jahre als Grundbesitzer im Kataster von Bogenhausen (StA Mü., Kataster 11639). Er hat am 20. Januar 1873 das Brandneranwesen, Nr 12, später Ismaninger Str. 110, von Gottfried Meyer um 9000 Mark erkauft. Kurz darauf kam ein Bauplatz von 1 Hektar Größe hinzu, so daß sein Grundbesitz 2,19 Hektar maß. War Schrädler ein kleiner Bauer? Zum erstenmal erscheint der Bürgermeister in den Akten beim Bau des Notsteges 1873, zum letztenmal 1881, nachdem ihn Bürgermeister Joseph Selmayr ablöste. Schrädler hatte 1877 neugebaut (Wohnhaus mit angebautem Stall und Remise, Plnr. 20); 1879 folgte ein Heustadel. Am 28. Februar 1884 verkaufte Schrädler sein Anwesen um 16500 Mark an Secondelieutnant Georg Mayr. Vermutlich nach Schrädlers Tod erwarb dessen Witwe Magdalena am 12. September 1885 den Besitz wieder zurück.
10 Stadt-A. Mü., Bogenhausen 83.
11 Ebd.
12 Wie 10.
13 Wie 10.
14 Wie 10.
15 Wie 10.
16 Bürgermeister Joseph Selmayr stammt aus einem alteingesessenen Bogenhausener Geschlecht. Schon im Urkataster 1812 saß ein Kaspar Selmayr auf dem sogenannten Hanslmarterhof. 1856 lesen wir vom ersten Joseph Selmayr, im Kataster 1886 (StA Mü., Kataster 11642) erscheint wieder ein Joseph Selmayr mit Ehefrau Pauline auf der Ökonomie mit Ziegelei an der Ismaninger Straße 68, 70 und 95. Der am 28. Januar 1851 in Bogenhausen Geborene wurde 1882 zum Bürgermeister gewählt. Später siedelte die Familie in die noch stehende ansehnliche Villa an der Ismaninger Str. 95 (Ecke Möhl- und Händelstraße) über. Dieser letzte Bogenhausener Bürgermeister wurde nach der Eingemeindung zum Gemeindebevollmächtigten der Landeshauptstadt, zum Landrat von Oberbayern und zum königlichen Kommerzienrat ernannt. Er kaufte am 11. März 1898 das 720 Hektar große Gut Erching mit dem ehemaligen fürstbischöflich-freisingischen Wasserschloß und der St.-Walburga-Kapelle von Karl Friedrich Waidelich (kurz vorher Erben von Carl Freiherr von Münch). In den sorgfältig restaurierten Baudenkmälern (Gemeinde Hallbergmoos im Landkreis Freising) wohnt noch der betagte Enkel des letzten Bogenhausener Bürgermeisters mit Frau. Das Gut bewirtschaftet der Urenkel, in der vierten Generation alle Selmayr mit Vornamen Joseph (siehe Luttner, Hanns, Erching, in: Obb. Arch. Bd. 104/1979, S. 431ff.). Das Grabmal des letzten Bürgermeisters, der am 19. Mai 1909 verstorben war, ziert die südliche Außenwand der St.-Georgs-Kirche in Bogenhausen (Bild bei Norbert Lieb, St. Georg in Bogenhausen, München 1987, S. 67). Die Bogenhausener Villa erbte am 21. Dezember 1910 seine Witwe Pauline, geb. Wagner (StA Mü., Kataster 11650).
17 Wie 10.
18 Wie 6.
19 Wie 10.
20 Münchner Gemeindezeitung 1892.
21 Mietvertrag vom 12. November 1890.
22 Stadt-A. Mü., Bogenhausen 64.
23 Stadt-A. Mü., Bogenhausen 82.
24 Stadt-A. Mü., Bogenhausen 61.
25 Stadt-A. Mü., Bürgermeister und Rat 1331.
26 Wie 25.
27 Siehe sein Grabmal an der südlichen Außenmauer der St.-Georgs-Kirche von 1919 mit der Darstellung eines alten Ziegelfuhrwerkes, Bild in Norbert Lieb, St. Georg in München-Bogenhausen, München 1987, S. 79.
28 Wie 23.
29 Wie 25.
30 Wie 25.

Die zerstörte Luitpold-(Prinzregenten-)Brücke und die Verwüstung der Maximiliansanlagen am Isarufer zwischen Bogenhausen und Haidhausen nach dem Hochwasser vom 12. und 13. September 1899

Brücken zur Stadt

Der Einsturz der Bogenhauser (Max-Josephs-) Brücke beim Hochwasser am 13. 9. 1899

Erste Wiederaufbauarbeiten an der Bogenhauser Brücke, im Hintergrund St. Georg

Eröffnung der neuen Luitpold-(Prinzregenten-)Brücke mit Friedensengel 1901

Seite 93 oben: Die John-F.-Kennedy-Brücke durchschneidet den Herzogpark

Seite 93 unten: Eröffnung der John-F.-Kennedy-Brücke am 18. 12. 1963 durch den bayerischen Wirtschafts- und Verkehrsminister und Bewohner Bogenhausens Otto Schedl. Im Bild (von rechts) Bürgermeister Georg Brauchle, Oberbürgermeister Hans Jochen Vogel und Bundesverkehrsminister Hans Christoph Seebohm

JOHN·F·KENNEDY-BRÜCKE

Blick auf Bogenhausen vom Tivoli (Lehel) aus, um 1850

Altbogenhausen

Willibald Karl / Walter Kuhn

St. Georg – Kirche und Friedhof

Kaum eine Kirche im Münchner Raum hat eine Ausstrahlung wie St. Georg, die alte Pfarrkirche Bogenhausens und Mutterkirche des Münchner Ostens, die Ruhe und Andacht, festliches Künstlertum und spätbarocke Noblesse in sich schließt.[1] Dem Ensemble von Kirche, Friedhof und altem Pfarrhof fehlt das einst benachbarte Adelsschlößchen eines Cuvilliés und Gunetzrhainer, dessen feine spätbarocke Ausgestaltung unter den Grafen Spreti und Törring-Jettenbach der Anlaß für den Umbau und neuen Glanz des alten Dorfkirchleins war (siehe S. 36).

Spezialist für derartige Umbauten, auch »Notlösungen«, war Johann Michael Fischer, der bis kurz vor seinem Tod (1766) mit Vorschlägen und Begutachtungen für St. Georg tätig war. Dies, die Finanzierung und die entsprechenden Genehmigungsverfahren nahmen rund sieben Jahre (1759–1766) in Anspruch, so daß mit den Umbauarbeiten unter Franz Josef Krafft erst 1766 begonnen werden

St. Georg mit bäuerlichen Anwesen (und alter Schmiede) und Steg über die Straßensenke (heute Möhlstraße)

konnte. Nach dessen Tod (1767) setzte Josef Mahl, der schon an der Planung beteiligt gewesen war, den Umbau fort.

Die Arbeiten dauerten bis 1768 und umfaßten im wesentlichen die Erhöhung der Mauern des Langhauses, das Brechen großer Fenster und vor allem die Aufstellung eines neuen Dachstuhls mit Wölbung einer Decke als Holzlattenkonstruktion und Verputz derselben. Unmittelbar in den Umbau und Verputz griff die Ausmalung und Freskierung durch Philipp Holterhof 1767/68 hinein.

Dies alles kostete bereits mehr als veranschlagt – dazu kam die Ausführung einer neuen Turmkuppel und die Reparatur der Turmuhr – und war nur mit Genehmigung der Kirchenpröbste und des Rats der Stadt München sowie des kurfürstlichen Geistlichen Rats zu bewerkstelligen. Damit war aber auch gleichzeitig die Finanzierung der Bau- und Malerarbeiten sichergestellt.

Dem folgte ab 1770 die komplette Neuausstattung des Innenraums, wofür die Kirchenstiftung selbst, dann aber private Stifter und »Guttäter«, wie in erster Linie Graf August Joseph von Törring-Jettenbach, dann auch der damalige Pfarrer Franz Georg Riedl, finanziell verantwortlich zeichneten.

Die bedeutendsten Leistungen des Umbaus sind die innenarchitektonische Gestaltung des Altarraumes und vor allem das Holzlattengewölbe des Gemeinderaums mit den großen, alles in Licht tauchenden Seitenfenstern.

Die Deckenmalerei, von entscheidender Bedeutung in der Raumgestaltung des süddeutschen Hochbarock, ist hier mit ihrem letzten erhaltenen Beispiel im Münchner Raum vertreten. Dabei lassen

Komposition und Ausführung bereits das Ende dieser »Programmalerei« erahnen.

Meisterlich in ihrer Plastizität und Ausdruckskraft sind die Figuren Johann B. Straubs am Hauptaltar, namentlich die gebändigte Dynamik der Georgsdarstellung (1770–1773). Dem stehen die Seitenaltäre seines Schülers Ignaz Günther in nichts nach; seine Kanzel darf als künstlerisch hervorragendstes Werk der Ausstattung von St. Georg gelten. Geschichtlich wie künstlerisch bemerkenswert sind die Törringschen Grabdenkmäler (Epitaphien), die Graf August Joseph von Törring-Jettenbach, der genannte Wohltäter der Kirche, aus dem Münchner Franziskanerkloster (am heutigen Max-Josephs-Platz) bei seinem Abbruch in der Säkularisation (1802) nach Bogenhausen verbringen ließ.

Mögen auch in baulichen und gestalterischen Einzelheiten die sich abzeichnenden Brüche der Spätzeit einer Kunstepoche durchscheinen, in ihrer Gesamtheit und in der prägenden Kraft ihrer plastischen Hauptwerke ist die Bogenhauser St.-Georgs-Kirche einer der letzten Glanzpunkte des bayerischen Spätbarock: »Die Georgsgruppe des Hochaltars ist gleichermaßen ein ritterliches Siegesdenkmal wie ein das ländliche Volk anziehendes Andachtsziel. Am deutlichsten wirkt die Gemeinschaft der Kräfte an der Kanzel: Das vollkommenste Kunstwerk der Kirche gibt dem Wort Gottes einen Ehrenplatz.

Im ganzen Bildraum will alle Zier, mit Engeln und Engelkindern, mit Farbe und mit den Glorien von Gold, Licht und Strahlen nichts anderes als Freude wecken, Freude in Augenblicken, in Atemzug und Herzschlag. Mit der Zuversicht des Schauens auf das »Wunder-Schöne« bewährt altbayerische Kirchenkunst hier im späten 18. Jahrhundert noch die ihr eigene Fähigkeit: freundlich zu sein.«[2]

Der Friedhof um die St.-Georgs-Kirche hat längst das Gesicht einer dörflich-bäuerlichen Ruhestätte verloren. Die Grabdenkmäler der Altbogenhauser Großbauern, der Selmayrs und der Kaffels an der Südwand der Kirche, zeugen noch davon; den Kaffelschen Grabstein ziert ein Ziegelfuhrwerk. Eine weitere Gruppe alter Grabstätten zeugt von den berühmten Astronomen und Direktoren der königlichen Sternwarte: Johann Georg von Soldner, Johann von Lamont, Hugo von Seeliger und Alexander Wilkens.

Eine Gedenkstätte von Hansjakob Lill an der Westwand der Kirche zeigt, daß sich um St. Georg in Bogenhausen ein Kern des kirchlichen und konservativen Widerstands gegen Adolf Hitler und das NS-Regime gebildet hatte. Gedacht wird hier den Opfern der Barbarei: dem Offizier Ludwig Freiherr von Leonrod, dem Kaplan von Bogenhausen/Heilig Blut Dr. Hermann Josef Wehrle, dem Diplomaten Franz Sperr und dem Kirchenrektor von St. Georg, dem Jesuitenpater Alfred Delp. Sie wurden wegen Beteiligung an der oder Verwicklung in die Verschwörung gegen Adolf Hitler (Attentat vom 20. Juli 1944; Kreisauer Kreis) zwischen August 1944 und Februar 1945 hingerichtet. An Pater Delp gemahnt auch der Gedenkstein mit dem Bronzerelief »Die drei Jünglinge im Feuerofen« von Klaus Backmund, südlich von Kirche und Pfarrhaus am Isarhang.

Am umfangreichsten ist die Liste der hier bestatteten Künstler, derentwegen der Name »Prominentenfriedhof« geprägt wurde. Hier ruhen die Orchesterdirektoren und Dirigenten Hans Knappertsbusch und Rudolf Kempe und – aus Altmünchner Familie – die Sängerin Erna Hanfstaengl. An Wissenschaftlern und Professoren seien erwähnt Hermann Vogel, der Vater des Politikerbruderpaars Hansjochen und Bernhard Vogel, der Numismatiker Hans Gebhart und der Altmeister der bayerischen Landesgeschichte Max Spindler.

Stattlich ist die Zahl der Theater- und Filmschaffenden von Liesl Karstadt (Elisabeth Wellano), der Partnerin Karl Valentins, über Gustl Waldau (Gustav Freiherr von Rummel) und seiner Frau Hertha von Hagen zu den Charakterschauspielern Friedrich Domin, Robert Graf, Walter Schmidinger, Rudolf Vogel, Carl Wery und den »Theatermachern« Hans Schweikart und Wilhelm Dieß und last not least Rainer Werner Faßbinder.

Kaum kürzer ist die Reihe der Gräber der schreibenden Zunft: Oskar Maria Graf und Erich Kästner; Annette Kolb, Joseph Breitbach, Peter de Mendelssohn und Anton Sailer; der Essayist und »Kulturbotschafter« Wilhelm Hausenstein und der Publizist Hermann Proebst ruhen hier.

Für den Bereich der bildenden Kunst stehen die Grabstätten Emil Praetorius', Günther von Pechmanns und Hans Reiffenstuels, aber auch des Goldschmieds Hans Rothmüller. Aus der Welt der Mode sind hier bestattet Fritz Unnützer und Heinz Schulze-Varell – und der Tanzmeister Peps Valenci hat mehreren Generationen von Münchnerinnen und Münchnern nicht nur das Tanzen, sondern auch gute Manieren gelehrt.

Noch viele im engeren oder weiteren Umkreis bekannte Namen erschließen sich nur dem Eingeweihten. Einige weisen auf die Bestimmung des Friedhofs hin, letzte Ruhestätte für Bogenhauserinnen und Bogenhauser zu sein: Gräber der Altbogenhauser Familie Weckmann, ein Grab Konen, der alteingesessenen Familie von Kleiderfabrikanten zugehörig; das Grab des Hoteliers Benno Pöhlmann (ehemals »Deutscher Kaiser«, Hauptbahnhof) und des Kaufmanns Hans Scherer (»Hindelang«) u. a. m.

Mit dem alten Ortskern ist auch St. Georg und sein Friedhof aus dem Getriebe des Verkehrs entrückt und zu einer Oase der Ruhe und des Friedens geworden.

Anmerkungen

1 Norbert Lieb, St. Georg in München-Bogenhausen. München 1987. – Eine Monographie des Altmeisters altbayerischer Kunstgeschichte von seltener Einfühlsamkeit und Innigkeit.

2 Lieb, a. a. O., S. 63.

Grabstein des Sternwartendirektos Johann von Lamont

Grabmal der Familie Selmayr an der Südseite von St. Georg

Der Hanselmarterhof der Familie Selmayr, um 1880

Die »Bürgermeister-Villa« von 1889 im weitläufigen Garten mit Portal zur Möhlstraße, 1992

Kramerladen Steigenberger an der Montgelasstraße, um 1905

Gastwirtschaft Benno Bauer an der Montgelasstraße, um 1905

Erinnerung an die Bauernkirchweih der Schützengesellschaft Bogenhausen am 9. Februar 1901

Bogenhäuser Jagdgesellschaft im abgeziegelten Gelände südlich des Denninger Wegs, 1904. Am rechten Bildrand Joseph Selmayr, der »Eingemeindungs-Bürgermeister«, dritter von rechts Franz Kaffl, dahinter der Ziegeleibesitzer Roth

Steinbacherstraße mit bügerlichen Vorstadthäusern des 19. Jahrhunderts und Quelle mit Brumbach (rechts) um 1906

Montgelasstraße um 1900. Rechts Haus Möhler (Uhl), links das »Konstantinhaus«, abgerissen um 1904

Fronleichnamsprozession in der Törringstraße, um 1910

Abschlußklasse 1905/06 der Bogenhauser Volksschule, links der damalige Kaplan und spätere Stadtpfarrer Blumenschein

Die alte Betzsche Gastwirtschaft in der Ismaninger Straße

In der Ismaninger Straße, auf dem Areal zwischen Händel- und Törringstraße gelegen, stand bis in die frühen zwanziger Jahre die berühmte Gastwirtschaft Betz. Schon seit der Biedermeierzeit war dies ein beliebter Ausflugsort. Besonders an Sonn- und Feiertagen im Frühjahr und Sommer kamen die Gäste scharenweise in den hiesigen Wirtsgarten. Dies war nicht zuletzt auch darauf zurückzuführen, daß der Durst in Bogenhausen um einiges preiswerter zu stillen war als in der Hauptstadt, nachdem hier für den Bierausschank geringere Steuern bezahlt werden mußten. Auch der russische Maler Puschkin verkehrte zuweilen beim Betz, und wir verdanken ihm einige kleinere Aquarelle vom Bogenhausen der damaligen Zeit.

Unter anderem malte er auch die alte Gastwirtschaft in der Ismaninger Straße. Zum Lohn hierfür soll dem armen Maler dort Speis und Trank gewährt worden sein.

Als besondere Attraktion im Betzschen Wirtsgarten galt ein Karussell, das um 1820 in einem feststehenden zwölfeckigen Holzpavillon aufgestellt wurde. Es bestand aus einer ebenerdigen Plattform mit fünf Holzpferden, Dromedar, Steinbock und Widder sowie sechs Wagen, die von einem darunterliegenden Keller aus von Hand angeschoben wurde. Nach Abriß des Karussellbaus um 1920 kamen Figuren und Wagen ins Münchner Stadtmuseum. Soweit dort bekannt, handelt es sich dabei um die weltweit ältest erhaltenen Teile eines volkstümlichen Karussells. Auch einen offenen Tanzpavillon hat es hier bereits in der Biedermeierzeit gegeben. Er ist rechts im Bild der Altmünchner Kellnerin des bekannten Malers Wilhelm Wanderer noch ein wenig zu sehen.

Im großen Saal der alten Betzschen Gastwirtschaft traf man sich auch stets zu den offiziellen Gemeindeversammlungen. Bereits 1865 wurde –

Tanzboden der Betz'schen Gartenwirtschaft

unter Setzung einiger Bedingungen – von den stimmberechtigten Bürgern ein Antrag auf Eingemeindung nach München beschlossen; damals allerdings lehnte der Münchner Stadtmagistrat noch dankend ab. Im Antwortschreiben auf den Eingemeindungsantrag hieß es:

»Indem wir den mit verehrlicher Note vom 14. dieses Monats anhergelangten von der Gemeinde Bogenhausen gefaßten Beschluß zurückgeben, beehren wir uns zu bemerken, daß das Pfarrdorf Bogenhausen auf München in keiner so nahen Beziehung steht, um eine Einverleibung derselben durch die Hauptstadt als Notwendigkeit erscheinen zu lassen, weshalb wir diese Einverleibung, selbst wenn sie unbedingt verlangt worden wäre, ablehnen müssen.

Am 24. Jänner 1865, Bürgermeister von Widder.«

Nachdem die Eingemeindung erfolgt war und immer mehr betuchte Leute in der näheren Umgebung ihre Wohnhäusher errichteten, war die alte Wirtschaft offensichtlich auch nicht mehr standesgemäß.

Um 1900 wurde an ihrer Stelle eine neue, sehr repräsentative Gaststätte errichtet. Dort gab es auch eine eigene sogenannte »Millionärs-Trinkstube«, wo sich die »heiligen drei Könige von Bogenhausen«, Selmayr, Kaffl und der Wirt selbst, mit der übrigen Prominenz zu treffen pflegten. Von der prunkvollen Ausstattung dieser Stube sind u. a. sieben große Bildtafeln des Malers Franz Ringer erhalten, deren Motive Ausschnitte aus dem Alltagsleben von Bogenhausen und München wiedergeben könnten.

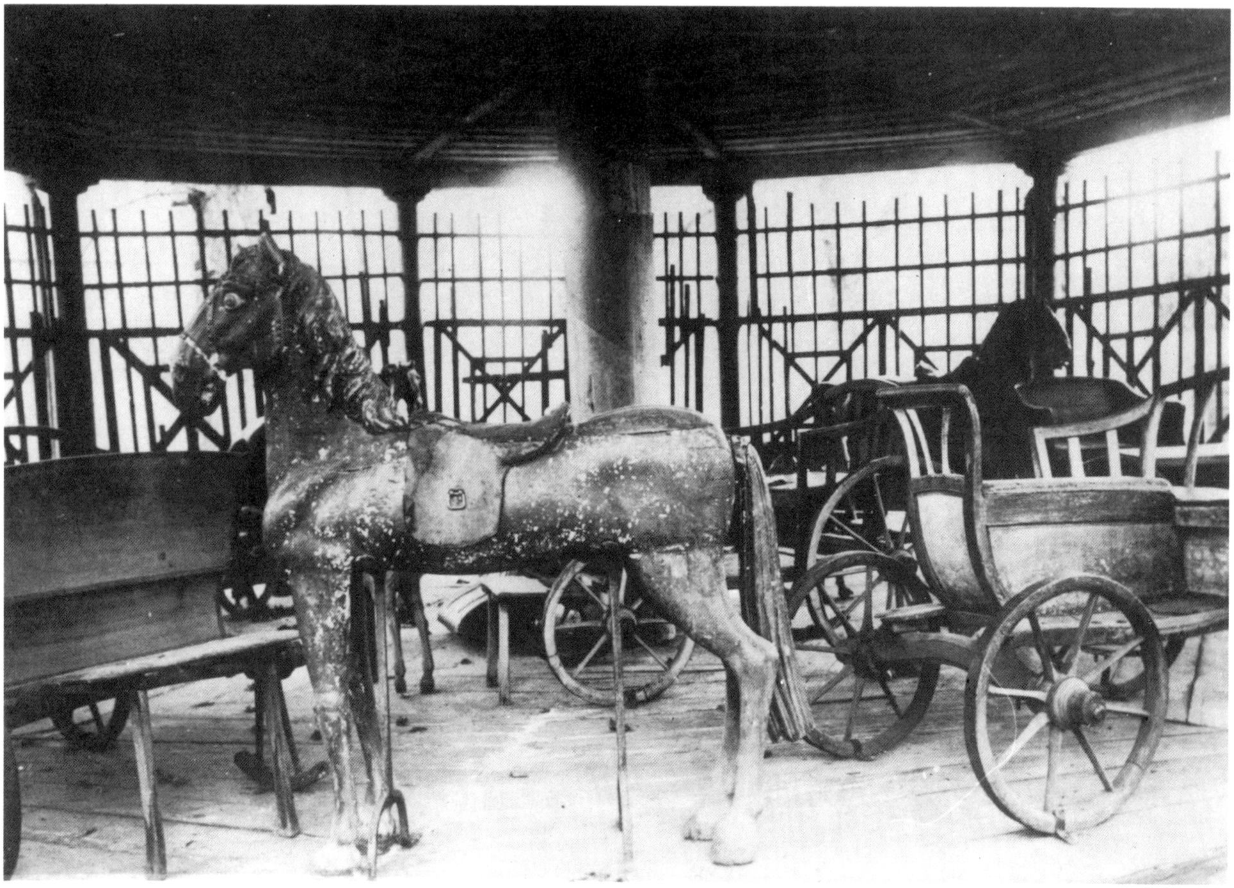

Innenansicht des biedermeierlichen Karussells aus dem Betz'schen Biergarten, um 1900

Franz Ringer (1865–1917) war zu seiner Zeit ein gefragter Maler, Holzbildhauer und Kunstgewerbler und hatte u. a. eine ganze Reihe von Gaststätten künstlerisch ausgestaltet. Seine Bilder bestechen durch eine außerordentliche Farbigkeit. Sie erinnern etwas an die Werke alter holländischer Meister, die der Künstler sehr verehrt haben soll. Als weiteres Charakteristikum seiner Bilder gilt die Tracht der dargestellten Personen, die er zumeist aus der Spätrenaissance Frankreichs oder aus dem Barock entlehnt. Ein zeitgenössischer Kunstkritiker zählt die sieben Wandgemälde für das Restaurant Betz in Bogenhausen zu den »lieblichsten und gemütvollsten Werken«, die Franz Ringer als Maler geschaffen hat; der Gesamteindruck der Bilder sei der eines »tiefen, warmen Gemüts«, es liege über ihnen »ein Hauch behaglicher, treuherziger, volkstümlicher Heimatliebe«.

Die restaurierten Gemälde befinden sich heute im Besitz der Firma Togal, an die 1921 das gesamte Anwesen der Betzschen Gastwirtschaft verkauft wurde.

Quelle

Selmayr, Georg: Die Bogenhauser Brücke; in: Landeshauptstadt München (Hrsg.): In München geboren, von München angezogen, nach München verschlagen: Geschichtswettbewerb 1989/90. München 1991, S. 190–203.

Grautoff, Otto: Franz Ringer; in: Kunst und Handwerk. Zeitschrift des bayerischen Kunstgewerbevereins München. 53. Jg. 1903, Heft 1, S. 1–9.

Messerer, Ernst: Franz Ringer; in: Kunst und Handwerk. Zeitschrift des bayerischen Kunstgewerbevereins München. Jg. 1913, Heft 8, S. 233–257.

Die alte Grünwald-Betz'sche Gastwirtschaft an der Ecke Törring-/Ismaninger Straße. Aquarell um 1840, vermutlich von dem russischen Maler Puschkin. Links im Hintergrund das Wohnhaus des Direktors der königlichen Sternwarte

Grabstätte der Familie Grünwald-Betz auf dem Bogenhauser Friedhof

Genre-Zyklus im Neurenaissance-Stil von Franz Ringer, früher in der »Millionärs-Trinkstube« der Betz'schen Wirtschaft, siehe Seite 121 f.

Wohnen in Bogenhausen

Dieter Klein

Das Bild des heutigen Bogenhausen wird in weiten Teilen von der Architektur der Jahrhundertwende geprägt, die im Anschluß an den Stadterweiterungswettbewerb ab 1892 entstand. Ältere Wohnbauten sind nur wenige vorhanden; das ehemalige Dorf Bogenhausen war relativ klein und ist in der näheren Umgebung der St.-Georgs-Kirche vielleicht gerade noch zu ahnen. Das Gebiet um die Prinzregentenstraße war landwirtschaftlich genutzt und dann Lehmabbaugebiet für die großen Ziegelbrennereien, ebenso der Priel oberhalb des Herzogparks, der lange Zeit als Jagdgebiet gedient und außer einer Mühle und den Jägerhäusern ebenfalls keine nennenswerte Bebauung aufgewiesen hatte.

Ab der Gründerzeit sind dann alle gängigen Stilrichtungen vorhanden: Neurenaissance, Neubarock, Jugendstil, Heimatstil, Sachlichkeit und Bauhaus, der »Milchbar-Stil« der fünfziger, der Brutalismus der sechziger und siebziger Jahre, die Postmoderne unserer Zeit.

Als vornehmes Wohnviertel ist dieser vor einem Jahrhundert geplante und nach München eingegliederte Stadtteil von Anfang an gedacht, ein Wohnviertel im Grünen für die wohlhabenden Münchner und solche, die es werden wollten. Damals wurde hier so manche »Zweitwohnung« eingerichtet.

Neuartig war auch, daß erstmals ein Stadtteil ohne direkte Angrenzung ans historische Zentrum »auf die grüne Wiese« geplant worden ist.

Die Konkurrenz zur Stadterweiterung war ausgeschrieben worden, weil in absehbarer Zukunft mehrere Vorstadtgemeinden eingegliedert werden sollten. Zu regeln waren Bauhöhen, Baudichten, entschieden wurde über die Anlage von offenen oder geschlossenen Bausystemen (Villenquartiere und Einzelbauten oder durchgehende Häuserzeilen), ob die Straßenzüge mit oder ohne Vorgärten, ob Alleen angelegt werden sollten, wo Platzanlagen oder Parks zu situieren waren.[1]

Bis 1899 gingen 13 Beiträge ein, von denen aber keiner den Erwartungen entsprach. Es wurden vier erste Preise vergeben. Auf diesen Planungen basierte die neue Münchner Bauordnung, die gegenüber den alten Vorschriften aber keine wesentlichen Veränderungen zeigte.

Eine befriedigende Neuordnung brachte erst die von Theodor Fischer geschaffene »Staffelbauordnung«, die 1908 in Kraft trat. Sie sah in der Innenstadt und für die verschiedenen Stadtteilzentren sowie für die wichtigsten Ausfallstraßen die dichteste Bebauung vor; insgesamt gab es neun Baustaffeln.

Die höhere Bebauung war also nicht, wie in vielen anderen Städten, nur auf das Zentrum beschränkt; sie zog sich »wie ein Seestern ausstrahlend, dessen Arme auch die anderen Zonen durchdringen« bis an den Stadtrand.[2]

Neuartig war auch, daß die Gesamtplanung ganz im Zeichen des »malerischen Städtebaues« stand. Bis dahin hatte in Europa der sogenannte »geometrische Städtebau« geherrscht, der seine Ideale in langen, schnurgeraden Straßen und abgezirkelten Plätzen sah. In den neunziger Jahren galt solche Reißbrettplanung als veraltet, sie wurde besonders durch die Städteplaner Joseph Stübben (Köln) und Camillo Sitte (Wien) bekämpft. Auch der für die Entstehung des neuen Bogenhausen bedeutsame Bauunternehmer Jakob Heilmann kritisierte bereits 1891 die für München ausgearbeiteten »Alignements«.[3]

Tatsächlich war eine noch so kunstvoll angelegte, graphische Gesamtkonzeption für die Bewohner kaum zu erfassen; sie kann bestenfalls auf Stadtplänen oder aus der Vogelschau bewußt werden.

In Bogenhausen sind die Straßenzüge entweder kurz oder zumindest durch Krümmungen optisch verkürzt und an Kreuzungspunkten grundsätzlich zueinander versetzt angelegt; sie werden von malerischen Fassaden (frontal zu den Sichtachsen) scheinbar abgeschlossen. Dazu nahmen die neuen Planungen auch auf geographische Situationen Rücksicht, auf Bodenerhebungen, Geländesprünge, aber auch auf größere Bäume, vorhandene Flurgrenzen, Feldwege oder auf ältere Gebäude.

Prinzregentenstraße nach Osten

Ismaninger Straße nach Norden

Sogar die Hauptachse der Prinzregentenstraße wurde leicht gekrümmt, an einer Stelle ist sie fast um 90 Grad geknickt und dann versetzt weitergeführt.

Der vielfach geschwungene Verlauf der einzigen bedeutenden Nord-Süd-Achse, der Ismaninger Straße, läßt noch den ehemaligen Feldweg ahnen, aus dem sich im Lauf von Jahrhunderten eine Landstraße entwickelt hatte.

Städtebaulicher Höhepunkt des neuen Stadtteils ist die repräsentative Prinzregentenstraße mit dem scheinbar abschließenden Prinzregentenplatz im Osten und dem Friedensengel im Westen.

Daß das ganze Viertel am rechten Isarhochufer relativ einheitlich gestaltet werden konnte, ist mit den Besitzverhältnissen leicht zu erklären. Das Gelände um die Prinzregentenstraße gehörte größtenteils der 1897 gegründeten Heilmannschen Immobilien-Gesellschaft-A.G. Es gab 21 solche Gesellschaften, die eben genannte war die älteste davon. Später sollte eine Tochtergesellschaft entstehen, die den Namen Prinzregentenplatz-AG erhielt. Auf Bogenhauser Gebiet verfügten unter anderem auch die Bayerische Terraingesellschaft und die Terraingesellschaft München-Nordost über einigen Grundbesitz.[4]

Ähnlich war die Situation im wenig später bebauten Herzogpark; dort gehörte das Gelände aber hauptsächlich der Terraingesellschaft München Herzogpark-Gern. Als Direktor ist der Jugendstilarchitekt Martin Dülfer überliefert; im Vorstand saß u. a. ein Bankdirektor, der sich in der Schönbergstraße eine originelle Villa erbauen ließ.[5]

Auch wenn es sich bei den Transaktionen der beteiligten Terraingesellschaften um Spekulationsunternehmungen von heute kaum vorstellbaren Ausmaßen handelte, so wurden zumindest im Bogenhausen »... die spekulativen Grundtendenzen des ganzen Unternehmens ... übertönt durch die aufwendige und künstlerisch gelungene Ausführung ...«.[6]

Nicht ganz uneigennützig sorgten die Terraingesellschaften für die nötigen Begleiteinrichtungen, so z. B. für die Verkehrsanbindung durch öffentliche Transportmittel, die das Wohnen in den neuen Vierteln erst attraktiv machen sollten. Nicht einmal die finanziell besser gestellten Leute verfügten damals über eigene Kutschen oder gar Autos.

Ab 1896 war die Pferdetrambahn vom Max-Weber-Platz bis zur Höchlstraße verlängert worden, 1897 bis zur Hompeschstraße; 1901 gab es sogar ein eigenes Anschlußgleis für die Besucher des Prinzregententheaters. Ab 1907 war Bogenhausen auch über die neue Max-Joseph-Brücke erreichbar, über

Maria-Theresia-Straße 24/25, Doppelvilla Ludwig von Klug und Ernst von Possart, um 1910

die die neue Linie 20 bis zur Mauerkircherstraße fuhr; ein Jahr später endete sie bereits am Gebeleplatz, dem heutigen Herkomerplatz.[7]

An den Spekulationen beteiligten sich auch »höhere Kreise«, so z. B. Ludwig Ritter von Klug, Vorstand der königlichen Hof- und Kabinettskasse. Er hatte 1887 zusammen mit dem Pfarrer von Bogenhausen einem Ehepaar sein Grundstück 1887 um 5800 Mark abgekauft, wohlwissend, daß es innerhalb kurzer Zeit zu wertvollem Baugrund umgewidmet werden würde.

Der Pfarrer konnte bereits drei Jahre später einen Reingewinn von über 30000 Mark einstreichen, als er an den Hofintendanten Ernst Ritter von Possart verkaufte. Klug und Possart ließen sich auf den Grundstücken Maria-Theresia-Str. 24 und 25 eine Doppelvilla erbauen, die in ihren Ausmaßen nur möglich war, weil seitens der Baubehörden gegen Persönlichkeiten dieses Ranges Einsprüche undenkbar schienen.

Die Aufdeckung dieser »Unkorrektheiten« schadete vorübergehend dem Ansehen des Prinzregenten, der Klug aber nicht von seinem verantwortungsvollen Posten entfernen ließ.[8]

Davon abgesehen hatte die Verwendung des Namens »Prinzregent« zur Attraktivität des neuen Viertels wesentlich beigetragen: »Der modernen Spekulation im großen Maßstab genügt es, Worthülsen wie Prinzregentenstraße, -platz und -theater für ihre Gewinnabsichten zu instrumentalisieren ...«[9]

Seitens der Terraingesellschaft wurde die Entstehungsgeschichte des Theaters als ein »Beispiel für die Pionierarbeit, die von den Terraingesellschaften und größeren Grundbesitzern geleistet wird« gefeiert.[10]

Prinzregentenstraße, perspektivischer Schnitt

Prinzregententheater, Zuschauerraum und Bühne

Die Theaterwelt sah es etwas anders; in der Zeitschrift »Bühne und Welt« war 1900 zu lesen, daß den Gründern dieses Theaters »jede ideale Absicht ferne liegt; es handelt sich lediglich um eine simple Terrainspekulation«.[11]

Natürlich steigerte die Institution eines Theaters den Prestigewert des für damalige Zeiten relativ entlegenen Gebietes ganz erheblich: »Aufschlußreich für jene schier unnachahmliche Melange von Krone, Geld und Kunst ist ... der Bau des Prinzregententheaters und dessen Eröffnung am 20. August 1901, jenes geradezu frivol schönen ... Theaterbaues ... man sollte nicht meinen, daß es als ein Musentempel für die düster dräuende Kunstmythologie Richard Wagners geplant war ...«[12] Die Widmung an Wagner kam nicht von ungefähr; immerhin sollte das geplante Festspielhaus, das dann schließlich in Bayreuth gebaut wurde, ursprünglich nach dem Willen Ludwigs II. etwas weiter südwestlich am Isarhochufer stehen.

Ohne Zweifel war das Prinzregententheater der schönste von insgesamt zwölf Theaterbauten, die Heilmann & Littmann bis in die zwanziger Jahre errichten sollten.[13]

Bedeutsam für die Weiterentwicklung des Theaterbaus war auch, daß hier zum erstenmal seit Bayreuth der Amphitheatergedanke wieder verwirklicht worden ist.[14]

Verantwortlicher Architekt dieser Baufirma war Max Littmann, unterstützt von einem öfters wechselnden Stab fähiger Mitarbeiter. Er war nicht nur Teilhaber des Unternehmens, sondern auch Schwiegersohn von Jakob Heilmann.[15]

Die Bautätigkeit nahm den erhofften Aufschwung; oft waren die Namen der Architekten ebenso prominent wie die der Bauherrn oder auch der Mieter. Zu Bogenhausenern wurden die Maler Franz von Stuck, Benno Becker, Ernst Philipp Fleischer, Eduard Riemerschmid; die Schriftsteller Thomas Mann, Joseph Ruederer, Annette Kolb; die Architekten Max Littmann, Franz Zell und viele andere (siehe unten); die Wissenschaftler und Erfinder Wilhelm Conrad Röntgen, Rudolf Diesel, Erich von Drygalski, Carl Amira; die Theaterleute Georg Stollberg, Zdenka Mottl-Fassbender, Ernst von Possart; die Bildhauer Adolf von Hildebrand, Theodor Georgii; der berühmte Stadtschulrat Georg Kerschensteiner, höhere Beamte, Brauereibesitzer, Adelige, Industrielle und viele Kaufleute.[16]

Sie bildeten eine anspruchsvolle Klientel, die für ihre Bauten fast ausschließlich in München ansässige Architekten beschäftigten. Ohne Anspruch auf Vollständigkeit sind zu nennen:

Oswald Bieber & Wilhelm Hollweck (Direktion der Münchner Rückversicherung in der Königinstraße, Zweifamilienhaus am Priel).

Paul Böhmer (heimattümliche Villen in Gern, Nymphenburg und im Herzogpark).

Eugen Drollinger (Bauten in Aschaffenburg, Feldafing, Bad Reichenhall, Hohenschwangau, barockisierende Jugendstilbauten in Bogenhausen und im Herzogpark).

Martin Dülfer (Begründer der deutschen Jugendstilarchitektur, Theaterbauten in Meran, Dortmund, Lübeck, Duisburg und Sofia, Bauten in Dresden, Villa Maria-Theresia-Straße).

Carl Jäger (Mitarbeiter bei Dülfer, Bauten im Herzogpark).

Lorenz Kirschner & Sigmund Weidenschlager (Bauten an der Holbeinstraße und der Trogerstraße).

Max Langheinrich (Mitarbeiter und Bürochef bei Dülfer, Schöpfer vieler typisch münchnerischer Jugendstilhäuser in Schwabing, Kurmittelhaus in Meran, Mitglied der »11 Scharfrichter«, Mietshaus Mauerkircherstraße).

Paul Liebergesell & Fedor Lehmann (erfolgreiches Architektenteam und Baufirma; Lehmann arbeitete zeitweise im Büro von Dülfer; schloßartige Villen in der Felix-Dahn-Straße).

Max Littmann (Mitbesitzer der Terraingesellschaft und Baufirma Heilmann & Littmann; zwölf Theaterbauten u. a. Bad Kissingen, Berlin-Charlottenburg, Weimar, Stuttgart, Posen, Bozen usw., Prinzregententheater; Villen und Reihenhäuser in Bogenhausen).

Gebrüder Aloys & Gustav Ludwig (Bauten in Wien und Südtirol, Gestaltung des Bozener Waltherplatzes, zahlreiche Villenbauten in Bogenhausen).

Max Neumann (Architekt aus Ungarn, klassizistische Variante des Jugendstils, Wohn- und Geschäftshäuser in Schwabing und der Innenstadt, Wohnhäuser im Herzogpark).

Paul Vincent Paravicini (einziges bekanntes Werk ist Holbeinstr. 10, vermutlich erstes Haus in München mit Betonfassade).

Paul Pfann & Günther Blumentritt (Vertreter einer heimattümlich-barockisierenden Richtung, Villen in Bogenhausen).

Franz Popp (Architekt aus Budapest, dort Mitarbeiter von Ödön Lechner, dem Hauptmeister des ungarischen Jugendstils; dann in München Mitarbeiter von Langheinrich, schließlich erfolgreicher Bauunternehmer. Wohnhausbauten in Schwabing, Neuhausen und um den Prinzregentenplatz).

Otto Riemerschmid (Bruder von Richard R., Villa im Herzogpark).

Leonhard Romeis (Vertreter einer altdeutschen Richtung; Anlage und Bebauung der Richard-Wagner-Straße, St. Benno; Villenbauten an der Ismaninger und an der Möhlstraße).

Emanuel von Seidl (bedeutendster Villenarchitekt im süddeutschen Raum, Bauten auch in Österreich-Ungarn; Villen in Bogenhausen und am Priel).

Heinrich Stengel & Paul Hofer (Wohnhausbauten in Schwabing und im Herzogpark).

Karl Stöhr (Architekt und Begründer der Baufirma S., Neoklassizismus und Neubarockbauten in Rosenheim, Schwabing, Innenstadt und Herzogpark).

Paul Ludwig Troost (seinerzeit der erste wirklich moderne Architekt in München; zeitweise Bürochef bei Dülfer; erster Vertreter einer frühen Sachlichkeit, dann Neobiedermeier und schließlich NS-Neoklassizismus: Haus der Kunst, Führerbauten am Königsplatz; Villen in Bogenhausen und im Herzogpark).[17]

Die Mietshäuser

»Frei über hohe, grüne Baumwipfel und die aus der Tiefe heraufglänzende Isar hinweg schweifte der Blick aus den vorderen vier Zimmern ... von den Baum- und Buschgruppen des Englischen Gartens bis zu den vertrauten alten Türmen und Kuppeln der Vaterstadt. Wie volltönend wogte in festlichen Stunden das Feiergeläut ihrer Glocken über unseren kleinen Balkon, der gleich einer einsamen Luftgondel über der Straße schwebte ... Das große Schlafzimmer aber sah in die Morgensonne, auf das Grün und die kleinen Häuslein des alten Bogenhausen ...« So beschreibt Karl Alexander von Müller den Ausblick von seiner Wohnung in der Mauerkircherstr. 12 um 1919.[18] Diese Sätze lassen viel von der Wohnqualität der Bogenhausener Mietsetagen ahnen. Im Schnitt verfügten die Familien dort über vier bis fünf Zimmer, mitunter konnten es bis zu zehn sein; man stand den Villenbewohnern in bezug auf Wohnfläche also kaum nach.

Thomas Manns Schwester bewohnte eine solche Luxuswohnung an der Prinzregentenstraße mit acht Zimmern. Als Ines Institoris wurde sie in »Doktor Faustus« von ihrem Bruder literarisch verewigt. Auch von der Wohnung existiert eine Beschreibung; sie hatte gleich zwei Salons, »von denen der eine traulicher eingerichtet, als tägliches Wohngemach diente«. Das Speisezimmer war mit geschnitztem Eichenholz eingerichtet, das Rauchzimmer mit Ledermöbeln. Das »eheliche Schlafzimmer, über dessen Lagerstättenpaar aus gelb poliertem Birnbaumholz Andeutungen von Betthimmeln schwebten ...« konnte zusammen mit der übrigen Einrichtung als »Musterbild eines Heims deutschen Kultur-Bürgertums« gesehen werden.[18a]

Wie in München allgemein üblich, gingen die Zimmer von großzügig angelegten Vorräumen oder Fluren ab, die vereinzelt als »Dielen« sogar mit offenen Kaminen ausgestattet waren. Aller zeitgemäßer Komfort wie Bäder oder Elektrizität waren bereits eingebaut; vier Bogenhausenbewohner mußten sich laut Statistik ein Bad teilen – in Giesing oder in der Au waren es dreißig.[19]

An der Pienzenauer Straße wurden einige Kleinmietshäusher in den unteren Bereichen besonders luxuriös ausgestattet, offenbar als Hausherrnwohnungen gedacht (z. B. Nr. 4). Wie die älteren Wiener Ringstraßenhäuser verfügen sie über eigene Treppenhäuser für diesen Wohnungstyp oder über interne Verbindungstreppen zwischen Gesellschafts-

Prinzregentenstraße 74, um 1990

Prinzregentenstraße 74 nach 1902 (alte Nummerierung: Äußere Prinzregentenstraße 22)

räumen im Erdgeschoß und dem Wohnbereich im ersten Stock.

Die Fassaden zeichnen sich durch aufwendige Giebel, reiche Gliederung mittels Erkern, Balkons und Loggien aus, überragt von lebhaften Dachlandschaften und Kaminen; als Dekor wurden meist Formen des ausklingenden Neubarock und des Neo-Louis-Seize verwendet (letzterer auch als »Zopf-Stil« bekannt).[20] Seltener sind Bauten der sonst in München beliebten deutschen Renaissance zu finden; auch die italianisierende Neurenaissance wurde hier nur vereinzelt verwendet. Der Jugendstil tritt meist vermischt mit englischen Vorbildern oder mit Heimatstilelementen auf.

Die modernen Münchner Architekten der Jahrhundertwende griffen Anregungen des bayerischen Barock und Rokoko ebenso auf wie bäuerliche Bautraditionen. Großen Wert legten sie auf ausge-

Prinzregentenplatz 15, 16, 17

wogene Symmetrien oder auf raffiniert ausgeklügelte Asymmetrien. Gerne verwendet wurden in München verschiedene Putzsorten nebeneinander: glatter und rauher Putz, vor allem aber der durch Dülfer eingeführte Riefenputz mit seiner wellenartigen Oberfläche, der für die Münchner Architektur jener Jahre geradezu ein Markenzeichen geworden ist. Stuckteile wurden relativ sparsam verwendet und meist nur flach ausgebildet, um weniger der Verwitterung ausgesetzt zu sein.[21]

Außer Dülfer und seinen Schülern Franz Rank und Max Langheinrich war der aus Budapest stammende, zunächst in Langheinrichs Büro arbeitende Franz Popp für die Ausprägung des Münchner Jugendstils eine maßgebliche Persönlichkeit. Er gehörte zu den erfolgreichsten Architekten der Stadt; trotz mancher Kriegszerstörungen nennt die Denkmalliste heute noch 34 Bauten von ihm, davon alleine im Bogenhauser Gebiet 15: Friedrich-Herschel-Str. 1 und 3, Grillparzerstr. 53, Keplerstr. 1, Lucille-Grahn-Str. 46 und 48, Mühlbaurstr. 1 und 3, Mauerkircherstr. 8 und 10, Possartstr. 6, Prinzregentenplatz 14 und 16, Sternwartstr. 2 und Trogerstr. 42. Die Formensprache seiner Bauten ist mit denen von Dülfer und Langheinrich eng verwandt. Sein ehemaliger Chef Langheinrich veröffentlichte 1907 in der Süddeutschen Bauzeitung einen bösen Artikel, in dem er Popp als »Freibeuter der Architektur« bezeichnete und ihn des Diebstahls geistigen Eigentums bezichtigte. Trotzdem muß Popp als einer der originellsten der in München tätigen Architekten bezeichnet werden.[22]

Ebenso phantasievoll wie Popps Bauten wirken die des Architektenteams Sigmund Waidenschlager

Mauerkirchestraße 2

Holbeinstraße 8: rechts
Prinzregentenplatz 21, Originalfenster: unten
Prinzregentenplatz 23, Fenstererneuerung mit falschem Material und falschen Proportionen: unten rechts

Holbeinstraße 6, Fenster im Fenster

Troppau (CSFR), Fenster im Fenster

& Max Kirschner, die vermutlich nur in Bogenhausen tätig gewesen sind. Sie verwendeten für ihre Fassaden Mosaikdekor – bei Münchner Bauten eine Seltenheit. Hervorzuheben sind die Häuser Holbeinstr. 1, 3–5, 4, 6 und 8 sowie Trogerstr. 50 und 52. Besonders liebevoll gestalteten sie die Fenstersprossen; in einigen Fällen bauten sie sogar Miniwintergärten als »Fenster im Fenster« ein. Gerade dieses originelle Detail ist auch an einer Häusergruppe in Troppau, nahe der tschechisch-polnischen Grenze zu finden.[23]

Außerdem gab es schon vor dem Ersten Weltkrieg eine Reihe fast schmuckloser Bauten, die alleine durch ihre Gliederung wirken, so z. B. die 1911 erbauten Häuser Zumpestr. 8 und 10.

Villen, Einfamilien- und Reihenhäuser

Die »modernen« Villen der Jahrhundertwende wurden von englischen Vorbildern dominiert. Von dort kamen die funktionsbedingt unregelmäßig gestalteten Grundrisse, die (wenig praktische) »englische Halle«, die als über zwei Stockwerke reichender Repräsentationsraum gerne mit einer Treppe ausgestattet war, aber auch die bewegte Dachlandschaft mit malerisch gestalteten Kaminen, flache Polygonalerker und die Aneinanderreihung mehrerer gleich großer Fenster zu Fensterbändern. Einflüsse des Jugendstils zeigen sich nicht nur beim Dekor, sondern auch bei den Umrissen der originellen Tür- und Fensteröffnungen.[24]

Aus der italienischen Architektur übernahm man die säulengestützten Loggien, wie sich überhaupt einige Bauherren ihren Wohnsitz in italienischer Renaissance erbauen ließen. Häufiger aber wurde von Tiroler Ansitzarchitektur inspirierte Stilrichtung mit malerischen Türmchen, Giebeln, Loggien, gekuppelten Rundbogenfenstern und kunstvollen Schmiedeeisengittern verwendet. Sehr beliebt waren die reduziert-barocken Heimatstilhäuser mit niedrigen Stockwerkshöhen, Fensterläden und wenig Stuckdekor, wie sie dann kaum verändert bis in die dreißiger Jahre gebaut worden sind.

Als besonderer Bautyp wurden die sogenannten »Künstlervillen« gesehen, an deren Planung die künstlerisch tätigen Bauherrn selbst beteiligt waren. Nur eine kleine Auswahl der prominentesten Bogenhausener Villen kann hier vorgestellt werden; viele davon sind in Bauzeitschriften veröffentlicht und wurden überregional bekannt.

Die Süddeutsche Bauzeitung startete 1904 sogar eine eigene Serie unter dem Titel »Villen-Neubauten in Bogenhausen«, die aber nach sechs Folgen nicht mehr regelmäßig fortgesetzt worden ist.

Die Hildebrandvilla

Der Bildhauer Adolf von Hildebrand ließ sich 1895–1898 an der Ecke Siebert-/Maria-Theresia-Straße 23 nach eigenen Entwürfen ein großes Wohn- und Atelierhaus errichten. Bemerkenswert scheint, daß der Bauherr – seiner Profession gemäß – zunächst ein Tonmodell des Projektes schuf, an dem die Massengliederung nur ungefähr ablesbar war. Die Pläne wurden dann im Büro des mit Hildebrand befreundeten Architekten Gabriel von Seidl eingabefertig gezeichnet.

Die Fassaden sind in frei abgewandelten Barockformen nach Art der süddeutschen Schloßbautradition gehalten; der L-förmige Grundriß des Wohntraktes ist durch den an der Innenecke situ-

Maria-Theresia-Straße 23, Villa Hildebrand, um 1905

ierten Treppenhausturm besonders akzentuiert. Zur Siebertstraße wurde ein Schenkel zur T-Form verlängert, als 1911 nach Plänen von Hildebrands Schwiegersohn Carlo Sattler ein großer Atelierbau entstand.

Auf einen repräsentativen Haupteingang wurde ebenso verzichtet wie auf große Empfangs- oder Repräsentationsräume; alles war nur auf die individuellen Bedürfnisse der Familie abgestimmt: »Offen und doch zurückhaltend signalisiert das Haus großbürgerliche Wohnlichkeit ...«, schreibt Christine Hoh-Slodczyk in ihrem Buch über Künstlervillen.[25]

Auch die Innenausstattung war nach Hildebrands Entwürfen entstanden – zumindest die unbeweglichen Elemente wie Vertäfelungen, Kamine und ein Brunnen. Bei der Flächenaufteilung wurde für vorhandene Reliefs oder Bilder oder Kunstgegenstände der Platz von Anfang an einkalkuliert; besonderer Schmuck des Hauses waren die Bilder von Hildebrands Freund Hans von Marées.

In den dreißiger Jahren mußte die Villa während der nationalsozialistischen Periode verkauft werden, in den sechziger Jahren wurde sie zum Spekulationsobjekt. Unter großem finanziellen Aufwand gelang es der Stadt München, diesen bedeutsamen Künstlerwohnsitz zu erwerben und vor dem Abbruch zu retten. Diese Schwierigkeiten trugen zu der Novellierung des Beayerischen Denkmalschutzgesetzes wesentlich bei.[25a]

Heute ist dort die Monacensiasammlung der Stadtbibliothek untergebracht, die Sammlung der Literatur über München also.

Die Villa Stuck

Einem ganz anderen Gedankenkreis entstammte die Villa, die Franz von Stuck an der Ecke Ismaninger-/Prinzregentenstraße 60 (ebenfalls nach eigenen Plänen) von der Firma Heilmann & Littmann etwa zur gleichen Zeit (1897–1898) errichten ließ, ein »Gegenpol zum Hildebrandhaus ..., Statussymbol eines Erfolgreichen ...«.[26]

Stuck paßte sich weder der Umgebung noch der lokalen Bautradition an. Die Villa »müßte in einem Cypressenhain unter südlichem Himmel stehen«, schrieb der Kunstkritiker Otto Julius Bierbaum um 1901; ein anderer, Fritz Ostini, meinte: »Breit, trotzig und selbstbewußt, anders als das Andere ringsumher, umweht vom Hauch der Antike und doch modern ... das ist das Haus, das ist der Mann, das ist der Maler.«

Hier war alles auf Repräsentation bedacht; architektonische Würdeformen wie Auffahrtsrampe, Säulenvorhalle und Balkonterrasse verwendet, in Kombination mit antikisierendem Fassadenschmuck, einer prachtvollen Amazonenstatue über einem Brunnen, mit schwerer Bronzetür – alles etwas düster und imposant wirkend, wie ein Wirklichkeit gewordenes Böcklin-Bild.

Von der Repräsentation bestimmt war auch der Grundriß: im Erdgeschoß großes Foyer, Empfangssalon, Musiksalon, im ersten Stock das üppig ausgestattete erste Atelier, das »Heiligtum des Hauses«, das nach Fertigstellung des 1914 angebauten Ateliertraktes nur noch als Festsaal diente.

»Von genialer Unsauberkeit wird keiner ein Stäubchen entdecken ... Dieser Maler arbeitet nicht im schmierigen Malkittel, sondern im Gehrock«, berichtet Ostini.

Lange Zeit war dort Stucks wohl bekanntestes Bild, die »Sünde« auf einer Art Künstleraltar situiert, praktisch genutzt als Paravent der Umkleidekabine für die Modelle.[27]

Die von Stuck selbst entworfenen Möbel waren 1900 bei der Pariser Weltausstellung zu sehen und errangen damals eine Goldmedaille.

Wie gesagt, es war alles auf die »Führung eines großen Hauses« bedacht; eine große Feier dürfte es anläßlich der Heirat von Stucks Stieftochter Mary mit Jakob Heilmanns Sohn Albert (1917) gegeben haben. Das größte gesellschaftliche Ereignis fand aber wohl 1913 anläßlich Stucks 50. Geburtstag statt; es wurde von ihm selbst in zwei Gemälden, »Das Diner« und »Der Fackelzug«, festgehalten.

Als er 1928 starb, wurde er im Festsaal seines Hauses »in antiker Gewandung« aufgebahrt. Die Trauerrede hielt der Architekt Bestelmeyer: »Ein Fürst im Reiche der Kunst, der letzte Künstlerfürst aus Münchens großen Tagen ist mit Franz von Stuck dahingegangen ...«[28]

Prinzregentenstraße 60, Villa Stuck, um 1930

Prinzregentenstraße 60, Arbeiten an der Amazone vor dem Eingang, 1936

Prinzregentenstraße 60, Wohnzimmer, die Treppe wurde um 1970 beseitigt

Maria-Theresia-Straße 26, Villa Becker um 1965

Maria-Theresia-Straße 26, Gartenfassade um 1905

Die Villa Becker

Maria-Theresia-Straße 26, Vestibül um 1905

Stilistisch und programmatisch eng verwandt mit dem gerade beschriebenen Bau war die 1902–1905 entstandene Villa des Malers und Schriftführers der Secession, »zwischen hoffähigem Anspruch und reformerischer Sachlichkeit schwankend«.

Becker scheute »keine Mittel..., um in jeder Beziehung etwas Hervorragendes zu schaffen, so daß die Villa wirklich als ein geschlossenes Kunstwerk erscheinen soll...«, wie er selbst in einem Brief an die Lokalbaukommission schrieb.[29]

Aus Repräsentationsgründen wurde die Straßenfassade in einem schlichten, aber äußerst monumentalen Klassizismus gehalten; die Gartenfront hingegen wäre ein Glanzlicht der modernen Architektur im heutigen Sinne:

»... hier wechselte die herrschaftliche Fassadenkunst des Neoklassizismus in eine geometrische Klarheit und Eleganz, die an den Jugendstil Josef Hoffmanns erinnerte.«[30]

Inwiefern dort ein angenehmes Wohnen möglich war, bleibt dahingestellt: »Wer nun in dieser Künstlerwohnung jene spezifisch kleinbürgerliche Ofenbankgemütlichkeit, Sorgenstuhlbehaglichkeit und Bauernstubentraulichkeit erwartet... kommt nicht auf seine Rechnung...« war in der »Dekorativen Kunst« zu lesen. Die Pläne stammten aus Dülfers Atelier, das damals als modernstes in München galt. Die Pläne dürften aber von Dülfers Bürochef Troost geschaffen worden sein – die markante Handschrift läßt kaum Zweifel daran. Sicher beanspruchte Dülfer zu Unrecht den Entwurf in seiner Gesamtheit als »sein geistiges Eigentum«, nur weil der Entwurf in seinem Büro angefertigt worden war.

Der Grundriß war merkwürdig verschachtelt und keineswegs symmetrisch angelegt, wie die Fassadengestaltung vermuten läßt. Nach dem riesigen Atelier im ersten Stock war das Musikzimmer im Erdgeschoß mit etwa 100 Quadratmetern der größte Raum des Hauses.

Maria-Theresia-Straße 26, Neubau, Aufnahme 1988

Das widerspricht einer zeitgenössischen Beschreibung von einem »echten Familienhaus von streng geschlossenem Grundriß, nicht für die Außenwelt, nicht für Neugierige und andere Störenfriede, sondern ganz für sich und die Seinen ...«[31]

Troost baute 1902 für die Familie Becker am Jüdischen Friedhof in Berlin-Weißensee eine imposante Erbbegräbnisstätte. Drei Jahrzehnte später sollte er der Paradearchitekt der Nationalsozialisten in München sein.

Beckers Villa wurde »arisiert« und von Hitlers Vertrautem, dem Reichsleiter der NSDAP, Martin Bormann, bezogen. Der Einbau einer Garage lief 1940 über das »Atelier Troost«, das von der Witwe Gerdi Troost weitergeleitet wurde.[32]

Den Krieg übestand die Villa fast unbeschädigt. In den prachtvollen Erdgeschoßräumen fanden in der ersten Nachkriegszeit viele Konzerte statt, weil für diesen Zweck sonst kaum intakte Säle zur Verfügung standen. Immerhin fanden 100 Personen dort Platz. Die Besitzerin Hansi Becker wollte 1949 durch einige Umbauten diesen »Konzertsaal« vergrößern lassen. Ob dieser Umbau tatsächlich stattgefunden hat, ist nicht mehr zu klären. Frau Becker war jedenfalls 1960 noch Eigentümerin des Anwesens. Später wurde es verkauft, 1969 abgerissen und durch einen monströsen Neubau ersetzt. Die neuen Besitzer versuchten damals auch, das Nachbaranwesen Nr. 27 zu erwerben und ebenso »gewinnmaximierend« zu verbauen.[33]

Die Villa Bechtolsheim

Bei dieser Villa, die Martin Dülfer 1896–1898 für Clemens von Bechtolsheim errichtet hatte, handelt es sich um den ältesten erhaltenen Jugendstilbau Deutschlands, also um einen Meilenstein der Architekturgeschichte.

Hier wurde zum erstenmal (ungefähr gleichzeitig mit Endells Fotoatelier Elvira an der Von-der-Tann-Straße) ornamentales Rankenwerk in größerem Umfang für eine Fassadendekoration verwendet. Es stammt in großen Teilen von Richard Riemerschmid, der ähnlich gestaltete Ornamentik auch für sein berühmtes »Zimmer eines Kunstfreundes« bei der Weltausstellung in Paris 1900 verwendete. Tatsächlich ist dieser »krautige Dekor« amerikanischen Ursprungs; der Architekt Louis Sullivan verwendete es in ähnlicher Art bereits um 1890.[34]

Für Sullivan war die »Sympathie zwischen Ornament und Konstruktion« wichtig: »Ein Ornament muß, wenn es fertig ist, so wirken, als sei es durch eine geheimnisvolle Kraft aus dem Material selbst gewachsen.«[35]

Genau das trifft auf die Fassadengestaltung dieser Villa zu. Der raffinierte Grundriß verrät die sichere Hand des Architekten; im Hochparterre gehen alle Gesellschaftsräume von einer achteckigen, zentralen Halle aus, deren abgeschrägte Ecken geschickt als Verteilerräume oder als Zugänge zu den Salons genutzt werden.

Durch Entfernung von nur zwei Glastrennwänden konnte das Treppenhaus mit der Halle und dem Wintergarten (der sogenannten »Kleinen Halle«) zu einer großzügigen Raumflucht von etwa 15 Metern Länge verbunden werden.[36]

Im Obergeschoß befanden sich die Schlafräume und im Dachgeschoß die Dienstbotenzimmer. Interessant ist dort eine Trennwand aus Glasbausteinen zwischen Bad und Diele, die als älteste Verwendung dieses Baumaterials in München angesehen werden muß.

Vom Turmzimmer mit seinen fast rundum angebrachten Rechteckfenstern bietet sich ein wunderbarer Ausblick auf das Grün der Maximiliansanlagen, früher wohl auch auf die Türme der Stadt. Der

Maria-Theresia-Straße 27, Villa Bechtolsheim, zeitgenössische Skizze um 1900

Maria-Theresia-Straße 27, Aufnahme 1988

Raum diente dem Hausherrn (der u. a. die Milchzentrifuge erfand) als Zeichenzimmer. Im Boden war eine verschließbare Öffnung, durch ein sogenanntes »Tischlein-deck-dich« heraufgezogen werden konnte.

Von höchster Qualität sind die Schmiedeeisenarbeiten der Geländer und auch die Stukkaturen. Hier soll nur auf die Ausstattung der Halle mit englisch-spätgotisch wirkender Dekoration eingegangen werden. Ein sternförmiges Rippensystem wird in der Mitte der Decke von einer Familienwappenkartusche bekrönt und von einem in Stuckteile eingelassenen Glühbirnenkranz umrahmt. Auf den Jugendstil verweist eine immer wiederkehrende Sonnenblumenornamentik.

Maria-Theresia-Straße 27, Halle, Türwand zum Treppenhaus

Maria-Theresia-Straße 27, Treppengeländer

Die Räume im Erdgeschoß wurden während der fünfziger Jahre von Hans Knappertsbusch bewohnt.[37]

Dank gebührt den Besitzern, die diesen prachtvollen Bau nicht der Spekulation geopfert haben, sondern ihn damals so behutsam renovieren ließen, daß ihnen dafür um 1970 sogar ein Fassadenpreis der Stadt München zugesprochen wurde.

Die Villa Diesel

Wenige Häuser weiter wohnte Rudolf Diesel, der weltberühmte Erfinder. Er ließ sich von Max Littmann 1899–1901 an der Maria-Theresia-Straße 32 an der Ecke zur Höchlstraße eine neubarocke Villa erbauen. Alleine der Bauplatz hatte 200000 Mark gekostet, zusammen mit den Baukosten kam Diesel auf 900000 Mark – für damalige Zeiten eine unglaubliche Summe.

Zu den kostspieligen Extras, die auf Diesels Wunsch eingebaut wurden, gehörten doppelte Grundmauern als Schutz gegen die Bodenfeuchtigkeit. Die Küche zählte »zu den schönsten Münchens«, und die Doppelfenster ließen sich durch einen komplizierten Mechanismus gleichzeitig bewegen. Teuer war auch die Anlage der riesigen

Maria-Theresia-Straße 32, Villa Diesel

Halle; sie reichte über zwei Stockwerke, »hatte eine breite Treppe mit einem aus dem Vollen geschnitzten Eichenholzgeländer, oben das Billard- und Jagdzimmer und die umlaufende Galerie, unten in den Ecken behagliche Sitzräume, einen gewaltigen Kamin mit dem Bilde des Hausherrn darüber und Glasmalerei in den hohen Fenstern ...«. Es gab fünf Badezimmer und entsprechende Nebenräume. In der Kellerhalle konnten Diesels Kindern mit den Rädern herumfahren.

Der Unterhalt eines solchen Hauses kam natürlich teuer; viele der Bogenhausener Bauherrn hatten sich um die Jahrhundertwende übernommen. Diesels Sohn Eugen schreibt dazu in seinen Lebenserinnerungen: »... aus fast allen Villen sind die alten Bewohner verschwunden. Niemand konnte die Lasten dieser Häuser mehr tragen, und sie waren damals alle in ihrem Wert gesunken ...«

Der teilweise Zusammenbruch des Grundstücksmarktes in München hatte auch Diesel schwer getroffen. Er war in die Grundstücksspekulation eingestiegen und sah sich nun geprellt. Ein Prozeß mit der Heilmannschen Immobiliengesellschaft ging zu seinen Ungunsten aus. Eine Zeitung schrieb dazu, »daß er seine Millionen in juristisch einwandfreien Formen losgeworden ist«.[38]

Die Villa Littmann

Seinem Wesen nach ebenfalls eine Künstlervilla war der Bau, den der Architekt Max Littmann 1903–1904 neben der Dieselvilla an der Höchlstraße 4 erbaute. Die sogenannte »Villa Lindenhof« ist eine gelungene Mischung aus deutscher und italienischer Renaissance, durchsetzt von englischen Landhauselementen und Südtiroler Ansitzarchitektur, »ein

Höchlstraße 4, Villa Littmann, Skizze um 1904

Höchlstraße 4, Salon

Ismaninger Straße 109, Rohbau der Villa Fleischer um 1910 nach Einstellung des Baus

Wohnsitz von edelster Kultur, ebenso reich an Gesellschaftsräumen mit den Möglichkeiten umspannende Geselligkeit zu pflegen, wie darauf eingerichtet, in den privaten Räumen der Familie sich behaglicher Lebensführung hinzugeben ...«. Platz genug war dafür vorhanden. Alleine das Speisezimmer war 54 Quadratmeter groß und 4,65 Meter hoch. Außerdem gab es ein Musikzimmer, ein Damenzimmer und ein Herrnzimmer als Gesellschaftsräume. Die Türrahmungen und manche Fußböden bestanden aus Marmor, an den Wänden hingen riesige Gobelins oder Ledertapeten. Gespart brauchte nicht zu werden: »Jede Kleinigkeit bis herab zum ... Türdrücker ist extra gezeichnet und gefertigt worden ...« Mit anderen Worten: Littmann hatte für sich selber ein Gesamtkunstwerk geschaffen. Die Frage, inwiefern Littmann selbst oder seine Mitarbeiter die Pläne und die Details entworfen haben, läßt sich in den wenigsten Fällen eindeutig klären. Bezüglich seiner eigenen Villa ist das aber mit Sicherheit anzunehmen.

Nach dem Ersten Weltkrieg wurde das Haus verkauft, Littmann zog nach Bichl im Loisachtal.[38a]

Die Fleischervilla – heute Bundesfinanzhof

Welch groteske Formen der Selbstüberschätzung der Künstlerkult im München der Jahrhundertwende mitunter annehmen konnte, zeigt die 1909 begonnene »Künstlervilla« an der Ismaninger Straße 109, ein »besonders augenfälliges Zeugnis der Aneignung adeliger Repräsentationsformen«.[39] Bei einer Grundfläche von 86 mal 21 Metern wäre die Bezeichnung »Schloß« angebracht gewesen. Der

Ismaninger Straße 109, Bibliothek um 1925, zerstört

Bauherr, Ernst Philipp Fleischer war Panoramenmaler; er dürfte das für den Bau notwendige Geld aber wohl als Farbenfabrikant verdient haben. Vorgesehen war auch die Einrichtung einer Gemäldegalerie.

Planung und Ausführung waren Heilmann & Littmann übertragen worden, sie mußten aus finanziellen Gründen aber bereits 1910 eingestellt werden. Der Bau mit seiner kostspieligen Sandsteinfassade war noch nicht einmal als Rohbau fertig, die geplante Aufschüttung beim Haupteingang, die das herrschaftliche Bis-zur-Tür-Reiten des Hausherrn ermöglicht hätte, nicht ausgeführt.

Die Bauruine war für fast alle Zwecke einfach zu groß; es bestanden Pläne, das Gelände in 30 Villenparzellen zu teilen und den notdürftig geschützten Bau wieder abzureißen, als sich das bayerische Finanzministerium dafür zu interessieren begann. Schließlich wurde 1919 das Anwesen für den neu zu gründenden Reichsfinanzhof erworben und 1921–1923 nach Plänen des Architekten Perignon in originellen Formen des Art deco ausgestattet.[40]

Beeindruckend gelang das großzügige Treppenhaus, beeindruckend auch die über die ganze Länge laufenden über fünf Meter breiten und fünf Meter hohen Gänge. Als schönster Raum wäre die eichengetäfelte Bibliothek zu nennen, die aber leider einer mißglückten Modernisierung im Stil der sechziger Jahre weichen mußte.

Im zweiten Stock wurde die Dienstwohnung für den Präsidenten des Reichsfinanzhofes eingerichtet, für den Wirklichen Geheimen Rat Gustav Rudolf Jahn. Er residierte geradezu fürstlich mit entsprechender Einrichtung: »Nachdem geeignete Möbel für die neuen Repräsentationsräume (Diele und Vorplatz) nur unter großen Kosten... zu beschaffen waren, wurde hierfür bei dem großen Antiquitätengeschäft Bernheimer brauchbare alte Renaissancemöbel... erworben.«[41]

Die übrigen Dienstwohnungen im Hause waren wohl weniger aufwendig gestaltet; auch ist nicht bekannt, ob sie ebenfalls mit »Gebrauchtmöbeln« ausgestattet wurden. Nach dem Zweiten Weltkrieg wurden die großen Dienstwohnungen in Büroräume umgewandelt, im Garten ein großer Bibliotheksbau errichtet. Die Institution heißt heute Bundesfinanzhof und urteilt als letzte Gerichtsinstanz über strittige Steuer- und Zollsachen, die von den einfachen Finanzgerichten nicht geklärt werden können.[42]

Ismaninger Straße 109, Aufnahme 1992

Möhlstraße 39, Villa Kerschensteiner

Die Villa Kerschensteiner

Die bei der Villa Becker zitierte »Ofenbanksgemütlichkeit« war in Bogenhausen durchaus nicht selten anzutreffen. Sie galt geradezu als ein Markenzeichen des Architekten Leonhard Romeis.

Er schuf 1897 an der Möhlstraße mit den Nummern 39, 41 und 43 eine altdeutsch oder tirolerisch wirkende Baugruppe.

Die Nr. 39 bezog der bekannte Münchner Schulreformer Georg Kerschensteiner. Rückblickend erinnert sich seine Tochter 1954: »... Hier in dem stillen Hause mit dem baumbestandenen, schattigen Garten, lebte er bis zu seinem Tode. Das Erkerzimmer in der ersten Etage war der Raum, in dem von nun an alle seine Werke entstanden.«

Ganz so still dürfte das Haus aber nicht gewesen sein: Es werden auch die drei wilden, »zu den skurrilsten Dingen fähigen Kinder« erwähnt, »die statt der Türen die Fenster benutzten, die brandelten und zündelten, mit Monokeln spazieren gingen, in ausgestopften Trauerkleidern und Hüten der Mutter Straßenbahn fuhren und fortgesetzt mit allen in Konflikt gerieten«.[43]

Cuvilliestraße 5, Reihenhäuser

Reihenhäuser

Neben den Villen entstanden auch größere Gruppen von Reihenhäusern; die vor dem Ersten Weltkrieg erbauten gehen größtenteils auf Entwürfe aus Heilmanns & Littmanns Büro zurück. Sie entstanden erst ab 1910 an der Friedrich-Herschel-Straße (Nr. 1a und 2–15 ungerade) sowie an der Cuvilliésstraße (Nr. 9–25 ungerade), äußerst schlichte, aber gut proportionierte Bauten mit Vorgärten und mit schmalen, langen Gartengrundstücken hinter den Häusern. Die Fassadenfronten sind durch Vor- und Rücksprünge aufgelockert und durch Erker oder Giebel belebt.

Die Villen der Gebrüder Ludwig

Die Gebrüder Ludwig bauten vor allem an der Cuvilliésstraße (Nr. 16, 20, 22, 24, 27, 29, 31), an der Lamontstraße (Nr. 30, 34, 36), der Laplacestraße

Lamontstraße 36 und 34

Lamontstraße 17, Villa Johannes Ludwig

Cuvilliestraße 16, ehemalige Villa Tattenbach

Liebenswerte Nachbarschaft: Karikatur der Geschwister Tattenbach von Nachbarn Wassermann
Hier sieht man den Graf Tattenbach
Die Füße sind bei ihm sehr schwach
Sie hindern ihn beim Gehen,
Drum bleibt er immer stehen
Um's Haus macht er die Runde,
Da braucht er eine Stunde.
Und hinter ihm – abscheulich,
Hatscht Schwester Anna treulich
Und wenn das Paar die Straße zieht
So schmunzelt jeder, der es sieht.

(Nr. 23). Am Grundstück Nr. 17 wollte Aloys Ludwig seine eigene Villa errichten; sie kam wegen des Bauverbotes im Ersten Weltkrieg nicht zur Ausführung.

Erst 1936 schuf sein Sohn Johannes, ebenfalls Architekt und später Professor an der Münchner Technischen Universität, dort eine Villa im schlichten Stil der dreißiger Jahre.

Villenprojekt für Richard Strauss, Nähe Böhmerwaldplatz

Auch die Villen Possartstraße 23, 27 und 29 wurden von den Gebrüdern Ludwig entworfen.

Im Gegensatz zu manchen anderen Architekten gingen sie auf ausgefallene Bauherrnwünsche gerne ein.

Als Graf Tattenbach z. B. im Dachgeschoß seines Hauses Cuvilliésstraße 16 einen Taubenschlag haben wollte, wurde dieser in die westliche Dachgaube miteingebaut.[44]

Ihr prominentester Bau wurde aber die 1913 vollendete Villa für Thomas Mann, den wohl berühmtesten Bewohner des Herzogparks. Eine andere Prominentenvilla, für Richard Strauss, kam wegen des oben erwähnten Bauverbotes nicht zur Ausführung.[45]

Villa Thomas Mann

Thomas Mann hatte das Grundstück Poschingerstraße 2 an der Ecke zur damaligen Föhringer Allee, direkt an der Isarpromenade gelegen, gekauft. Vorbesitzer waren die Gebrüder Ludwig, die auch mit dem Neubau beauftragt wurden.

Man kannte sich privat; die Kinder der Familien gingen miteinander in die gleiche Schule (Familie Mann hatte vorher bereits im Herzogpark gewohnt, in der Mauerkircherstr. 13).

In Anspielung an den »Rosenkavalier« sprach Mann von seinem »neuen Stadtpalais«, das im Januar 1914 bezogen wurde. »Die Haustür befand sich an der Rückseite des Hauses. Man betrat einen Vorraum mit einer Garderobe, der in eine große

Poschingerstraße 2, Villa Thomas Mann

Poschingerstraße 2, Aufnahme 1992

holzgetäfelte Diele mit hohen Bücherschränken an allen Wänden, einen Kamin und einer Treppe nach oben führte... Auch begrüßte einen hier der russische ausgestopfte Bär aus dem Lübecker Elternhaus mit seiner hölzernen Visitenkartenschale... Von der Diele ging es auf der einen Seite in den Salon... auf der anderen Seite in das große Eßzimmer, das sich auf eine gedeckte Veranda oder Terrasse öffnete, die auf der Höhe des ersten Stocks eine zweite balkonartige Terrasse bildete... Den Mittelteil zwischen Salon und Eßzimmer nahm Thomas Manns geräumiges Arbeitszimmer mit der Flügeltür und der Steintreppe zum Garten ein. Der Schreibtisch stand in der ›Rondell-Wölbung‹, so daß er von drei Seiten Licht erhielt... In der ›oberen Diele‹ aßen die Kinder...«[46] Soweit die Beschreibung bei Peter de Mendelssohn.

Rümelinstraße 1 (alte Nummerierung: Pienzenauerstraße 201), Fährmannhaus, Aufnahme um 1960, Liegenschaftsamt, Stadt München

Von außen war die Villa im Stil der Nymphenburger Kavaliershäuser gehalten, mit vorspringendem, halbrundem Mittelrisalit und hohem Mansardendach.

Nach der Emigration der Mann-Familie war dort bis 1940 der »Lebensborn« untergebracht, der zur »Zucht rassereinen Ariertums« eingerichtet wurde. Danach zogen Ministerialbeamte der NS-Verwaltung ein, für die das Haus in drei Wohnungen geteilt wurde. Bei einem Bombenangriff wurde die Villa 1944 schwer beschädigt; trotzdem waren nach Kriegsende in der Ruine ukrainische Zwangsarbeiter untergebracht.

Klaus Mann beschrieb seine Eindrücke im Mai 1945: »Zunächst hielt ich es für unbeschädigt … erhalten war aber nur Attrappe und hohle Form. Drinnen ist alles wüst und ausgebrannt, wie in Hitlers ›Berghof‹ … Foppende Kulisse, hinter der es nichts gibt …«[47] (Der letzte Satz sei den heutigen Münchner »Entkernern« ins Stammbuch geschrieben!)

Das Fährmannhaus von Oberföhring

Im Zusammenhang mit Thomas Mann soll an eine »Dienst-Villa« erinnert werden, die trotz wunderbarer Lage an der Isar dem Bewohner keine oder nur wenig Miete gekostet haben dürfe: das in der Erzählung »Herr und Hund« liebevoll geschilderte Fährmannhaus. »Der Fährmann wohnt mit Weib und Kind in dem Fährhause … mit Nutzgärtchen und Hühnerstall … gewiß eine Amts- und Freiwohnung … Es ist eine Art von Villa in zwergenhaften Ausmaßen, launisch und leicht gebaut mit Erkerchen und Söllerchen, und scheint zwei Stuben unten und zwei oben zu haben . . .«[48]

Entworfen hatte diesen Bau um 1903 Martin Dülfer, der Direktor der Terraingesellschaft Herzogpark-Gern. Er stand oberhalb des später erbauten Stauwehrs Oberföhring (Pienzenauerstr. 201, umnumeriert auf Rümelinstr. 1) und wurde in den sechziger Jahren abgerissen.[49]

Nicht alle erwähnenswerten Häuser des Herzogparks können behandelt werden; nur noch einige wenige Beispiele seien vorgestellt. So die Villa Schönbergstr. 12, die durch ihr originelles kleeblattförmiges Giebelfenster und durch einen Säulenvorbau auffällt. Sie wurde nach Plänen von Otto Riemerschmid 1913 für den Bankdirektor und Vorstandsmitglied der Terraingesellschaft Herzogpark-Gern, August Weidert, erbaut. Laut Münchner Generalanzeiger ließ das Haus »mit seinem großen Garten und seinem Hühnerhof um den behäbigen Bau auf ein individuell ausgeprägtes Heimgefühl« schließen.[50]

Auffallend sind auch die beiden schloßartigen, neubarocken Villen an der Felix-Dahn-Straße (Nr. 8 und 10), die erst 1922 von der Firma Liebergesell & Lehmann erbaut worden sind.[51]

Schönbergstraße 12, Villa Wendert

Im südlichen Teil des Herzogparks standen 1913 bereits 42 Mietshäuser und 38 herrschaftliche Einfamilienhäuser.[52] Der nördliche Bereich blieb dagegen bis in die zwanziger Jahre noch eine Wildnis, oder, wie es Thomas Mann in seiner Erzählung »Herr und Hund« ausdrückt: »Das ist kein Wald und kein Park, das ist ein Zaubergarten.«[53]

Ein beinahe vergessener Ortsteil: der Priel

Weniger idyllisch sah es im oberhalb des Herzogparks auf dem Isarhochufer gelegenen Priel aus, wo nach Erschöpfung der Lehmvorräte die Ziegeleien eine verwüstete Landschaft zurückließen, als sie weiter nach Norden verlegt wurden. Der Prielwald war bis 1803 die Südgrenze Freisings zu München. Die Straßenbezeichnung »Am Priel« wurde 1955 in »Oberföhringer Straße« verändert, damit die letzte Erinnerung an die alte Flurbezeichnung getilgt, bis 1987 wenigstens zwei Ortsteilschilder mit der Aufschrift »Priel« beim Herkomerplatz und beim ehemaligen Zollhäusl in Höhe der Wahnfriedallee wieder aufgestellt worden sind.[54]

Vom Lehmabbau zeugen noch heute die tiefgelegenen Gärten an der Oberföhringer Straße.

Die Villenbebauung setzte dort nur zögernd ein, obwohl die Terraingesellschaft München-Nordost »unter der künstlerischen Leitung des Herrn Architekten und Königlichen Professors Emanuel von Seidl . . . eine weitere vornehme Villenansiedlung . . .« versprach.[55]

Um 1910 entstanden mehrere Gebäude in der Nähe des Herkomerplatzes, darunter die Fassaden der Villen Oberföhringer Str. 4 und 12. Aus den zwanziger Jahren stammt ein originelles »friesisches Bauernhaus« (Nr. 20), das nach Plänen seines Besitzers, Architekt Empfenzeder, erbaut worden ist.[56]

Noch aus der Zeit vor dem Ersten Weltkrieg stammt die Villa Oberföhringer Str. 13. Sie hat der Architekt Julius Selmayr, ein Nachfahre des letzten Bogenhauser Bürgermeisters für sich selbst entworfen. Ihm gehörten viele Baugrundstücke am Priel, die er in den dreißiger Jahren verkaufte und zum großen Teil nach seinen Plänen bebaute.[57]

Oberföhringer Straße 13, ehemalige Villa Selmayr

Ältere Bauten, also noch aus dem 19. Jahrhundert, sind dort nur wenige erhalten. Zu nennen ist die Häusergruppe Oberföhringer Str. 35–39, die um 1875 entstand. Auf Nr. 35 befand sich außer einer Gemischtwarenhandlung mit Branntweinausschank auch ein Schuster und eine Schneiderin. Im Rückgebäude war das »Betonwerk München-Priel« untergebracht, dessen Erzeugnisse bis heute viele Münchner Bauten schmücken. Der Vorgarten war sozusagen als Musterbuch gestaltet; davon sind jedoch nur noch drei Jugendstil-Zaunpfeiler an der Straße erhalten.[58]

Als Ausstellungs- und Fabrikationsgelände dienten aber auch die Nachbargrundstücke Nr. 31 und 33; auf Nr. 31 ließ der Chemiker Dr. Sachtleben vom Architekten Oskar Pixis ein Haus erbauen, auf Nr. 33 schuf Wilhelm Hollweck 1935 für den Regierungsrat Heindl ein behagliches Zweifamilienhaus, das für den unprätentiösen Geschmack der dreißiger Jahre als typisch gelten darf. Trotz aller Einfachheit ist der hohe Stand der handwerklichen Traditionen zu ahnen.

Bis heute zeigt die Bausubstanz kaum Altersschäden. Bemerkenswert ist das Baumaterial: Anstelle von Ziegeln wurden weitgehend Bauxit-Hohlbausteine verwendet, ein damals neu erfundenes Baumaterial. Von den Bauarbeiten ist ein Foto erhalten, das den Rohbau mit einer Rampe zu den oberen Stockwerken zeigt; die heute üblichen Lastenaufzüge gab es damals offenbar noch nicht, zumindest nicht in Gegenden, wo keine Elektrizität vorhanden war. Kaum vorstellbar scheint, daß der gleiche Architekt zwei Jahrzehnte zuvor zusammen mit seinem Partner Oswald Bieber die eindrucks-

Oberföhringer Straße 35 (alte Nummerierung: Am Priel 41), um 1920

Oberföhringer Straße 33, Rohbau 1933

Oberföhringer Straße 33, um 1936

Möhlstraße 31, um 1900, abgerissen um 1965

Möhlstraße 31, 1992, Recycling der Kartusche mit dem Engel am Giebel des Neubaus

Pienzenauerstraße 71

Pienzenauerstraße 47a

Pienzenauerstraße 88

volle Münchner Rückversicherung an der Königinstraße errichtet hat.[59]

In den Jahren nach dem Zweiten Weltkrieg begann ab den fünfziger Jahren eine heftige Bautätigkeit. Viele der alten Bauten sind seither abgerissen worden, alleine im Herzogpark dürften es etwa 50 gewesen sein. »Freilich hat sich in die einstigen Villenstraßen auch ab und zu eine geschmacklose architektonische Idee verirrt«, hieß es 1980.[60] Inzwischen dürften sich solche Ideen vervielfacht haben. Die Neubauten fielen vor allem immer größer und höher aus, die Gartenflächen wurden stark reduziert. »Früher war das Viertel charmant, heute ist es ›in‹« – so endet ein Zeitungsartikel aus dem Jahr 1986.[61]

Trotzdem: Noch wohnt man angenehm in Bogenhausen.

Mauerkircherstraße 1, Appartementhaus (nach Kriegszerstörung erbaut) mit Dianabrunnen

Holbeinstraße 16 (erstes Bauprojekt Schörghubers)

Anmerkungen

1 Selig, Heinz: Stadtgestalt und Stadtbaukunst in München (München 1983), S. 102ff.

2 Selig (s. Anm. 1), S. 156ff. und 177; Anm. 154, dort zit. Th. Goecke: Der Entwurf zu einer Staffelbauordnung in München, aus Deutsche Bauzeitung vom 24. November 1900, S. 575ff.

3 Selig (s. Anm. 1), S. 102.

4 Dönges, Reinhard: Beiträge zur Entwicklung Münchens unter besonderer Berücksichtigung des Grundstücksmarktes (München 1910), S. 45ff., 104.

5 Klein, Dieter: Martin Dülfer – Wegbereiter der deutschen Jugendstilarchitektur (München 1981), S. 12. Bauherr der Schönbergstr. 12 war August Weidert (vgl. Dönges, s. Anm. 4), S. 67, und Generalanzeiger vom 15. Juli 1913 (Beilage der Münchner Neuesten Nachrichten); freundliche Mitteilung Frau Inge Weidert (Schönbergstr. 12).

6 Denkmäler in Bayern: München (Denkmalliste genannt, München 1985), Text zum Ensemble Bogenhausen, S. 32ff.

7 Mathiesen, Heinz: Vom Pferdeomnibus zur U-Bahn, in: 100 Jahre Münchner Straßenbahn 1876–1976, Neue Schriftenreihe des Stadtarchivs München, Bd. 60 (München 1976).

8 Gritschneder, Otto: Der Prozeß Ludwig Ritter von Klugs, in: Münchner Stadtanzeiger vom 25. März 1983 (Beilage der Süddeutschen Zeitung), Nr. 24; Fisch, Stefan: Die Prinzregentenstraße, in: Musenstadt mit Hinterhöfen (Hrsg. Friedr. Prinz und Maritta Krauss, München 1988), S. 85ff.

9 Fisch (s. Anm. 8), S. 89.

10 Dönges (s. Anm. 4), S. 98 ff.

11 S. Georg Schaumberg, in Bühne undWelt 1899/1900, S. 560.

12 Prinz, Friedrich: Annäherung an München, in: Musenstadt . . . (s. Anm. 8), S. 19.

13 Schaul, Bernd Peter: Das Prinzregententheater in München und die Reform des Theaterbaus um 1900 (München 1987), S. 126ff.

14 Schaul (s. Anm. 13), S. 37ff.

15 Wolf, Georg Jacob: Max Littmann – Das Lebenswerk eines deutschen Architekten (München 1931), S. 10.

16 Auszug aus dem Grundsteuerkataster 1915, angelegt von Fritz Lutz.

17 Denkmalliste und Bauakte der versch. Häuser, Thieme-Becker-Künstlerlexikon, Habel, Heinrich u. a.: Münchener Fassaden (München 1974).

18 Müller, Karl Alexander: Im Wandel einer Welt, Erinnerungen Bd. 3, 1914–1930 (München 1960), S. 43.

18a Kolbe, Jürgen: Heller Zauber (München/Berlin 1987), S. 67.

19 Prinz, Friedrich: Annäherung an München, in: Musenstadt mit Hinterhöfen (s. Anm. 8), S. 12.

20 Als »Zopfstil« wurde die vergröberte deutsche Variante des französischen Louis-Seize bezeichnet. Stiltypisch sind die Verwendung von Frucht- oder Blumengirlanden und in geometrische Felder eingepaßte Floralformen. S. Klein (Anm 5), S. 27.

21 Klein (s. Anm. 5), S. 44ff.

22 Denkmalliste München; Langheinrich, Max: Freibeuter in der Architektur, in: Süddeutsche Bauzeitung 1907, S. 214. Fekete, Julius: Beiträge ungarischer Architekten zur Münchner Baukunst um 1880, in: Ungarn-Jahrbuch 1982/83. Bd. 12. Popp lebte und starb im von ihm erbauten Haus Ismaninger Str. 98.

23 Freundl. Hinweis Frau U. Epp-Hartmann, Holbeinstr. 6 und Arch. Herbert Weidenschlager, Kirchseeon; die Architektenfrage in Troppau konnte noch nicht geklärt werden.

24 Muthesius, Hermann: Das englische Haus (Berlin 1908–1911), Bd I–III; Vogel, Rudolf: Englische Vorstadt- und Landhäuser, in: Deutsche Bauhütte 1905, S. 62ff.

25 Hoh-Slodczyk, Christine: Das Haus des Künstlers im 19. Jahrhundert (München 1985), S. 127.

25a Gedenktafel im Inneren der Villa.

26 Hoh-Slodczyk (s. Anm. 25), S. 128ff., 134; Ostini, Fritz von: Villa Franz von Stuck (Sonderdruck der Innendekoration), o. J., S. 1.

27 Hoh-Slodczyk (s. Anm. 25), S. 131ff. (dort Zit. Bierbaum); Ostini (s. Anm. 26), S. 17.

28 Hoh-Slodczyk (s. Anm. 25), S. 134; Schmoll, gen. Eisenwerth: Franz von Stuck – Werk – Persönlichkeit – Wirkung, in: Villa Stuck (München 1977), S. 52.

29 Hoh-Slodczyk (s. Anm. 25), S. 74ff.

30 Hoh-Slodczyk (s. Anm. 25), S. 75; Nerdinger, Wilfried: Neue Strömungen und Reformen zwischen Jugendstil und Neuem Bauen, in: Bauen in München 1890–1950 (München 1980), S. 41ff.; hier S. 46. Hoffmanns vergleichbares Sanatorium Purkersdorf entstand 1904.

31 Habich, G.: Die Villa Becker in München, in: Dekorative Kunst 1905, S. 429ff., und 1906, S. 48, dort Gegenüberstellungen Dülfer–Troost.

32 Blätter für Architektur und Kunsthandwerk 1906, S. 27; Klein (s. Anm. 5), S. 16.

33 LBK-Akte im Stadtarchiv München; freundliche Mitteilung Herr von Goertzke, Maria-Theresia-Str. 27.

34 Vgl. Sherman, Paul: Louis H. Sullivan (Frankfurt/M. 1963, Erstausgabe New York 19062).

35 Sherman (s. Anm. 34), S. 35.

36 Architektonische Rundschau 1902, Tafel 13.

37 Freundliche Mitteilung Frau Liselotte Berker, Maria-Theresia-Str. 27.

38 Diesel, Eugen: Diesel – Der Mensch, das Werk, das Schicksal (München1983), S. 305ff., 315.

38a Deutsche Bauzeitung 1904, S. 392; Süddeutsche Bauzeitung 1906, S. 105ff.; Wolf (s. Anm. 15), S. 25, 26.
39 Katalog der Ausstellung »Die Prinzregentenzeit«, Münchner Stadtmuseum 1989, Kat.Nr. 3.3.56.
40 Typoskript Regierungsbaurat Simm vom 28. Mai 1924 (Reichsneubauamt München): Gebäudebeschreibung des Reichsfinanzhofes zu München, S. 3ff. Dank Herrn Trill vom Bundesfinanzhof durfte das Gebäude besichtigt werden.
41 Simm (s. Anm. 40), S. 22.
42 Offerhaus, Klaus: Der Bundesfinanzhof (Stuttgart 1985), S. 9.
43 Fernau-Kerschensteiner, Gabriele: Georg Kerschensteiner oder die Reform der Bildung (München-Düsseldorf 1954), S. 78ff.
44 Freundliche Mitteilung Prof. Johannes Ludwig, Laplacestraße 17 und Gräfin Schall, Cuvilliésstr. 16.
45 Freundliche Mitteilung Prof. Ludwig, Laplacestraße.
46 Mendelssohn, Peter de: Der Zauberer, Teil I: 1875–1918 (Frankfurt/M. 1975), S. 930ff., 952ff.
47 Kolbe, Jürgen: Heller Zauber (München-Berlin 1987), S. 418ff.
48 Mann, Thomas: Herr und Hund (München 1989, Erstausgabe 1919), S. 73, 74.
49 Freundliche Mitteilung Kreisheimatpfleger a. D. Fritz Lutz. und Herr Liedl, Liegenschaftsamt; LBK-Bauakt im Stadtarchiv München.
50 Freundliche Mitteilung Frau Inge Weidert, Schönbergstr. 12, und Generalanzeiger vom 15. Juli 1913 (s. Anm. 5).
51 Denkmalliste Felix-Dahn-Str. 8 und 10.
52 Generalanzeiger vom 15. Juli 1913 (s. Anm. 5).
53 Mann (s. Anm. 48), S. 55.
54 Lutz, Fritz: Aus der Vergangenheit des Priel (Krailling 1991), Vorwort S. 7.
55 Dönges (s. Anm. 4), S. 104.
56 Freundliche Mitteilung Frau Maria Judenmann, Oberföhringer Str. 33.
57 Freundliche Mitteilung Familie Stöcklein, Oberföhringer Str. 13.
58 Freundliche Mitteilung Familie Huber und Familie Schmidler, Oberföhringer Str. 35.
59 Freundliche Mitteilung Frau Maria Judenmann, geb. Heindl, Oberföhringer Str. 33; Denkmalliste Königinstr. 107.
60 Schwarz, Irmi: Bogenhausen – Vorstadtcharme des Villenviertels . . ., in: Münchner Merkur vom 17. Juli 1980.
61 Fenn, Regine: Ernüchternder Blick in den Zaubergarten, in: Süddeutsche Zeitung vom 29. Mai 1986.

Berühmte Grundeigentümer in Bogenhausen 1915

(nach Grundsteuerkataster 1915, STA Mü, Kat. 11 650)

Cuvilliésstraße 6 **Dreher Konrad u. Eugenie, Hofschauspieler,** Tausch des Bauplatzes am 27. 3. 1899 mit Heilmann-Imobb.ges. um 33293 M, Wohnhausbau 1900

Cuvilliésstraße 13 **Dr. Alfred Einstein u. Hertha, Privatgelehrter.** Am 4. 11. 1909 Kauf von Heilmann und Littmann

Cuvilliésstraße 31 **Stollberg J. Gg., Direktor der Vereinigten Theater** Am 6. 4. 1909 Kauf des Bauplatzes um 22900 M, 1910 Wohnhausbau

Donaustraße 46 **Fa F. S. Kustermann** Ersteigert am 11. 11. 1895 von Mich. Reiffenstuel um 126300 M. 1912 Abbruch des Ringofens und der Trockenstädel

Gaußstraße 6 **Dr. Erich v. Drygalski u. Klara,** geb. Wallach, kgl. Universitätsprofessor Grundstück am 11. 12. 1909 gekauft, 1910 Wohnhausbau

Händelstraße 5 **Franz Kaffl u. Ottilie,** Ziegeleibesitzer Grundstück am 9. 2. 1912 von den Eltern ererbt, 1899 Wohnhausbau

Friedrich-Herschel-Straße 18 **Zdenka Mottl-Fassbender,** kgl. **Kammersängerin** Kauf am 29. 2. 1912 um 60000 M v. Heilmann-Immob.Ges.

Friedrich-Herschel-Straße 24 **Hermine von Flick,** geb. Bosetti, **kgl. Kammersängerin** Kauf am 28. 4. 1911 um 58000 M von Heilmann Immob.ges.

Höchlstraße 3 **Winkelhofer Johann,** Direktor **der Wanderer-Fahrradwerke in Chemnitz** Kauf des Grundstücks am 6. 5. 1897, Wohnhausbau 1902

Possartplatz 1 **Richard Stury u. Gisela,** Hofrat und **Hofschauspieler** Kauf des Grundstücks am 20. 4. 1911, Wohnhausbau 1913

Holbeinstraße 1 **Riemerschmied Eduard, Kunstmaler in Starnberg** Kauf des Gebäudes um 227000 M von Alb. Holz am 16. 4. 1904

Holbeinstraße 11 **Versicherungsanstalt für Oberbayern** Kauf des Grundstücks 24. 9. 1903 um 530000 M von Heilmann-Immob.ges., Errichtung der Gebäude 1906

Ismaninger Straße 85 **Moosburger Michael u. Franziska, Gastwirt** Wirtschaft und Wirtsgarten mit zwei Trinkhallen Kauf am 22. 4. 1899 um 112000 M von Josef Schmid

Ismaninger Straße 95 **Selmayr Pauline, Kommerzienrats- u. Gutsbesitzerswwe.** Erbe am 21. 12. 1910, 420000 M Wert.

Ismaninger Straße 105 **Betz Lorenz und Anna, Wirt** Wirtsgebäude und Garten, Tanzpavillon u. Karussell

Kauf am 7. 8. 1872 um 50400 fl von Eltern Joachim und Maria Betz, Neubauten 1900

Maria-Theresia-Straße 6 **Karl Philipp Fürst von Wrede auf Schloß Ellingen, Reichsrat** Kauf der Villa am 17. 10. 1906 um 247500 M von Albert Rieger

Maria-Theresia-Straße 22 **Dr. Ernst Bassermann-Jordan, Kunsthistoriker und Gutsbesitzer** Kauf des Grundstücks am 31. 3. 1906, Errichtung der Gebäude 1909

Maria Theresia-Straße 23 **Adolf Hildebrand, Bildhauer** Kauf des Grundstücks am 22. 2. 1896 um 76000 M von Wirt Lorenz Betz, Errichtung der Villa 1898, 1906 Neubau einer Remise

Maria-Theresia-Straße 25 **Dr. Ernst Ritter v. Possart, kgl. Generalintendant** Kauf des Grundstücks am 31. 3. 1891 um 48000 M von Ludwig Ritter von Klug, Bau der Villa 1892

Maria-Theresia-Straße 28 **Ruederer Joseph, Schriftsteller** Kauf des Grundstücks am 22. 8. 1907 von Clemens Frhr. von Bechtolsheim, Bau der Villa 1909

Maria-Theresia-Straße 33 **Privatfamilienfideicommiß des Königs Max II.** Wohnhaus, Stall, Remise, Garten, dazu Bogenhauser Anlagen, Wege, Wiesen. Seit 15. 1. 1881 Bestandteil des Fideicommiß, 1906 Errichtung der Gebäude

Maria-Theresia-Straße 35 **Beamtentöchterstift Neuberghausen** Am 22. 7. 1892 geschenkt erhalten aus dem Fideicommiß des Königs Max II im Wert von 10000 M

Mühlstraße 3 **Hugo Kustermann, Großhändler** Kauf des Grundstücks am 20. 2. 1910, Neubau 1913

Möhlstraße 6 **Wetsch Frieda, Kommerzienratswitwe** Villa ererbt am 29. 11. 1891 von Friedrich Wetsch

Möhlstraße 9 **Max Hirmer, Verlagsbuchhändler** Kauf des Grundstücks am 10. 1. 1906 um 70000 M, Bau der Villa 19006–09

Möhlstraße 16 **Schneider Mathilde und Kinder, Weißbierbrauereibesitzerswitwe** Kauf des Wohnhauses am 10. 3. 1902 um 138000 M von Betz Lorenz, Wirt

Möhlstraße 23 **Georg Theodor Pschorr, Brauereibesitzer** Kauf des Grundstücks am 15. 5. 1907, Bau der Villa und des Tennisplatzes 1908

Möhlstraße 26 und Ismaningerstraße 69 **Herzog Ludwig in Bayern** Kauf der Villa u. Stallungen am 18. 3. 1899 um 200000 M von Emil Pachmayer

Möhlstraße 34 **Graf Philipp Schenk von Stauffenberg u. Lilian** Kauf des Grundstücks am 10. 11. 1906 um 94500 M von Julie Böck, Bau der Villa 1907

Möhlstraße 37 **Dr. Karl Amira und Maria, Universitätsprofessor** kauf der Villa mit Garten am 26. 6. 1900 um 80000 M von Jakob Möhl

Möhlstraße 39 **Dr. Georg Kerschensteiner, Stadtschulrat** Kauf des Grundstücks am 15. 9. 1896 um 21876 M von Carl Ritter von Oberkamp, 1897 Hausbau

Möhlstraße 41 **Theodor Wilmersdoerffer, kgl. sächs. Konsul, Bankier** Kauf der Villa am 2. 10. 1905 um 110000 M von Max Hirmer

Montgelasstraße 15 **Leonhard Moll und Babette** Kauf des Grundstücks am 14. 2. 1891 von Barbara Fahrner, 1897 Gebäudeabbruch und Neubau

Montgelasstraße 17 **Leonhard Moll und Babette** Wohnhaus mit drei Geschäftsläden seit 14. 2. 891

Montegelasstraße 23 **Herzog Max in Bayern** Größe 44,524 ha, ab 21. 3. 1892 an Herzog Carl Theodor in Bayern, ab 5. 5. 1890 Kauf durch die Terraingesellschaft Herzogpark München-Gern

Perfallstraße 4 **Theodor Georgii, Bildhauer** Kauf der Gartenanlage und Bürogebäude am 18. 8. 1908 von der Terraingesellsch. München-NO, Neubau 1912

Perfallstraße 8 **Adolf Ritter von Hildebrand, kgl. Prof. u. Bildhauer** Kauf des Grundstücks am 18. 8. 1908 von der Terraingesellschaft München-NO, 1910 Bau von Wohnhaus, zwei Ateliers u. Garten

Pienzenauerstraße 12 **Zell Franz, Professor und Architekt** Kauf des Grundstücks am 25. 5. 1910 von der Terraingesellschaft Herzogpark um 6360 M, 1911 Wohnbau

Pienzenauerstraße 14 **Dr. Theodor Lipps, kgl. Universitätsprofessor** Kauf des Grundstücks am 2. 1. 1908 von Terraingesellschaft Mü-Herzogpark, Bau der Villa 1910

Pienzenauerstraße 24 **Stokovski Leopold u. Olga, Musikdirektor** Kauf des Wohnhauses mit Garten am 13. 7. 1911 um 58000 M von Lehmann Feodor, Architekt Bleistiftnotiz des Katasterbeamten: Feindlicher Ausländer! Engländer!

Pienzenauerstraße 40 **Dr. Ludwig Fabricius u. Emma, kgl. Universitätsprof.** Kauf des Grundstücks am 7. 5. 1912, 1914 Hausbau

Poschingerstraße 1 **Thomas Mann und Käthe, Schriftsteller** Kauf desGrundstücks am 25. 2. 1913 um 62650 M von Frhr. Rudolf von Gumppenberg-Pöttmes-Oberbrennberg, 1913 Bau der Villa

Poschingerstraße 2 **Ludwig Frhr von Gumppenberg-Pöttmes-Oberbrennberg, kgl. Kämmerer, Hofmarschall, Oberstleutnant** Grundstückstausch mit Terraingesellschaft Herzogpark am 19. 6. 1907, Gebäudebau 1908

Possartstraße 9 **Landauer Abraham, Kommerzienrat** Ersteigert am 28. 8. 1912 um 17500 M von Andreas Buchinger

Possartstraße 21 **Sigmund Frhr. v. Crailsheim, Rittergutsbesitzer** Kauf des Grundstücks am 11. 1. 1910 von der Heilmann-Immobiliengesellschaft, Neubau der Villa 1912

Äußere Prinzregentenstraße 1 **Prinz Alfons von Bayern** Kauf am 21. 12. 1903 mit vier Bauplätzen um 429500 M von Friedr. Kalr Meyer

Äußere Prinzregentenstraße 4 **Franz Ritter von Stuck, kgl. Akademieprofessor und Kunstmaler** Kauf des Grundstücks am 9. 4. 1897 um 86580 M von Aiching-Selmayr-Kaffl, 1900 Bau der Gebäude

Äußere Prinzregentenstraße 63/65 **Kgl. bayerische Gebäudeversicherungsanstalt** Grundstück am 7. 11. 1900 um 244900 M von der Bayer. Terraingesellschaft gekauft, Bau der Häuserkomplexe 1902, 1907 und 1912

Rauchstraße 4 **Fürst und Reichsrat Bertram Quadt-Wykradt-Isny und Ludovika, geb. Prinzessin Schönburg** Tausch des Wohnhauses am 4. 4. 1906 um 372000 M Wert von Heilmann und Littmann GmbH

Rauchstraße 4 Wie oben: Tausch am 20. 4. 1906

Rauchstraße 6 Wie oben: Tausch am 4. 4. 1906

Schönbergstraße 9 **Ludwig Ritter von Zumbusch und Julie, geb. Riemerschmied, kgl. Professor und Kunstmaler** Kauf des Grundstücks am 2. 12. 1903 von der Terraingesellschaft Herzogpark, Gebäudebau 1912

Siebertstraße 3 **Clemens Graf von Schönborn-Wiesentheid, kgl. preußischer Major** Kauf am 3. 5. 1899, Villa mit Stallung 1901 errichtet

Steinbacherstraße 4 **Weickmann Maria, Ingenieursgattin, geb. Steigenberger** Kauf am 4. 4. 1906 um 15500 M

Steinbacherstraße 6 Wie oben: Am 16. 1. 1899 mit Geschwistern Steigenberger ererbt

Sternwartstraße 15 **Kgl. Sternwarte** Grundstück 1816 von der Witwe Luz gegen einen Acker in Haidhausen eingetauscht und Gebäude errichtet. Weitere Neubauten und Änderungen 1894, 1897, 1998, 1905

Törringstraße 4 **Franz Kaffl und Ottilie** Am 15. 1. 1881 Übernahme von den Eltern Xaver und Walburga Kaffel

Vilshofener Straße 10 **Dr. Siegfried Mollier, kgl. ord. Univers.professor** Kauf des Grundstücks am 21. 6. 1909 von der Terraingesellschaft Herzogpark, 1912 Bau der Villa

Wagenbauerstraße 8 **Würth Albert und Fritz, Fabrikanten** (Dampfwäscherei, Färberei, Teppichklopfwerk) Am 19. 9. 1911 von den Eltern August und Emilie Würth übernommen. Neubau des Fabrikgebäudes 1914

Zusammenstellung: Fritz Lutz 1991

Mauerkircherstraße 5, um 1906

Restaurant »Herzogparkquelle«, um 1975

Neue Schulen – neue Kirchen

Walter Kuhn

Die Gebeleschule

Kaum zehn Jahre nach der Schulhauserweiterung zur Jahrhundertwende am Bogenhauser Kirchplatz war die Schülerzahl erneut so weit angestiegen, daß Schichtunterricht unvermeidbar wurde. Am 15. November 1911 hatte der Stadtmagistrat deshalb den Bau eines »halben Schulhauses« an der Englschalkinger Straße beschlossen, so lange bis die Bevölkerung derart anwachsen würde, daß eine ganze Schule benötigt werden sollte.

Über den Standort der späteren Gebeleschule gab es zuvor allerdings heftige Debatten, lag der Platz für das neue Projekt zur damaligen Zeit doch noch völlig abseits zur bestehenden Bebauung. Vor dem geplanten Schulhaus, wo man die Lehmschicht für die Ziegeleien abgetragen hatte, befand sich bis zum Herkomerplatz eine große, im Niveau etwas abgesenkte Wiese. Hinter dem Schulhof begannen ebenfalls sogleich Felder und Wiesen, und auch nach Osten gab es zunächst nur Brachwiesen, bevor später die Siedlungen an der Scheiner- und Herko-

Schule an der Gebelestraße, um 1920

Gebeleschule mit Neubaumarkt, 1971

merstraße errichtet wurden. Hier und da waren sogar noch alte Ziegelstadel zu finden. Der damalige Stadtschulrat Georg Kerschensteiner wollte die Schule daher auch lieber an der Sternwartstraße errichtet sehen. Ein Gemeindebevollmächtigter bezeichnete die statt dessen getroffene Standortentscheidung als »nie dagewesene Kalamität«, und ein Magistratsrat erkundigte sich danach, »wer denn diesen Bock geschossen« habe.

Unabhängig von diesen Streitigkeiten jedoch konnten am 15. September 1914 – kaum mehr als einen Monat nach Ausbruch des Ersten Weltkrieges – insgesamt 730 Kinder in acht Knaben- und acht Mädchenklassen in das neue Schulhaus einziehen:

IM
KRIEGSJAHR 1914
BEZOGEN DIE KINDER
. . DAS HAUS . .
FRIEDE IHNEN UND DEM
VATERLANDE!

kündet noch heute ein Steinrelief im rückwärtigen Eingangsbereich der Schule. Für den neugebildeten Schulbezirk Bogenhausen wurde ab 1. September 1914 auch gleich eine Oberlehrerstelle eingerichtet.

Bis zum heutigen Tag ist die einstmals geplante Erweiterung des Schulhausbaus nicht erfolgt. Lediglich der Mitteltrakt und ein Flügelanbau wurden

In unmittelbarer Nachbarschaft lag bis Kriegsende das Anwesen des Bauern Kaul. Generationen von Kindern und Schülern helfen hier beim Kartoffelklauben und Ährenlesen. Der Rücktransport vom Feld auf holprigen Ochsenkarren gehörte zu den besonderen Späßen der jungen Helfer. Auch zum Erntedankfest versammelten sich die Kinder auf dem Hof

errichtet, was nicht zuletzt auch ein Indiz dafür ist, daß die bauliche Entwicklung und damit der Bevölkerungsanstieg in diesem nordöstlichen Stadtteil ursprünglich wohl doch nicht ganz richtig eingeschätzt wurde.

Die Chronik der Gebeleschule ist nicht nur für die Entwicklung der Lehranstalt selbst interessant; sie spiegelt gleichzeitig auch wichtige Stationen im gesellschaftlichen, politischen und wirtschaftlichen Leben der Zeit bis zum Ende des Zweiten Weltkrieges wider, weshalb hier noch etwas näher darauf eingegangen werden soll.

So wird dort z. B. erwähnt, daß ein Jahr nach der Eröffnung der Schule erstmals ein evangelischer Religionslehrer zum Kollegium gehörte, und ab 1919/20 auch israelitischer Religionsunterricht erteilt wurde. Auch die Sommerzeit ist keine Einrichtung unserer Tage, sondern wurde der Schulchronik zufolge bereits am 1. Mai 1916 einmal eingeführt. Im darauffolgenden Winter blieben alle Münchner Volksschulen wegen Kohlemangels mehr als einen Monat geschlossen, eine Regelung, die sich auch während des letzten Krieges mehrfach wiederholte. 1920/21 wurde zur Unterstützung notleidender Kinder die sogenannte Quäkerspeisung eingerichtet, zur Zeit der Inflation mußte der Schuloffiziant die in immer größere Höhen ansteigenden Lehrergehälter mit dem Rucksack von der Stadthauptkasse abholen . . .

Die Zeit der nationalsozialistischen Regierung zeigte nicht nur in der großen Politik, sondern auch im Alltag der Schüler bald ihre Auswirkungen: Eine »Woche der Deutschen Volksschule« wurde ins Leben gerufen, und zum »Tag der Deutschen Kunst« mußten in jedem Fenster des Schulhauses brennende Kerzen stehen. Auf dem Schulhof wurden nationalsozialistische Kundgebungen und Fahnenappelle abgehalten, der israelitische Religionsunterricht wurde eingestellt . . .

Ab 1936 fanden Verdunkelungsübungen statt, ab 1937/38 die ersten Flieger- und Luftschutzalarmproben, die wenig später zur bitteren Alltagswirklichkeit wurden. Im April 1941, nachdem bereits die ersten Fliegerangriffe auf München geflogen worden waren, begann man in der Schule mit dem Ausbau eines Luftschutzkellers, und jede Nacht mußten zwei Lehrer Brandwache halten.

»Der Schmetterling«. Theatergruppe der Gebeleschule um 1919

In derselben Nacht – vom 2. auf 3. Oktober 1943 – als die alte Schule am Bogenhauser Kirchplatz in Schutt und Asche gebombt wurde, erfuhr auch die Gebeleschule schwere Beschädigungen. Danach trugen Schulkinder ca. 5 000 Ziegel zur Reparatur des Daches auf den Speicher. Obwohl ein Großteil der Schüler bereits seit 1943 mit der Kinderlandverschickung die Stadt verlassen hatte, ging der Schulbetrieb noch bis Juli 1944 weiter. Lediglich Hort und Kindergarten blieben danach noch im Haus, der Rest der Schule wurde mit 400–500 Personen von der »Arbeitsfront« belegt, die im Wechsel von drei Schichten in einer Munitionsfabrik arbeiten mußte.

Deutsche Soldaten bei militärischen Übungen zwischen Effnerplatz und Gebeleplatz. Im Hintergrund die Kirche Heilig Blut vor der Kriegszerstörung und die Dreieinigkeitskriche, um 1942

Nach Einzug amerikanischer Truppen wurde die Schule für kurze Zeit geräumt, bald danach zogen 1000 Italiener ein.

Bei Kriegsende herrschte zunächst ein fast unbeschreibliches Chaos: Das Schulhaus war restlos ausgeplündert. Akten, Möbel, die ganze Einrichtung des Lehrerzimmers, Schränke, Bänke und Ausstattungsgegenstände lagen im Hof, wo Tag und Nacht zwei große Scheiterhaufen brannten. Unter den Einquartierten brach das Fleckfieber aus . . .

Ab 22. November 1945 wurde der Unterricht in beschränktem Maße wieder aufgenommen. Anfangs standen für 13 Klassen nur sechs Zimmer zur Verfügung. Die Schülerzahl wuchs durch Rückkehrer und Flüchtlingskinder rasch an, so daß fast jede Lehrkraft mehrere Klassen zu führen hatte. In einer von großer Opferbereitschaft und Engagement getragenen Selbsthilfeaktion versuchte man die Schule schon vor der Währungsreform notdürftig wiederherzustellen: Altes Inventar von anderen Schulen wurde herbeigeschafft, die älteren Jungen trugen erneut Dachziegel in den Speicher, Mädchen nähten im Handarbeitsunterricht Vorhänge, Eltern weißelten die Klassenzimmer und Lehrkräfte füllten die Bombentrichter auf.

Zu Anfang der fünfziger Jahre setzte dann rings um die Schule rege Neubautätigkeit ein, so daß dem Büro der Schulleitung die bis dahin mögliche Aussicht bis hin zum Wendelstein verstellt wurde: »Die Einkastelung beginnt« . . . war als Notiz des damaligen Rektors A. Balles zu lesen, als an der verlängerten Gebelestraße mit dem Bau einer größeren Wohnanlage angefangen wurde.

Aus der Nachkriegszeit sei hier noch erwähnt, daß 1951/52 ein Kaplan der Pfarrei Heilig Blut, Josef Ratzinger, der spätere Kurienkardinal, den Religionsunterricht erteilte, nachdem die Schule vorübergehend in eine katholische Bekenntnisschule umgewandelt worden war.

Einige Jahre später gab es im gleichen Haus drei verschiedene Schularten: je eine katholische und evangelische Bekenntnisschule sowie eine Gemeinschaftsschule. Erst 1969, nach drei Volksbegehren,

Die durchschnittliche Klassenstärke in der Gebeleschule Anfang der 50er Jahre lag bei 45 bis 50. Die größte 3. Klasse von 1952 hatte 56 Schüler

die schließlich eine Änderung der bayerischen Verfassung und des Volksschulgesetzes brachten, wurde eine einheitliche christliche Gemeinschaftsschule eingeführt, die gleichzeitig in Grund- und Hauptschule aufgeteilt werden sollte. In der Gebeleschule ist hiervon nur der erste Ausbildungsabschnitt vertreten, der zu Beginn des Schuljahres 1991/92 von rund 450 Kindern besucht wurde. Damit gehört das Haus heute zu den größten Grundschulen im ganzen Stadtgebiet.

Quelle:

Festschrift 75 Jahre Gebeleschule. München 1969.

Das Bogenhauser Kindergärtnerinnenseminar

Nach der Eröffnung der Gebeleschule im Jahre 1914 war das alte Schulhaus am Bogenhauser Kirchplatz nicht funktionslos geworden. Neben der schon vorhandenen »Kinderbewahranstalt« und einer Suppenschule, die von Schwestern des Ordens der Vincentinerinnen geführt wurde, zog bereits im Sommer des gleichen Jahres dort ein Kindergarten ein. Dieser diente als Übungsstätte für die praktische Ausbildung des Kindergärtnerinnenseminars, das der Frauenschule am Annalyzeum im benachbarten Lehel angegliedert war.

Aus der Zeit des Ersten Weltkrieges wird berichtet, daß im Hof des Bogenhauser Kindergärtnerinnenseminars Hasen und sogar eine Ziege gehalten wur-

Kindergarten St. Georg, Bogenhausen im Jahre 1913. Drei Verwandte sind auf dem Foto: Jahrgang 1907, 1908 und 1910. Der Pfarrer soll freiwillig aus dem Leben geschieden sein, Name unbekannt

den – nicht nur aus pädagogischen Gründen, sondern durchaus auch, um den schmalen Kriegsküchenzettel etwas zu bereichern. Damit der Futtervorrat auch für die Winterzeit sichergestellt werden konnte, bat man in den Villen rund um den Herzogpark um Erlaubnis, den Rasen der Gärten mähen zu dürfen. Jeden Nachmittag soll sich dann ein langer Zug durch das Viertel bewegt haben: voraus eine Kindergärtnerin mit Sense, dahinter alle Kinder und die Schülerinnen des Seminars mit Leiterwagen und Rechen. Mit dabei gewesen sei natürlich auch »Springinkerl«, die Kindergartenziege, bis sie im Juni 1922 an den Schulwart der St.-Anna-Schule verkauft wurde...

Bis zum Jahr 1925 war die theoretische Ausbildung der Kindergartenseminaristinnen im Annalyzeum, danach wurde auch diese zum Bogenhauser Kirchplatz verlegt. 1926 wurde das Kindergärtnerinnenseminar mit der sozialen Frauenschule verbunden, die im gleichen Haus ihren Einzug nahm. Unter der Seminarleiterin Maria Urban entwickelte sich im zweiten Jahrzehnt des städtischen Seminars eine Ära der sog. »Arbeitsschule«, deren Idee zuerst von Georg Kerschensteiner forciert worden war. Unter ihrer Leitung gelang es auch, die Zeit der Nazidiktatur ohne allzu große Verbiegungen zu überstehen. Im Jahr 1936 kam es zur Gründung eines Jugendleiterinnenseminars, zu dessen theoretischen Fächern allerdings – der Zeit entsprechend – u. a. »Rassenkunde und Vererbungslehre« gehörte...

Bereits 1942 schwer beschädigt, wurde das alte Schulhaus in der Nacht vom 2. auf 3. Oktober 1943 durch einen Bombenagriff endgültig zerstört. Auch dessen Direktorin, Frau Maria Urban, die das Kindergärtnerinnenseminar seit 1920 leitete, kam bei einem weiteren Angriff 1944 unter den Trümmern ihres eigenen Hauses in Bogenhausen ums Leben. Ihre Nachfolgerin war Frau Dr. Elisabeth Zorell, deren Amtszeit (bis 1961) geprägt war vom äußeren und inneren Wiederaufbau.

Für Seminar und Kindergarten folgte nach der Zerstörung eine Zeit der Provisorien. Teile wurden in die St.-Anna-Schule verlegt, bis auch dort Brand- und Sprengbomben alle Arbeit zunichte machten. Daneben konnte auch die Gebeleschule vorübergehend aushelfen. Einzelne Klassen der Kindergärtnerinnen, der sozialen Frauenschule und der Jugendleiterinnenkurse wurden nach Wasserburg am Bodensee ausgelagert. Schon am 28. Mai 1945 jedoch begann im zerbombten alten Schulgebäude wieder ein provisorischer Kindergarten- und Hortbetrieb, und auch die Ausbildung in den übrigen sozialpädagogischen Bereichen konnte nach und nach wieder aufgenommen werden. 1946/47 begann die Instandsetzung des Nordwestflügels der halbzerstörten Gebäude am Bogenhauser Kirchplatz. Ab 1952 wurde dem Seminar die Benutzung der sog. »Edelmesse« gestattet, einem benachbarten Wohnhaus, das 1915 als Privatbesitz des Architekten Lauer erbaut wurde. (Dieses Haus war zuvor bereits Ausstellungshaus der Anthroposophischen Gesellschaft, später Studentenhaus und im Krieg eine Luftschutzschule. Nach vorübergehender Besetzung durch die Amerikaner diente es u. a. auch einer jüdischen Gemeinde als Synagoge.) Bald wurde auch ein neuer Schulkindergarten eröffnet, der Ende der fünfziger Jahre dann jedoch bereits dem Neubau der »Sozialpädagogischen Fachschulen« weichen mußte bzw. dort in neue Räume einziehen konnte. Unter diesem Namen waren seither die Ausbildungszweige für Kindergärtnerinnen, Jugendleiterinnen, Werklehrerinnen und Sozialarbeiter/innen vereint. Mit zunehmender Intensivierung sozialpädagogischer Ausbildung kam es 1974 erneut zu einer Namens- und Statusänderung der Einrichtung: Aus der bisherigen Fachschule wurde nun eine Fachakademie für Sozialpädagogik, die schließlich 1984 von Bogenhausen in das Anton-Fingerle-Zentrum nach Giesing umquartiert wurde.

Trotz dieses Wegzugs ist das alte Anwesen neben der Bogenhauser Kirche noch immer eine Stätte der Bildungs- und Jugendarbeit: Heute werden die alten und nach dem Krieg neu hinzugekommenen Gebäude u. a. als Berufsschule für Jungarbeiter und Jungarbeiterinnen genutzt.

Quellen

Fünfzig Jahre Kindergärtnerinnenseminar der Landeshauptstadt München 1916–1966.

Verein zur Förderung der Sozialpädagogischen Ausbildung e. V. (Hrsg.): Erzieher in Bogenhausen. Vom Kindergärtnerinnenseminar zu den Sozialpädagogischen Fachschulen. Aspekte und Wandlungen. Festgabe für Frau Dr. Zorell. München 1981.

Max-Josef-Stift

Auch wenn das Max-Josef-Stift im Jahr 1988 bereits sein 175jähriges Jubiläum feiern konnte, so geht die Geschichte dieser Schule in Bogenhausen doch nur bis 1939 zurück. Erst zu dieser Zeit zog das ehemalige »Weibliche Erziehungsinstitut für höhere Stände«, wie es bei seiner Gründung durch den bayerischen König am 27. Mai 1813 hieß, in das neue Haus an der Mühlbaurstraße ein. Zuvor befand sich die älteste staatliche höhere Schule für Mädchen in ganz Bayern in der Weinstraße, später am Anger und schließlich – ab 1840 – in einem eigenen Gebäude an der Ecke Veterinär-/Ludwigstraße.

In der Frühzeit der Schule bestimmte der König selbst alle 60 Zöglinge – Töchter höherer Staatsbeamter und Offiziere –, die bis zu ihrem vollendeten 16. Lebensjahr am Institut blieben. Es wird u. a. berichtet, daß die »Elevinnen« nach ihrem regulären Unterricht regelmäßig an Gegenständen für die königliche Familie zu arbeiten hatten. Tüllkleider für Ihre Majestät die Königin wurden bestickt oder Gegenstände für die Prinzesinnen gefertigt. Die Atmosphäre der Schule war geprägt von dem Stre-

Max-Josef-Stift in der Mühlbauerstraße, Fotos 17. 4. 1939

ben nach »harmonischer Bildung«. Die »Zöglinge« sollten zu guten Gattinnen und Müttern erzogen werden. Die höchste Auszeichnung, die das Stift für seine Schülerinnen hatte, war die sogenannte »Sanftmutsmedaille«, die aus den Händen der Königin oder zumindest eines Ministers verliehen worden sein soll.

Bald nach der Abdankung Ludwigs III. wurde das Stift 1924 in ein Mädchenlyzeum unter staatlicher Verwaltung umgewandelt, 1935 entstand daraus schließlich eine Externenschule mit angeschlossenem Wohnheim. Nachdem das Gebäude an der Ludwigstraße unter den Nazis zu einem »Haus des deutschen Rechts« umfunktioniert wurde, mußte die Mädchenschule noch im Frühjahr 1939 in die Mühlbaurstraße nach Bogenhausen umziehen. Der Tag des Richtfestes, der 10. April 1938, fiel mit dem »Richtfest Großdeutschlands« (Volksabstimmung über den Anschluß Österreichs) zusammen, wie der damalige Rektor in seiner Rede stolz hervorhob. Auch ein Spruchband am Dachfirst mit der Aufschrift »Dein Dank dem Führer am 10. April« erinnerte daran und an die »große« Zeit, in der dieser Bau seiner Vollendung entgegenging. Architekt war Regierungsrat I. Klasse Karl Hocheder (derselbe, der nach dem Krieg auch das neue Residenztheater entwarf).

Der Neubau vereinte Schule und Internat unter einem Dach und galt zur damaligen Zeit als eine der schönsten Lehrstätten. Er verfügte über modernste Einrichtungen – nicht nur in der hauswirtschaftlichen Abteilung oder der Schulwaschküche, sondern auch in Physik und Chemie. Selbstverständlich gehörte von Anfang an eine Turnhalle zu dem Gelände, und der Sportplatz nahm die ganze Fläche hinter den Gebäuden ein. Wo heute die Lehrerparkplätze liegen, befand sich früher ein Schulgarten, in dem die Schülerinnen u. a. lernen sollten, wie man Korn sät. Auch ein künstlich angelegtes Biotop gehörte dazu. Der damalige Direktor – ein Biologe – hatte dort Kaulquappen aussetzen lassen, um seinen Schülerinnen die erstaunliche Metamorphose zum Frosch vorführen zu können. Das nächtliche Quaken rief allerdings schon bald die großstädtische Nachbarschaft protestierend auf die Barrikaden, so daß dieser Lehrversuch vorzeitig abgebrochen werden mußte.

Im ersten und zweiten Stock des Wohntrakts gab es Schlafsäle und Schlafzimmer der Heimschülerinnen; daneben befanden sich Zimmerchen mit Guckloch, wo die diensthabenden Lehrkräfte das Kunststück vollbringen mußten, zu schlafen und gleichzeitig für Ruhe und Ordnung zu sorgen.

Lange hielt die Freude an dem neuen Gebäude allerdings nicht an: Es wurde nämlich bereits zu Kriegsbeginn als Hilfskrankenhaus beschlagnahmt und auch nach dem Krieg noch eine Zeitlang als Krankenhaus für rassisch und religiös Verfolgte genutzt. 1948 übernahm das »Central Committee der Befreiten Juden« das Krankenhaus, und erst 1950 begannen die Verhandlungen mit den Amerikanern wegen der Rückgabe von Haus und Inventar. Noch während dieser Verhandlungen galt es außerdem, die Bestrebungen eines Privatmannes abzuwehren, der vom damaligen Zentralfinanzamt einen Teil des ehemaligen Schulgrundstückes als Gelände für eine Tankstelle verkauft bekam, und es ist nur dem energischen Einsatz der damaligen Rektorin, Frau J. Wellnhofer, zu verdanken, daß diese Pläne doch noch vereitelt werden konnten.

Mehr als zwölf Jahre dauerte es, bis das Max-Josef-Stift schließlich wieder in sein Haus an der Mühlbaurstraße zurückkehren konnte und dort 1951 mit dem Ausbau eines neunklassigen Realgymnasiums begann. Später – ab 1964 – wurde es als neusprachliches Gymnasium weitergeführt. In den Jahren 1969–1976 entstanden der Neubau des Internats in einem separaten Gebäude sowie eine moderne Doppelturnhalle, bevor im Anschluß daran auch das Stammgebäude der Schule grundlegend renoviert wurde.

Heute präsentiert sich das Max-Josef-Stift mit insgesamt rund 350 Schülerinnen als eine moderne Schule – mit dem kleinen Unterschied, daß es inzwischen wieder – wie zu seiner Gründerzeit – das einzige staatliche Mädchengymnasium in ganz München ist und sich nach wie vor sehr bewußt gegen die Einführung der Koedukation ausspricht.

Quellen

Bericht des Max-Josef-Stifts 1984 mit einem Einblick in die Entwicklung des Stifts.
Bericht des Max-Josef-Stifts 1985.
Festschrift zur 175-Jahr-Feier des Max-Josef-Stifts 1988.

Heilig Blut

Mit der regen Bautätigkeit in Bogenhausen seit der Jahrhundertwende setzte auch ein rasches Wachstum der Pfarrgemeinde St. Georg ein. Schon vor Beginn des Ersten Weltkrieges reiften daher Pläne für einen Kirchenneubau. Als Standort war dabei einmal ein Platz neben der Gebeleschule, bald ein Erweiterungsbau, der alten St.-Georgs-Kirche oder auch ein bloßer Umbau derselben in Erwägung gezogen worden, bis es schließlich – mehr als 20 Jahre später – zur Errichtung der Kirche am jetzigen Standort kam. Das Grundstück am damaligen Seechiplatz war eine Schenkung der Stadt München. Vom ersten Spatenstich (18. März 1934) über die Grundsteinlegung (25. Mai 1934) bis zur feierlichen Einweihung der Kirche durch Erzbischof Kardinal von Faulhaber am 1. November 1934 sind nicht einmal acht Monate vergangen. Erster Pfarrer der neuen Kirchengemeinde war Max Blumschein, der bereits seit 1916 in St. Georg seelsorgerlich tätig war. Mit Einweihung der neuen Kirche ging die alte Pfarrei in den neuen Seelsorgebezirk Heilig Blut mit ein.

Architekt der Kirche war Professor Hans Döllgast aus München. Er entwarf das Gotteshaus als einen

Kirche Heilig Blut, erster Spatenstich am 18. März 1934 (in der Mitte Pfarrer Blumschein)

Kirchengrundsteinlegung in Heilig-Blut am 25. Mai 1934

einzigen großen, lichten und strenglinigen Saal mit 14 eingestellten schlanken Säulen, die eine flache Stuckdecke trugen. Den Glockenturm hatte er als Spitzturm gestaltet.

Turm und Stuckdecke sind heute nicht mehr in alter Gestalt erhalten. In der verheerenden Bombennacht vom 2. auf 3. Oktober 1943 wurde die Kirche bis auf ihre Mauern zerstört. Auch der Wiederaufbau, bereits zwei Jahre nach der Währungsreform, erfolgte unter der architektonischen Leitung von Professor Döllgast. »AEDIFICATA MCMXXXIV DELETA MCMXLIII REAEDIFICATA MCML« berichtet eine Inschrift auf der jetzigen Holzdecke, die statt der früheren Stuckdecke eingezogen wurde, über die wichtigsten »Lebensdaten« des Gotteshauses. Eine größere bauliche Veränderung ergab sich bei der Neuerrichtung des Turmes. Der Glokkenstuhl, der bei dem früheren Spitzturm tiefer als die Giebellinie der Kirche gelegen war, wurde zehn Meter höher gesetzt und der Turm mit einem Satteldach abgeschlossen.

Mit der Pfarrei Heilig Blut verbindet sich auch die Erinnerung an Hermann Josef Wehrle, der hier vom 1. Dezember 1942 bis zu seiner Verhaftung durch die Gestapo am 18. August 1944 als Kaplan tätig war. Ebenso wie der damalige Kirchenrektor von St. Georg, Pater Alfred Delp, der bereits am 28. Juli direkt nach dem Gottesdienst verhaftet worden war, stand auch er dem Gedankengut des »Kreisauer Kreises« nahe, der auf der Basis bekennenden Chri-

Aufzug der neuen Glocken nach Wiederaufbau und Erhöhung des Glockenturms, 1952

Heilig Blut, um 1935

Heilig Blut, Innenraum, um 1935

stentums gegen die Hitlerdiktatur vorgehen und einen Sturz der Naziherrschaft herbeiführen wollte. Er wurde am 14. September des gleichen Jahres in Berlin-Plötzensee hingerichtet, weil er sich als Beichtvater von Ludwig Freiherrn von Leonrod nach dem Attentat auf Hitler vom 20. Juli 1944 der Preisgabe des Beichtgeheimnisses widersetzte. Im alten Friedhof von St. Georg befindet sich an der westlichen Außenwand der Kirche eine Gedenktafel, die an die beiden Geistlichen sowie an Leonrod und Franz Sperr, ehemaliger bayerischer Gesandter und ebenfalls Mitglied der Pfarrgemeinde, erinnern soll, die wegen ihres Widerstandes im Dritten Reich den Tod fanden.

Von der ersten Ausstattung der Kirche von 1934 sind erhalten und künstlerisch besonders bemerkenswert: die Ölberggruppe von Oswald Hofmann an der nördlichen Außenwand, der aus lauterem Silber getriebene Tabernakel, von Johann Michael Wilm nach Art einer Bundeslade gestaltet, und das Heilig-Blut-Hochaltarbild. Dieses wurde von Albert Burhart in der Manier eines Tafelbildes mit mittelalterlichen Anklängen gemalt: Auf dunklem Hintergrund dominiert ein heller Kruzifixus; ein Engel fängt das Blut aus seiner Seite in einem Kelch auf; im rechten unteren Eck stehende Stifterfiguren. Ferner seien genannt das Kriegergedächtniskreuz von Josef Heuselmann und die Altarraumgestaltung von Max Faller mit Steinaltar (Mensa) und Tabernakelstelle (1979), die nach dem Vollzug der Liturgieform des 2. Vatikanischen Konzils vorgenommen wurde.

Schon längst gehört das ursprüngliche Programm Döllgasts von 1934 der Vergangenheit an: »Eine Stadtrandkirche zu bauen in locker besiedeltem Gebiet, bereits mit freiem Blick in unberührte Landschaft, erfordert noch weit mehr Maßhaltung als gleiche Aufgaben im Stadtkern oder in dicht bebauten Vororten, deren Tradition nicht über ein halbes Jahrhundert zurückreicht.«*

An der Grenze zwischen Bogenhausen und Haidhausen war bereits 1925/26 die neue Pfarrei St. Gabriel (Versailler Straße/Prinzregentenstraße) errichtet worden und hatte am Südrand Bogenhausens einige neue Straßenzüge ihrem Pfarrgebiet einverleibt.

In der Nachkriegszeit war es die Parkstadt Bogenhausen, die mit St. Johann Capistran eine eigene Pfarrei erhielt (siehe S. 207 ff.) und vom Pfarrsprengel Heilig Blut abgetrennt wurde. Als letzte folgte, schon in den Siebziger Jahren als Kuratie errichtet, St. Rita als Pfarrei für den Arabellapark (siehe S. 229 ff.).

* Hugo Schnell: St. Georg – München-Bogenhausen – Hl. Blut – München-Bogenhausen. Schnell-Kunstführer Nr. 55/1934.[6] 1977, S. 15

Quellen

Lieb, Norbert: St. Georg in München-Bogenhausen. Historische Kirche und berühmter Friedhof. München 1987.
Pfarramt Heilig Blut (hrsg.): 1934–1984. 50 Jahre Heilig Blut München-Bogenhausen.

Dreieinigkeitskirche

Die heutige Dreieinigkeitskirche an der Wehrlestraße wurde 1937 eingeweiht. Eine bescheidene Notkirche in einer ehemaligen Arbeiterbaracke bestand jedoch bereits seit 1930. Zunächst gehörte Bogenhausen noch zum Verband der Pfarrgemeinde München St. Johannes im benachbarten Haidhau-

Notbehelf in einer ehemaligen Arbeiterbaracke als Vorläufer der Dreieinigkeitskirche

Einholung der vier Glocken für die Dreieinigkeitskirche, April 1937

sen. Erst 1932 verfügte der evangelisch-lutherische Landeskirchenrat »die Loslösung der Pfarrkirchengemeinde Bogenhausen« von dort. Gleichzeitig wurde der damalige zweite Pfarrer von St. Johannes, Ernst Veit, der schon die Vorbereitungen zur Gründung der neuen Kirchengemeinde betrieben hatte, als erster evangelischer Pfarrer Bogenhausens in sein Amt eingeführt.

Schon bald entstand der Wunsch nach dem Bau einer eigenen, großen und festen Kirche. Dieser wurde anfangs nicht nur von der Gesamtkirchenverwaltung, sondern sogar von der Partei unterstützt, da die Nationalsozialisten nach der Machtergreifung Hitlers zunächst noch eine relativ kirchenfreundliche Politik zu betreiben versuchten.

Auch zahlreiche Gemeindemitglieder trugen durch Kauf von sogenannten »Bausteinen« im Wert von einer oder einer halben Reichsmark mit zur Finanzierung bei.

»Baustein« zur Finanzierung der Dreieinigkeitskirche

Feierlicher Einzug in die Dreieinigkeitskirche am 19. September 1937

Kirche und Staat auf dem Weg zum neuen Gotteshaus. In der vordersten Reihe von links: Dekan Langenfaß, Oberkirchenrat Daumiller, Pfarrer Bauer

Evang.-Luth. Dreieinigkeitskirche in München-Bogenhausen. Gebaut nach dem Entwurf des Münchner Architekten Horst Wünscher. Weihe am 19. September 1937

Innenansicht der Dreieinigkeitskirche. Gemälde hinter dem Altar: »Auferstehung Jesu Christi« von Prof. Heinrich Brüne (1869–1945) im Jahr 1937. (Eines der wenigen erhaltenen Wandgemälde aus dieser Zeit!). Kruzifix (links): Augsburger Schule um 1700. Holzrelief »Christi Geburt« (rechts): Ruth Speidel, 1948.

Im Juli 1936 kam es schließlich zur Grundsteinlegung, im April 1937 fand die Feier zur Einholung der in Thüringen gegossenen Bronzeglocken statt, die am 19. September des gleichen Jahres für den ersten Gottesdienst in der neuen Kirche läuteten. Beim festlichen Einzug in das neue Gotteshaus waren alle Gebäude der Denninger Straße (heute in diesem Bereich Wehrlestraße) mit Hakenkreuzfahnen geschmückt, und es gehörte Mut dazu, der Kirche zu jener Zeit noch den Vorrang vor dem Staat einzuräumen, so wie es über Pfarrer Bauer und seine Einweihungspredigt überliefert ist... »weil sie den besseren Teil gewählt« habe, »der nicht von ihr genommen werden soll«.

Gerade fünf Jahre lang konnten die vier Bronzeglokken im Turm erklingen, dann mußten drei von ihnen auf staatlichen Befehl abtransportiert werden, um daraus Waffen und Munition für Hitlers Kriegsmaschinerie herzustellen. Die Kirche selbst wurde bei mehreren Luftangriffen stark beschädigt, jedoch zum Glück wenigstens nicht ganz zerstört, so daß sie fast ohne Unterbrechung benutzbar blieb. Nach dem Krieg konnte schnell mit der Beseitigung der

Konfirmanden der Dreieinigkeitskirche, um 1968

Schäden begonnen werden, und schon bald entwickelte sich ein sehr reges Gemeindeleben. 1954 wurden neue Glocken für die Kirche gegossen, 1955 wurde der Gemeindesaal eingeweiht, und auch die Orgel spielte wieder.

Ende der fünfziger Jahre reichten die Plätze in der Kirche nicht mehr aus, so daß Gottesdienste über Lautsprecheranlagen zusätzlich in den Gemeindesaal übertragen werden mußten. Sogar der Einbau einer Empore hatte man erwogen, da die Kirche ständig überfüllt war. Dieser Plan wurde dann jedoch wieder fallengelassen. Statt einer Vergrößerung vor Ort kam es daraufhin zur Errichtung der Nazarethkirche in der Hörselbergstraße am Rande der Parkstadt.

Mit wachsender Bautätigkeit in den Außenbereichen des heutigen Stadtbezirks Bogenhausen wurden noch weitere Gemeindegebiete selbständig (Vaterunserkirche in Oberföhring und Immanuelkirche in Denning), so daß die Dreieinigkeitskirche heute im wesentlichen für den Bereich Altbogenhausen mit insgesamt 5600 evangelischen Bewohnern seelsorgerlich tätig ist.

Quellen

Evangelisch-lutherisches Pfarramt München-Bogenhausen Dreieinigkeitskirche (Hrsg.): 50 Jahre Dreieinigkeitskirche Bogenhausen, o. O. 1987.

Dasselbe: Weihnachtsbrief der evangelisch-lutherischen Dreieinigkeitskirche München-Bogenhausen. München 1968.

Das Friedensdenkmal (»Friedensengel«) errichtet von Heinrich Düll, Georg Pezold und Max Heilmeier im Jahr 1899 (16. Juli), 1905

Der zerlegte und zersägte Friedensengel auf dem Bauhof, bei seiner Renovierung 1981

Anti-Atomkraft-Demonstration mit Friedensgruppen Ecke Prinzregenten-/ Ismaninger Straße am 12. 10. 1985

Von Nachkriegszeit zu Nachkriegszeit

Die Zeit der »Gründergeneration« des neuen Stadtteils Bogenhausen war mit dem Ersten Weltkrieg abgelaufen. Josef Selmayr hatte sich 1898 die »Bürgermeistervilla« an der Stelle des alten Hanslmarter-Anwesens von Hans Hartl als neubarockes Schlößl in eine noble Gartenanlage mit Terrassenmauer und Portalgitter stellen lassen. Zugleich erwarb er Gut Erching nördlich von Ismaning als Landwirtschaftsbetrieb mit Familiensitz. Noch nicht sechzigjährig war er im Jahr 1909 gestorben. Der zwei Jahre ältere Bogenhauser Wirt Lorenz Betz folgte ihm im vorletzten Kriegsjahr (1917); mit seinem Tod kam die berühmte Betz'sche Wirtschaft auf die Gant und wurde schließlich an Gerhard F. Schmidt (Togal) verkauft. Josef Kaffl, gleichaltrig mit Betz, schließlich war im Jahr der Räterepublik, im August 1919, gestorben.

Die Zeit der »Heiligen Drei Könige« Bogenhausens und ihrer Stammtisch- und Schafkopfrunde im »Millionärszimmer« der Betz'schen Wirtschaft war vorbei. Wie viele der in Mode gekommenen Ausflugs- und Vergnügungsstätten hatte sie schon den Konjunkturrückgang und die Arbeitslosigkeit vor 1914 zu spüren bekommen. Ihr Ende teilte sie im Weltkrieg mit Bad Brunntal oder – auf der anderen Seite der Stadt – mit dem Volksgarten in Nymphenburg, der Gerner Brauerei und vielen anderen.

Aber auch die erste große Zeit der Neu-Bogenhauser Gesellschaft der Jahrhundertwende, der Prinzregentenzeit, der Belle Epoque, war bereits vorüber. Manche der z. T. neureichen Großbürger hatten sich schon beim Bau ihrer Villen finanziell arg strapaziert wie Thomas Mann oder in Immobilienspekulationen überanstrengt wie Rudolf Diesel und andere. Fast alle dieser Großburger, Unternehmer, Künstler, Wissenschaftler, hohe Beamte und Offiziere, Adelige oder Rentiers und Privatiers, hatten von den enormen Gewinnspannen einer Hochkonjunktur und der Gültigkeit gewisser Ideale profitiert. Zwar war die Monarchie und ihr Prestige durch das Ende Ludwigs II. und die Regentschaft, dann durch die Königsfrage angeschlagen, verschaffte aber gerade dadurch dem liberalen Großbürgertum wirtschaftlichen und politischen Spielraum. Man war aufeinander angewiesen und stützte sich gegenseitig. Mit dem Weltkrieg war die Substanz der Monarchie dahingeschmolzen, so daß sich an seinem Ende in ganz München keine loyale Kompanie und keine »Bürgerwehr« zu ihrer Verteidigung und Aufrechterhaltung finden ließ. Nicht daß die Großbürger vorher alle glühende Verfechter der Monarchie der letzten Wittelsbacher gewesen wären, aber in ihrer katholisch-konservativen oder protestantisch-nationalliberalen Ausformung waren sie eindeutig orientiert am monarchischen Prinzip. So war, nachdem das Unglaubliche, die Abschaffung der Monarchie, geschehen war, das Bogenhausen der Nachkriegszeit und seine höhere Gesellschaft der Gegenpart der Münchner Revolution und der Räteherrschaft.

Die Rätesozialisten wußten, wo ihre Gegner saßen; die Spannung war phasenweise unerträglich. Im Fall eines durchschlagenden Erfolgs des Rätesystems mußte man sich in Bogenhausen auf das Schlimmste gefaßt machen. Groß war dort die Empörung über die Erschießung der Geiseln im Luitpoldgymnasium, zu der der Münchner Standortkommandant der »Roten Armee«, der 26-jährige Matrose Eglhofer, den Befehl gegeben hatte. Hatte er nicht angeblich auch vorgeschlagen, das widerspenstige Bürgertum auf der Theresienwiese zusammenzutreiben und zu liquidieren? Als die von der bayerischen Regierung Hofmann (SPD) herbeigerufenen Reichstruppen und Freikorps Anfang Mai 1919 die Räteherrschaft niederschlugen, schlug ihnen in den bürgerlichen Kreisen Bogenhausens fast ungeteilte Sympathie entgegen. Vom Friedensengel aus sollen den »weißen« Truppen Hinweise gegeben worden sein, wie man vom Isarhochufer aus strategisch wichtige Ziele in der Altstadt treffen könne.

Im benachbarten Haidhausen hatten die »Befreier Münchens« eines ihrer Hauptquartiere im Hofbräu-Keller; dort fanden zahlreiche Erschießungen statt. Die großbürgerlich geleitete Justiz mußte sich vorwerfen lassen, in den folgenden Prozessen »Klassenjustiz« geübt zu haben, als die Rätesozialisten meistens die Härte des Gesetzes traf, wogegen den illegalen Übergriffen der »Weißen« mit Milde begegnet wurde.

Die politische, wirtschaftliche und moralische Depression der Nachkriegszeit gipfelte in der Inflation der Jahre 1922/23 und im »Hitler-Putsch« vom 9. November 1923. Durch den Weltkrieg und die Inflation waren auch viele großbürgerliche Familien in den wirtschaftlichen Ruin geraten oder sozial degradiert worden. Die Immobilienspekulation war gekippt; einst stattliche Anwesen waren günstig zu haben, besonders wenn man über Devisen verfügte. Noch 1926, als die »Rentenmark« längst wieder Stabilität gebracht hatte, konnte die Stadtgemeinde München den gesamten Höchl-Besitz am Priel und in Oberföhring mit rund 39 ha von der Erbengemeinschaft um nur 600000 Rentenmark als Baulandreserve erwerben.

In diesen Jahren grundlegender politischer und wirtschaftlicher Veränderungen und Verunsicherung des Bürgertums fanden radikale Vorstellungen bei den Bürgern immer mehr Widerhall. Hier in Bogenhausen saßen u. a. die Honorationen, die dem autoritär regierenden Staatskommissar von Kahr bei seiner Rede zur Sammlung der »vaterländischen Front« und der Beschwörung der »Ordnungszelle Bayern« am 8. November 1923 im Bürgerbräukeller lauschten. Der Wehrbereichskommandeur General von Lossow, selbst in Bogenhausen wohnhaft, hatte die politische Agitation gegen die Reichsregierung in der Reichswehr und deren Bildungsanstalten in München lange Zeit zumindest geduldet und mit Ludendorffs und Hitlers Aktivitäten sympathisiert. Bei der Überrumpelung der Versammlung im Bürgerbräukeller durch Hitler spielte er das Spiel mit und gab erst, als er die Aussichtslosigkeit des Unterfangens erkannte, den Gegenbefehl aus.

Hitler galt den »Völkischen« und dem deutschnationalen Großbürgertum als »Trommler«, den man für die eigenen politischen Zwecke benützen wollte. Manche Damen der höheren Gesellschaft Münchens wiederum sahen in ihm einen politischen Exoten oder irgendwie linkischen Schutzbefohlenen. Die Salons in Bogenhausen und im Herzogpark waren Hitler nicht fremd, wie das Beispiel der Sängerin Erna Hanfstaengl, der Geliebten des Chirurgen Sauerbruch, zeigt. Sie lud Hitler zum Kaffee in ihre Wohnung an der Mauerkircher Straße und brachte ihn dabei mit dem wegen seiner deutschnationalen Gesinnung aus der Tschechoslowakei emigrierten Benediktinerabt Schachleitner zusammen. Der Wohnungsnachbar Alexander von Müller, damals Sekretär, später Präsident der Bayerischen Akademie der Wissenschaften, sah sich und seine Gattin rückblickend als »häusliche Staffage« bei diesem Besuch. Erna Hanfstaengls aus den USA zurückgekehrter Bruder Ernst (»Putzi«) gehörte zum engen Anhang und zur Tischrunde Adolf Hitlers in diesen Jahren.

Wie so oft lagen gerade hier in Bogenhausen in den bürgerlichen Kreisen die größten Gegensätze und Widersprüchlichkeiten eng beisammen. Ihre relativ harmlose Seite charakterisiert Alexander von Müller in den Gelehrtengesprächen und Disputen zwischen den Professoren und Vorstandsmitgliedern der Bayerischen Akademie der Wissenschaften: ihrem Präsidenten, dem Sternwartdirektor Hug von Seeliger und dem Juristen Karl von Amira, die einander oft monatelang spinnefeind waren. Amiras Nachbar in der Möhlstraße 39 war der 1919 zurückgetretene Stadtschulrat Georg Kerschensteiner, der hier, verkannt von der aktuellen Tages- und Schulpolitik, sich seinem Alterswerk, der von angelsächsischen Vorbildern inspirierten »Arbeitsschule« und der Volksbildungsarbeit, widmete. Neben den Gelehrten, den Unternehmern, den Besitz- und Bildungsbürgern wohnten hier besonders viele arrivierte Künstler: Sänger, Dirigenten, Schauspieler, Literaten, Dichter, Maler und Bildhauer waren hier Nachbarn, hatten gastfreie Häuser – wie der populäre Schauspieler Gustl Waldau – und pflegten weltumspannende Kontakte, empfingen prominente Besuche; wie z. B. Thomas Mann, die Dichterkollegen André Gide, Gerhart Hauptmann und viele andere. Die Kinder dieser Familien waren Schulkameraden in der Gebele-Schule, am Wilhelmsgymnasium oder den Münchner Lyzeen und Lehranstalten für »höhere Töchter«. Sie saßen dort in ihren Klassen mit nicht nur vereinzelten jüdischen Mitschülern, zu denen sie nach dem Zeugnis von Gebele-Schüler Schalom Ben-Chorin ein unproblematisches Verhältnis gefunden hatten. Sie waren Spielkameraden oft über das Kindesalter hinaus, z. B. in Laienspielgruppen (siehe Exkurs »Bund Deutscher Mimiker« mit Bild).

Der »Laienbund Deutscher Mimiker« im Herzogpark

Im Herbst 1916 zogen wir um... (Es handelt sich um die Familie des Historikers Erich Marcks. Anm. d. Verf.). Ein schönes Haus im Herzogpark wurde für die nächsten Jahre unsere sehr geliebte Residenz. Es war ein dreiteiliges Haus: im ersten wohnte Gustav Waldau, der Schauspieler; im mittleren wir; im dritten Bruno Walter mit seiner Familie. Ganz nah war das Haus von Thomas Mann – und mit dieser geographischen Umsiedlung gestaltete sich

Der »Laienbund Deutscher Mimiker« im Herzogpark. Widmungsbild für seine Regisseurin Gerta Andreas geb. Marcks. Vordere Reihe von links: Monika Mann, Lisbeth Geffcken, Karl Geffcken, Erika Mann, Golo Mann; hintere Reihe von links: Klaus Mann, Willi Süskind, Rudolf Morath und Richard Hallgarten, um 1920

auch unser ganzes übriges Leben um. Denn wenn wir auch mit Bruno Walter nicht eng befreundet waren, so standen wir doch sehr freundschaftlich mit ihm, und viele nachbarliche Gespräche und musikalische Anregungen haben wir in den nächsten Jahren geführt und erhalten. Auch Thomas Manns rückten uns menschlich näher – zuerst kamen nur die Eltern miteinander in Kontakt, später sammelten sich die größeren Kinder des prominenten Herzogparks bei mir, und – so stellten meine Eltern etwas sorgenvoll fest – störten mich bei der Arbeit...

Vorher aber kam noch eine sehr anregende Freundschaft mit den Kindern von Thomas Mann. Ich spielte mit ihnen Theater, nachdem sie mich zum Regisseur ernannt hatten. Als Frau Mann zur Erholung fort mußte, führte ich den Haushalt Mann 4 Wochen lang.

Das war ein Wagnis, das ich wohl später kaum mehr unternommen hätte: einen Thomas Mann, 6 Kinder, 3 Dienstboten und 12 Zimmer hatte ich zu betreuen! Es gelang zur Zufriedenheit, und ich habe gestaunt, wie anders diese Kinder waren, als wir es je gewesen sind. Bei einem Ausflug ins Ungerer Bad z. B. merkten sie, daß ein Herr sich für mich sichtlich interessierte. Und so fanden sie es angebracht, diesem Herrn zu erzählen, daß ich ihre Mutter sei, zwar ihre Stiefmutter, aber doch durchaus anzuerkennen. Daß sie noch 2 kleine Geschwister daheim hätten, das seien aber meine richtigen Kinder. Und sie machten den Herren so perplex, daß er uns von Weitem folgte um zu sehen, ob das denn alles wirklich stimme...

Das Theaterspiel machte mir genau so viel Freude wie den Kindern. Unsere Truppe bestand aus Erika, Klaus und Golo Mann, wobei manchmal auch Monika einspringen mußte, wenn ein stummer Diener oder etwas dergleichen nötig war. Lotte und Grete Walter waren ausgesprochene Stars des Ensembles, dazu kam Ricki und Wölfi Hallgarten, Rudi Moralt und Willy Süskind.

Als sie mir das Amt der Regisseuse antrugen, waren die Kinder bereits mehrmals miteinander aufgetreten, im engsten Kreise der Familien natürlich. Aber jetzt wollten sie höher hinaus. Und so studierten wir den »Arzt wider Willen« von Molière ein und spielten ihn bei uns im Haus. Meine Mutter war begeisterte Bühnenbauerin – (sie war es schon in meiner Kindheit bei allen Kinderfesten gewesen) – und sie schminkte, frisierte und zog uns auch an.

Golo hat, wie er mir sagte, das Heft, in dem die Kritiker zu unseren Darbietungen sich geäußert haben: Thomas Mann, Dr. Hallgarten, Bruno Walter. – Wir waren recht anspruchsvoll und luden illustres Publikum ein. Kaum war das Volk so recht auf den Geschmack gekommen, da verlangte es nach noch schwerern Aufgaben. Und so spielten wir »Minna von Barnhelm«, wieder bei uns im Haus, denn da war eine große Schiebetür zwischen zwei großen Zimmern, sodaß die Bühne eigentlich sich schon von selbst anbot. Lotte Walter war eine reizende, bildschöne Minna, Gretel die Franziska. Klaus spielte den Just, Ricki den Wirt – was Erika war, darauf kann ich mich einfach nicht besinnen. Ich selber war Ricceau de la Marlinière und – leider – Wolfgang Hallgarten der Tellheim. Er hat selbst in seinen Lebenserinnerungen geschrieben, daß er besser nicht darauf bestanden hätte, er war genau an der falschen Stelle. Ich hatte mich heftig dagegen gewehrt, aber es war nichts dagegen zu machen – er wollte! Golo hatten wir in Ermangelung einer anderen Kraft zur »Dame in Trauer« nehmen müssen. Er war erschüttert in seiner Tränenseligkeit und sah ganz in Schwarz bejammenswert aus...

Aber nun stiegen die Ansprüche und man schlug mir vor, »Was ihr wollt« einzustudieren. Dazu mußte ich aber noch mehr Schauspieler anheuern. Damals kam Süskind dazu, Morath und die Geschwister Geffcken. Diesmal spielten wir bei Hallgartens in der großen Diele mit einer Treppe im Hintergrund, die bei Szenenwechsel durch einen Vorhang zu verdecken war, sodaß wir wirklich verschiedene Bühnenbilder hatten. Morath und Erika waren die Zwillinge, Süskind der Herzog, ich spielte die Olivia, Wolfgang Hallgarten den Narren. Klaus war Junker Tobias und Golo Junker Bleichenwang. Sehr intrigant war Ricki als Malvolio. Das Kammermädchen Maria spielte Liesel Geffcken, ihr Bruder den Schiffshauptmann. Es war ein etwas hochtrabendes Unternehmen, scheint mir heute, und wir haben wohl ein Vierteljahr geprobt.

Entnommen aus Erinnerungen von Gerta Andreas, geb. Marcks.

In diese geistige Situation paßt, daß hier im Herzogpark am Herzog-Albrecht-Platz bald nach dem Ersten Weltkrieg eine Freilichtbühne geplant war. Die Bündische Jugend dieser Jahre hatte jenseits von Isar und Eisbach an der Hirschau ihren Reigentanzplatz. In Bogenhausen selbst waren zahlreiche Studentenverbindungen mit ihren Verbindungshäusern beheimatet, wie etwa das renommierte Corps Suevia, das in der »Edelmesse« der ehemaligen Künstlervilla Lauer in der Neuberghauser Straße seine Mensuren schlug und vaterländische Studentenlieder sang. In diesen vielfältigen und disparaten Bewegungen und Bestrebungen der bürgerlichen Jugend dieser Jahre wurde ein großer Bedarf nach weltanschaulicher und politischer Orientierung sichtbar.

Togal-Werk

Industrie in Altbogenhausen? Wer einen Münchner danach fragt, wird zumeist nur ahnungsloses Achselzucken erleben. Das Viertel ist bekannt als gehobene Wohngegend, als repräsentativer Standort für Anwälte, Architekten, für Corpshäuser, private und öffentliche Verwaltungsgebäude, als Diplomatenviertel mit seinen zahlreichen Konsulaten, aber mit Produktionsbetrieben wird die noble Gegend nur selten in Verbindung gebracht. Und dies geschieht so auch zurecht, wenngleich mit dem TOGAL-Werk zumindest ein Betrieb in Bogenhausen schon alte Tradition hat und bereits sieben Jahrzehnte hier ansässig ist.

Das Unternehmen wurde am 1. Oktober 1914 gegründet und hatte, bevor es nach Bogenhausen zog, zunächst gemietete Räume in der Goethe- und der Schillerstraße. Schon 1921 jedoch erwarb der damalige Firmeninhaber, Kommerzienrat Gerhard F. Schmidt, das erste eigene Fabrikanwesen an der Ismaninger Straße 105 (ehemals Gaststätte und Metzgerei Betz).

Im Jahre 1922 hatte die Fabrik Pharmacia M. Schmidt & Co, wie die Firma damals hieß, bei der städtischen Lokalbaukommission den Antrag auf Genehmigung zur Errichtung einer Anlage zur Herstellung von Acetylsalicylsäure eingereicht. 1932 wurde diesem Antrag schließlich stattgegeben, allerdings war die Errichtung einer chemischen Fabrik an diesem Ort damals nicht unumstritten. So erhoben einige private Anrainer, wie auch der ehemalige Reichsfinanzhof, Einspruch, weil sie Gefahren oder Belästigungen für ihre Grundstücke be-

Blick von der Ismaninger Straße auf das Gebäude von Togal. Im Hintergrund das Gebäude der ehemaligen Betz'schen Gastwirtschaft, links der Erweiterungsbau von 1950

Arbeitswelt bei Togal – Korrespondenzabteilung ca. 1925 bis 1930

Maschinenraum und . . .

Chemisches Labor

Firmenwagen von Togal

Firmenchef Gerhard F. Schmidt (1. Reihe Mitte) zusammen mit der Belegschaft der Kaufmännischen Abteilung von Togal 1930. Im Hintergrund die Südseite des damaligen Reichsfinanzhofs

fürchteten. Unter den Einwendern vor Gericht waren auch die Namen Selmayr, Kaffl und Betz zu finden. Besonderen Argwohn rief wohl auch die Tatsache hervor, daß der Firmeninhaber selbst sein geplantes Wohnhaus nicht auf dem eigenen Firmengelände errichten wollte, sondern hierfür ein Grundstück in der Nähe der Sternwarte bevorzugte.

Eine Fülle von Gutachten mußte erstellt werden, bevor die Unbedenklichkeit des Betriebes außer Zweifel stand: So nahm zunächst der polytechnische Verein in einer Expertise vom 13. Juli 1922 Stellung in Bezug auf die feuer- und gesundheitspolizeiliche Unbedenklichkeit; der Gewerberat stellte am 27. Juli 1922 fest, daß auch vom Standpunkt des Arbeitsschutzes her keine Bedenken bestanden. Zusätzlich wurde ein amts- und oberärztliches Gutachten eingeholt, das erneut konstatierte, daß »weder für die Nachbarschaft noch für das Publikum« mit erheblichen Gefahren oder Belästigungen zu rechnen sei. Schließlich konnten durch ein »obertechnisches Gutachten« vom 11. Dezember 1922 auch städtebauliche Bedenken zerstreut werden, die geplante Fabrik passe nicht in ein Wohnviertel wie Bogenhausen. Hierbei war es sicherlich hilfreich, daß in dem noch heute unter Denkmalschutz stehenden und mehr einem Wohnhaus ähnelnden Gebäude vorerst nur an einen Fabrikationsbetrieb kleineren Umfangs gedacht war.

Das Unternehmen an der Ismaninger Straße arbeitete von Anfang an sehr erfolgreich. 1935 wurde sein bekanntes Schmerzmittel bereits in 46 Ländern verkauft, und die ständig steigende Produktion erforderte bald eine Erweiterung des Betriebes. In der nahegelegenen Trogerstraße konnte ein zusätzlicher Standort gefunden werden, wohin 1939 die Abteilungen der kaufmännischen Verwaltung, die Konfektionierungsabteilung sowie die Expedition verlagert wurden.

Dieses Gebäude an der Trogerstraße Nr. 32 – wenige Meter jenseits der Grenze zu Haidhausen – fiel im Krieg einem schweren Fliegerangriff zum Opfer. Über die Schreckensnacht der Zerstörung vom 2. auf 3. Oktober 1943 gibt es einen detaillierten Bericht der damaligen Brandwache, der als eindrucksvolles Zeitdokument auf Seite 188 in Auszügen wiedergegeben wird.

Durch Kriegseinwirkung wurde auch der private Wohnsitz des Firmeninhabers an der Laplacestraße zerstört. Die Fabrikationsanlagen an der Ismaninger Straße jedoch blieben vor größeren Schäden verschont, so daß der Betrieb ab 1. Oktober 1943 durch das Oberkommando der Wehrmacht u. a. verpflichtet wurde, monatlich 70000 Dosen EFASIT-Fußsalbe für die kämpfende Truppe zu liefern. Bei den schweren Luftangriffen im Juli 1944 wurde der bis dahin erhalten gebliebene und unter Denkmalschutz stehende Tanzpavillon aus der Biedermeierzeit im rückwärtigen Teil des Grundstücks zerstört, und auch die letzten Kastanienbäume des alten Betz'schen Biergartens haben diese Angriffe nicht mehr überstanden.

Die Nachkriegsentwicklung der Firma stand insofern unter günstigen Vorzeichen, als die Warenzeichenrechte für TOGAL in der Schweiz lagen und deshalb von den alliierten Besatzungsmächten nicht beschlagnahmt wurden. Schon bald konnte daher auch die alte Bausubstanz instandgesetzt werden, und bereits am 7. Juli 1950 wurde der Grundstein für ein zusätzliches neues Fabrikationsgebäude an der Ismaninger Straße gelegt.

Heute zählt das mit modernsten Produktionsanlagen ausgestattete Münchner Stammhaus des Unternehmens 150 Beschäftigte. Zusammen mit seinem Schwesterbetrieb in Lugano erzielen die TOGAL-Werke inzwischen einen Jahresumsatz von rd. 55 Millionen DM.

Verglichen mit den Riesen der Pharma-Branche ist das sicherlich nur ein relativ bescheidener Betrag – eine respektable Summe jedoch für einen Industriebetrieb in Bogenhausen.

Geleitet wird das Unternehmen heute durch G. J. Schmidt, den Sohn des Firmengründers.

Montgelas-/Ecke Törringstraße. Im Vordergrund links Teile des ehemaligen Kaffl'schen Anwesen, dahinter St. Georg, rechts das alte Schulhaus 1939

Alte bäuerliche Anwesen Ecke Lortzing- (heute Möhl-) Straße/Montgelasstraße. Im Hintergrund der Reichsfinanzhof

Ehemaliger Bauernhof, dann Schlosserwerkstätte an der Ismaninger Straße (neben der Gastwirtschaft »Bogenhauser Hof«); abgerissen 1969. (23. 3. 1938)

Gastwirtschaft St. Franziska an der Montgelasstraße 1, erbaut 1906 an der Stelle der früheren Gastwirtschaft Bauer

Ehemals bäuerliches Anwesen Ismaninger Straße 30/Ecke Denninger Straße des Gutsbesitzers Greif, 1935

Einzelhandelsgeschäfte des einfachen und gehobenen Bedarfs, um 1900 (1927/29)

Vorstadthäuser an der Ismaninger Straße 58 und 60, um 1975

Kleingewerbe in alten Vorstadthäusern an der Ismaninger Straße 114, 1969

Prinzregenten-Stadion und -Bad; links über dem Gebäude die Villa seines Erbauers des Diplomingenieurs Krantz, 1936

Prinzregentenstadion

Offiziell gehört das Stadion eigentlich bereits zum Nachbarbezirk Haidhausen; im Bewußtsein der Bogenhauser jedoch ist es eher eine Einrichtung ihres Stadtbezirkes. Auch die Pforten des Stadions sind seit fast 60 Jahren nach Norden gerichtet und kehren Haidhausen eher den Rücken. Erstmals öffneten diese Pforten für Besucher am 1. Dezember 1933, als hier – nach Berlin – die zweite Freiluft-Kunsteisbahn Deutschlands als privates Unternehmen in Betrieb ging. Initiator der Anlage war Dipl. Ing. Fritz Krantz, selbst ein begeisterter Sportler, dessen Villa in unmittelbarer Nachbarschaft zum neuen Sportgelände stand.

Zu Anfang gab es freilich nicht nur Zustimmung für dieses Projekt, fürchteten einige Nachbarn doch, daß »durch die Errichtung des Sportstadions die Weiterentwicklung des Stadtviertels in dem angebahnten und bisher durchgeführten ruhigen Wohnstil unmöglich gemacht würde (und) ferner ruhestörende und ungewöhnliche Lärmbelästigung entstehen würde, die den Wert der Wohnungen bzw. Grundstücke wesentlich herabmindern« (zitiert nach Unterlagen der Lokalbaukommission München). Auch die Leitung des Prinzregententheaters hatte Bedenken wegen möglicher Lärmbelästigung des Theaterbetriebes. Um diese zu prüfen, nahm im Sommer 1933 eigens eine 35 Mann starke Militärkapelle zu einer Musikprobe auf dem geplanten Bauplatz Aufstellung. Nachdem im Zuschauerraum des Theaters der Rhythmus der Konzertstücke, insbesondere die Pauke, noch zu hören war, mußte der Bauherr versichern, beim Betrieb des Stadions auf Musik ähnlicher Lautstärke zu verzichten.

Da die ursprüngliche Baugenehmigung nur zeitlich befristet erteilt worden war, wegen Geldmangels zunächst jedoch lediglich ein Provisorium nur

Die Krantz'sche Villa am Prinzregentenplatz 10, erbaut von Heilmann und Littmann, um 1925

Prinzregenten-Bad mit Blick auf die gegenüberliegende Genossenschaftswohnlage der 20er Jahre im Stil der Neuen Sachlichkeit, 1938

Kinderfasching im Prinzregenten-Eisstadion 1940

mit Holzhütten als Ankleideraum, Schlittschuh-Anschnallraum und als Kantine sowie Holztribünen (für immerhin 6–7000 Personen) entstanden ist, drohte in den Anfangsjahren immer wieder einmal die Schließung bzw. eine Verlegung des Stadions. Erst die persönliche Fürsprache Hitlers und die Funktion der Sportstätte als Übungsgelände zur Vorbereitung deutscher Eisläufer auf die Winterolympiade in Garmisch-Partenkirchen 1936 sicherte die Existenz des Stadions dann auch langfristig. Der Bau eines Schwimmbeckens und damit die Eröffnung des Badebetriebs trugen zur Verbesserung der Wirtschaftlichkeit der Anlage bei, so daß bald die anfänglichen Provisorien durch feste Gebäude (nach Entwurf des Architekten Paul Wenz) ersetzt werden konnten. Im Jahr 1952 wurde das Prinzregentenstadion von der Stadt München übernommen.

Zeugnisse aus NS-Zeit und Krieg

Die Stabilisierung der politischen und wirtschaftlichen Verhältnisse seit 1924 hatten auch für und in Bogenhausen neues Wachstum gebracht. In den folgenden zehn Jahren begannen sich die Bebauungslücken nach Haidhausen hin weiter zu schließen, neue Straßenzüge mit ansehnlichen Mietshäu-

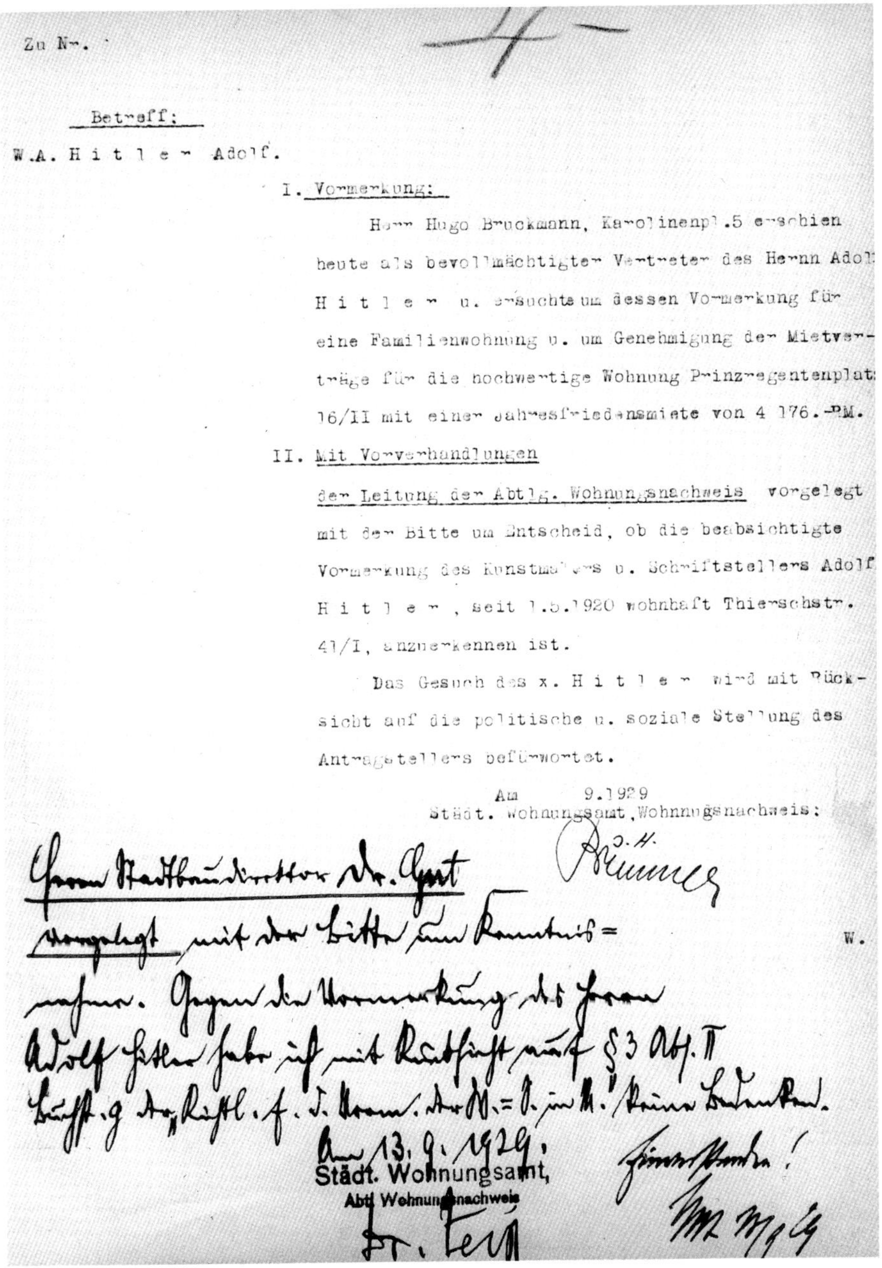

Zu Nr.

Betreff:

W.A. H i t l e r Adolf.

I. Vormerkung:

Herr Hugo Bruckmann, Karolinenpl.5 erschien heute als bevollmächtigter Vertreter des Herrn Adolf H i t l e r u. ersuchte um dessen Vormerkung für eine Familienwohnung u. um Genehmigung der Mietverträge für die hochwertige Wohnung Prinzregentenplatz 16/II mit einer Jahresfriedensmiete von 4 176.-RM.

II. Mit Vorverhandlungen der Leitung der Abtlg. Wohnungsnachweis vorgelegt mit der Bitte um Entscheid, ob die beabsichtigte Vormerkung des Kunstmalers u. Schriftstellers Adolf H i t l e r , seit 1.5.1920 wohnhaft Thierschstr. 41/I, anzuerkennen ist.

Das Gesuch des x. H i t l e r wird mit Rücksicht auf die politische u. soziale Stellung des Antragstellers befürwortet.

Am 9.1929
Städt. Wohnungsamt, Wohnungsnachweis:

W.

Herrn Stadtbaudirektor Dr. Gut vorgelegt mit der Bitte um Kenntnisnahme. Gegen die Vormerkung des Herrn Adolf Hitler habe ich mit Rücksicht auf § 3 Abs. II Buchst. g der Richtl. f. d. Vorm. der W.=S. im M. keine Bedenken.

Am 13. 9. 1929.
Städt. Wohnungsamt,
Abt. Wohnungsnachweis

Einverstanden!

Stellungnahme des Städt. Wohnungsamtes zu Adolf Hitlers Wohnungsgesuch, 13. 9. 1929

sern und Genossenschaftswohnungen entstanden, und die Bebauung des Herzogparks in nördlicher Richtung schritt voran. Dem Bogenhauser Bürgertum war eine neue, wenn auch bescheidenere Blütezeit beschert. Infolge des weiteren Wachstums mußte in diesen Jahren die neue katholische Kirche Heilig Blut und die evangelische Dreieinigkeitskirche geplant und gebaut werden (siehe S. 162f.). Dagegen hat sich der in Mode gekommene Film in Bogenhausen selbst kein Kino geschaffen.

Bezeichnend aber ist, daß in diesen Jahren Adolf Hitler, der stets im Zwiespalt zum Bürgertum und seiner Lebensauffassung stand, sich in Bogenhausen niederließ. Die Nachbarschaft des Prinzregententheaters, der Kultstätte Richard Wagners, für den Hitler schwärmte, schien ihm passend.

Einerseits beherrschte Adolf Hitler ein tiefes Unterlegenheitsgefühl gegenüber dem Bürgertum, andererseits verdammte und verabscheute er es als dekadent. Die ideologischen Aussagen hinderten ihn nicht daran, in seinem persönlichen Lebensstil, zumindest was das Wohnen anbelangte, großbürgerliche Standards anzustreben bzw. zu übernehmen, wie es mit der Anmietung der 9-Zimmer-Wohnung am Prinzregentenplatz (Nr. 18) geschah.

In den nächsten Jahren versuchten engere Gefolgsleute Hitlers, sich in der Nähe ihres »Führers« einzumieten, wie der SA-Führer Ernst Röhm in der ehemaligen Villa Jakob Heilmanns (Prinzregentenplatz 16). Später folgten, namentlich in beschlagnahmten Villen von Emigranten (Thomas Mann), Inhaftierten oder Deportierten oder Häusern gleichgeschalteter Institutionen hohe NS-Funktionäre wie Reichsleiter Martin Bormann, SS-Führer Heinrich Himmler und manch andere, die in dieser Zeit Rang und Namen hatten oder auch NS-Dienstellen.

Für das »1000-jährige Reich«, war auch zeitweise ein großer repräsentativer Wohnkomplex für Adolf Hitler, eine Residenz oder »Alterssitz« mit Alleen, Parkanlagen, See und Antikischem Amphitheater im Bereich zwischen Vogelweideplatz und Rothhof-Sportanlage geplant, kam aber nicht zur Ausführung (siehe Bild S. 198).

Im Zweiten Weltkrieg

Der Weltkrieg hat mit seinen Bombenangriffen, wie Luftaufnahmen zeigen, in Bogenhausen mehr Treffer gehabt, als bisher behauptet wurde. Nicht nur herausragende Gebäude, wie das Beamtentöchterstift, das Kindergärtnerinnen-Seminar in der alten Schule und die neue Kirche Heilig Blut wurden Luftkriegsruinen. Auch eine nicht geringe Zahl von Villen und Wohnhäusern erhielt Treffer, wurde zerstört oder beschädigt. Allerdings verhinderte das weitgehende Fehlen von Industrie und die viel geringere Baudichte eine größere Treffergenauigkeit – selbst bei Flächenbombardierung – und die Ausbreitung von Flächenbränden.

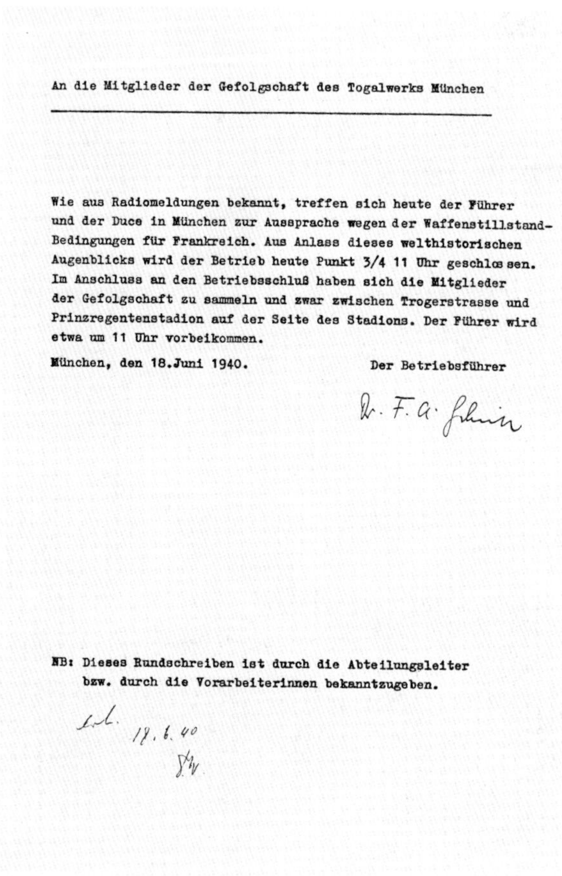

An die Mitglieder der Gefolgschaft des Togalwerks München

Wie aus Radiomeldungen bekannt, treffen sich heute der Führer und der Duce in München zur Aussprache wegen der Waffenstillstand-Bedingungen für Frankreich. Aus Anlass dieses welthistorischen Augenblicks wird der Betrieb heute Punkt 3/4 11 Uhr geschlossen. Im Anschluss an den Betriebsschluß haben sich die Mitglieder der Gefolgschaft zu sammeln und zwar zwischen Trogerstrasse und Prinzregentenstadion auf der Seite des Stadions. Der Führer wird etwa um 11 Uhr vorbeikommen.

München, den 18.Juni 1940. Der Betriebsführer

NB: Dieses Rundschreiben ist durch die Abteilungsleiter bzw. durch die Vorarbeiterinnen bekanntzugeben.

Adolf Hitlers Wohnung am Prinzregentenplatz 16, 2. Stock im NS-Festschmuck 1938

Doppelvilla Prinzregentenplatz 7–9 von Jakob Heilmann. 1934 wohnte in der linken Hälfte der SA-Führer Ernst Röhm. Später zog hier die Gisela-Versicherung ein

Das Beamtentöchter-Stift als Luftkriegsruine nach der Zerstörung am 9. 6. 1944

Luftkrieg in Bogenhausen. Bombentreffer nach einem Luftbild von 1944

Bericht über den Fliegerangriff in der Nacht vom 2. auf 3. Oktober 1943 auf das Anwesen Trogerstr. 32 der Firma TOGAL

»Beginn des Alarms	22 Uhr 50
Beginn des Bombardements	23 Uhr 25
Schluß des Bombadements	0 Uhr 15
Schluß des Alarms	0 Uhr 30

Die Brandwache der Togalwerke war in der fraglichen Nacht vorschriftsmäßig besetzt.... Der erste Brand hinter dem Werk wurde bereits etwa 12 Uhr 30 bemerkt. Die Wache stellte fest, daß bereits der Expeditonsraum und die dahinter liegende Kantine brenne... Am Anfang war das Bombardement in der Gegend sehr heftig, kurz danach, es war noch nicht ¾12 Uhr, wurde der nördliche Teil des Gebäudes von einer schweren Sprengbombe getroffen... Die Bombe schlug durch bis zur Decke des Hochparterres. Dieses hielt stand und trug auch die ganze herunterkommende Trümmerlast. Ein schwerer Schaden entstand aber insofern, als die in diesem Teil des Gebäudes befindliche Treppe vom Speicher bis zum Parterre sofort einstürzte und damit alle Arbeiten erschwerte. Kurze Zeit danach, jedenfalls vor 12 Uhr, fielen in der dortigen Gegend außerordentlich viele Brandbomben, so auch auf das Dach des ganzen Gebäudes... Das Dach wurde auch mit Phosphor getroffen, man merkte es später noch an dem gelegentlich aufflammenden gelbgrünen Feuer... (und man sah), daß die Phosphormasse wie ein brennender Fluß das Gebäude herunterkam. In der Gegend wurde viel getroffen... Lediglich der kleine Hühnerstall blieb verschont... Dem nordöstlichen Teil des Gebäudes gegenüber hatte das Prinzregentenstadion einen Lagerplatz für seine Tribünen errichtet, auch dieser wurde getroffen und brannte (ebenso wie)... vis á vis das Krankenhaus rechts der Isar...

Der gesamte Dachstuhl stand in Flammen... Durch das Loch, welches die Sprengbombe gerissen hatte, gerieten wohl auch untere Teile zum Brennen, aber (eventuell) wäre das gesamte Gebäude bis auf den Dachstuhl zu retten gewesen, wenn genügend Wasser und eine fachkundige Feuerwehr zur Verfügung gestanden hätte... Das Löschen war (jedoch) unmöglich, weil der Wasserstrahl zu schwach war, etwas 1½ bis 2 Meter lang und nicht so dick wie der kleine Finger. Der Luftschutzblockwart, der ebenfalls oben war, erklärte der Wache, (die) Löschungsaktion sei zwecklos, es käme ohnehin eine Feuerwehr... Es fuhr um 1 Uhr 15 ein Feuerwagen vorbei, ich ging ihn um Hilfe an, aber die Insassen lachten mich an, der Wagen fuhr weiter. Da gab es nur eins, noch kleinere tragbare wertvolle Gegenstände zu retten... Sämtliche Schreib- und Rechenmaschinen, die im Kelleraum waren, wurden aus dem brennenden Haus herausgeholt und in einer Waschküche des Nachbarhauses untergebracht... Die Frauen der Brandwache, auch Fremde, trugen 1 bis 2 Stunden lang ununterbrochen in mühevoller, fleißiger Arbeit Wassereimer von dem nächsten Hydranten, mit diesem Wasser konnte das Feuer sehr lange gebannt werden... Passanten, die wir um Hilfe baten, lehnten ihre Mitarbeit ab mit der Bemerkung »Laßt's doch brennen«. Die Beteiligten arbeiteten alle bis zur Erschöpfung, zwischendurch mußte wieder einmal der Brand im Keller zurückgedrängt werden und so ging es weiter. Wir hatten sehr viele Zaungäste aber wenig Helfer... Um 5 Uhr früh sah ich einen Feuerwehrwagen, der offenbar vom Land in die Stadt gekommen war. Auf meine Frage teilten mir die Insassen mit, daß sie noch nicht eingesetzt worden seien und auch noch keinen Auftrag hätten. Es war dies die Freiwillige Feuerwehr aus Emmering bei Fürstenfeldbruck. Sie waren, wie sie mir sagten, stundenlang im Nebel herumgeirrt und wußten nicht, was tun... Nach gut 20 Minuten... konnten sie mit einer bescheidenen Löscharbeit beginnen, der Wasserdurck war schwach, außerdem versagte der Pumpmotor, sie hatten auch keine Feuerwehrleiter bei sich, es war also alles etwas primitiv... Kaum hatte die Emmeringer Feuerwehr mit der Löscharbeit begonnen, als ein Auto erschien mit dem Führer der Freiwilligen Feuerwehr Bayerns, der kontrollierte und tadelte... Er erklärte, daß Einsturzgefahr bestehe, insbesondere an der Stelle des Sprengbombeneinschlages... Tatsächlich ist dann am Sonntag den 3. Oktober nachmittags etwa um 2 Uhr die Rückfront des Hauses unter mächtigem Donner eingestürzt... An der Mauer des Krankenhauses hatten wir eine Reihe von Gegenständen, Stühle, kleine Maschinen,

Das alte Bogenhauser Schulhaus nach der ersten Zerstörung im Jahr 1942

Ware, Mäntel etc. aufgestellt... Mit einem Lastkraftwagen,... aber auch mit Handkarren und selbst mit einem Pferdewagen, der von den Frauen gezogen wurde, konnten wir langsam die ganze Habe aus der Trogerstraße in die Ismaninger Straße verbringen...« (aus Bericht von Direktor A. Ott)

In der gleichen Nacht wurde u. a. auch das Prinzregententheater und die Pfarrkirche Heilig Blut schwer getroffen, wobei Turm und Kirche völlig ausgebrannt sind (vgl. Megele 1960, S. 41). Außerdem wurde auch das alte Schulhaus am Bogenhauser Kirchplatz völlig zerstört.

Gedenktafel für Bogenhauser Widerstandskämpfer an der Westseite von St. Georg

Widerstand

Wie Bogenhausen zu einem bevorzugten Wohnviertel für führende Nationalsozialisten geworden war, so wurde es andererseits auch zum Ort, wo der konservativ-katholische Widerstand gegen den Nationalsozialismus in den Gestalten der Kleriker P. Delp und Kaplan Wehrle, des Adeligen und Offiziers Ludwig von Leonrod und des Diplomaten Franz Sperr und vieler ungenannter sich konzentrierte.

In der Gewalt der Gestapo

Bericht über die Verhaftung von P. Delp S.J. am 28. Juli 1944.

Bei einem der Angriffe, die das St.-Georgs-Kirchlein in München-Bogenhausen und den Pfarrhof (gehörend zur Pfarrei Heilig-Blut) schwer getroffen hatten, war auch der ans Pfarrhaus angebaute Schuppen eingestürzt. Unter dem Schuppen lagen in einer Kiste verpackt Manuskripte, Briefe und andere Papiere, die der Gestapo nicht in die Hände fallen durften. Ich nahm alles mit nach Hause um es zu trocknen, denn sie waren feucht geworden und etwas angeschimmelt. Es schien nun hohe Zeit, sie in größere Sicherheit zu bringen, denn jeder Angriff bedeutete eine neue Gefahr. Pater Delp plante, sie neben der Kirche von neuem einzugraben. Am 27. Juli besprachen wir das Ganze noch einmal. Als ich am nächsten Tag um ½8 Uhr zur hl. Messe kam, wartete – sehr ungewohnter Weise – ein grauer Wagen vor dem Friedhof, in dem die St.-Georgs-Kirche lag. Im hintern Teil der Kirche standen zwei Männer, die ganz offenbar nicht mit uns die hl. Messe feierten. Es war eine Heilig-Geist-Messe. Nach dem Gottesdienst ging ich gleich zum Pfarrhof, um an einer Arbeit zu schreiben. P. Delp blieb meist länger. Oft hielten ihn nach seiner Danksagung noch einige Leute fest. An diesem Tage dauerte es ziemlich lange. Plötzlich kam er, aschgrau im Gesicht, schloß die Fenster und sagte: »Möchten Sie uns, bitte, etwas allein lassen.«

Die beiden Männer, die sich vorher von den übrigen Kirchenbesuchern abgehoben hatten, waren bei ihm. Ich ahnte nichts Gutes und ging in den Garten, um Schutt zu räumen. Wir waren in diesen Wochen fast ständig damit beschäftigt. Noch ein oder zwei Leute aus der Pfarrei halfen dabei. Es war eine beklemmende Stimmung. Jeder hatte Herz und Kopf voller Sorgen. Nach einer Zeit, die uns endlos erschien – es war aber vielleicht nur eine Viertelstunde – kam Pater Delp in seinem Lodenmantel. Er sah grau und verfallen aus und sagte mit einer hohen, leisen Stimme, ganz anders als wir ihn je vorher sprechen gehört hatten: »Ich bin verhaftet. Behüt' euch Gott und auf Wiedersehen.« Dann begleiteten ihn die beiden Fremden hinaus zum Auto.

Es war ein strahlend heiterer blauer Tag, und alles schien zu unwirklich, als daß man es hätte begreifen können. Die Vinzentinerin, die ihn treu nach seiner schweren Erkrankung gepflegt und bemuttert hatte, stand, leise weinend, in der Tür. Sie hatte ihm, als er ihr mitteilte, daß er nun fort müsse, noch schnell ein Frühstück bereitet, das er hastig zu sich nahm und sofort wieder erbrechen mußte. Inzwischen hatte die Schwester ihm die nötigsten Sachen zusammengepackt. Wir brachten ihm dann noch ein Paar Hausschuhe, seine Medikamente und etwas Wäsche in das Gestapogebäude. Als ich aber nach wenigen Tagen zum zweiten Male etwas abgeben wollte, war er bereits fort. Wir hatten keine Ahnung, wohin er abtransportiert war.

In Bogenhausen herrschte große Trauer. Vor der Geißelsäule und an einem Marienaltar in St. Georg brannten immer wieder Kerzen. Zu allen Tageszeiten fanden sich in dem Kirchlein Beter ein, die oft vorher an der Pforte des Pfarrhofs nach Pater Delps Ergehen gefragt hatten.

Entnommen aus: o. V., Alfred Delp, S. J. Kämpfer – Beter – Zeuge. Letzte Briefe und Beiträge von Freunden. Berlin 1955

»Die Möhlstraße« und der Schwarzmarkt

Nach der Kapitulation und dem fluchtartigen Abzug der Nationalsozialisten aus Bogenhausen besetzte und beschlagnahmte die amerikanische Besatzungsmacht zahlreiche Gebäude, vor allem in der Möhlstraße. Diese Gebäude wurden zum Teil den Hilfsorganisationen für Juden und »displaced persons« zur Verfügung gestellt, die nach Aufhebung der Konzentrations- und Zwangsarbeitslager eine große Zahl von Hilfsbedürftigen und Ausreisewilligen zu betreuen hatten: »Kurzum, die Möhlstraße bildete innerhalb der Stadt München das Zentrum jüdischen Lebens.«[1]

In der Möhlstraße 43 richtete sich 1947 das Stadtkomitee der Juden, das seit März 1946 existierte, ein. Hier fand man auch im Festsaal der ehemaligen Lauer-Villa, der »Edelmesse«, einen geeigneten Raum für eine provisorische Synagoge und einen Speisesaal zur Verabreichung koscherer Kost (am Bogenhauser Kirchplatz).[2] Nebenan wurde am 21. 5. 1946 eine jüdische Volksschule eröffnet und in der nahen Mühlbaurstraße gab es seit 1. 4. 1946 ein jüdisches Krankenhaus mit koscherer Verpflegung, das vom Staatskommissariat für rassisch, religiös und politisch Verfolgte geleitet wurde.

Außerdem war in der Möhlstraße untergebracht die sog. »Hebrew Immigrant Aid Society« HIAS, die sich hauptsächlich mit organisatorischen Fragen der Auswanderung beschäftigte. Ebenso wie die HIAS war auch die Jewish Agency for Palestine (JAFP) mit der Abwicklung von Auswanderungsanträgen beschäftigt. Ihre Mitarbeiter waren 1945 nach München gekommen und hatten ebenfalls ihre Geschäftstelle in der Möhlstraße. Eine weitere in der Möhlstraße angesiedelte Organisation war die sog. JRSO, die »Jewish Restitution Successor Organisation«, die die Aufgabe hatte, das in Deutschland aufgefundene jüdische Vermögen und Kulturgut entweder den rechtmäßigen Besitzern oder, wo dies nicht mehr möglich war, jüdischen Institutionen zuzuführen.

Auf deutscher Seite wurde im Juni 1946 das Bayerische Hilfswerk für die von den »Nürnberger Gesetzen« Betroffenen gegründet, das sich als Für-

Schwarzmarktszene an der Möhlstraße, 1949

sorgeverband für bedürftige und betreute Volljuden, in Mischehe lebende Juden und Zigeuner verstand.

Für die Ausbildung der jüdischen Bevölkerung war in München die »Organisation for Rehabiliation through Training« (ORT) zuständig. Sie hatte ihr Hauptbüro in der Möhlstraße 10 und richtete in fünf Münchner Stadtteilen Schulen ein. In der Holbeinstraße 11 gab es ein Staatskommissariat für die Betreuung der Juden in Bayern, dessen Aufgaben im wesentlichen die Wiedergutmachung, die Unterbringung von sog. Displaced Persons sowie Wohnungsbeschaffung, Treuhändertätigkeit etc. waren. 1951 ging das Staatskommissariat in das Bayerische Landesentschädigungsamt über.[3]

Allgemein bekannt, später berüchtigt, war »die Möhlstraße«, zu der man mit der scherzhaft »Palestine Express« genannten Tram vom Max-Weber-Platz bis zur Siebertstraße gelangen konnte, durch den Schwarzmarkt, der sich hier mit Duldung der amerikanischen und deutschen Behörden niedergelassen hatte: »Ohne baupolizeiliche Genehmigung errichteten hier sog. Displaced Persons (DPs) und

Läden des Schwarzmarktes an der Möhlstraße kurz vor der Razzia am 30. 6. 1949

Schwarzmarkt an der Mohlstraße, mit Blick zur Ismaninger Straße, 1949

jüdische Kaufleute Verkaufsbuden, in denen nahezu alle Waren zu erhalten waren. Unverzollte und unversteuerte Lebensmittel, der Inhalt von Care-Paketen und Artikel aus Liebesgabensendungen wechselten hier ohne Lebensmittelmarken den Besitzer. Die Möhlstraße galt als eine Waren- und Devisenbörse großen Stils. Offiziell bewirtschaftete Versorgungsgüter wurden en gros und en detail gehandelt, und der Gewinn in Juwelen und allen gängigen Devisen angelegt. Der politische Sonderstatus der Kaufleute und Händler machte ein polizeiliches Vorgehen stets zu einer problematischen Angelegenheit.«[4]

Der »Schwarzmarkt« war somit eine halblegale Sache; die überwiegend jüdischen Händler waren organisiert und stritten mit den deutschen Behörden um Ladenschlußzeiten, da den orthodoxen Juden das Samstagsgeschäft entging. »Im Frühjahr 1949 boten bereits 105 Geschäfte ihre Waren an. Vier Cafés – »Amar«, »Astoria«, »Bristol« und »Trocadero« – gaben den Einkäufern die Möglichkeit für eine kurze Rast.«[5]

Aber mit der Währungsreform (30. 6. 1948), der Normalisierung der wirtschaftlichen Verhältnisse und mit der Gründung der Bundesrepublik Deutschland, war der Sonderstatus der Möhlstraße unzeitgemäß geworden. Der Abriß der Behelfsläden stand bevor. Manche Händler suchten sich für ihr Geschäft einen anderen, festen Standort, andere verließen München oder wanderten aus. »Besonders in der Auflösungsphase der jüdischen Institutionen wandelte sich die Möhlstraße mehr und mehr von einem farbigen Zentrum jüdischen Lebens in eine etwas verrufene Gegend, die zum Sammelpunkt für zwielichtige Gestalten aller Nationen, wie Griechen, Polen, Tschechen, Deutschen und anderen geworden war. Deren kriminelle Aktivitäten führten dazu, daß der Verband der jüdischen Kaufleute die amerikanische und deutsche Polizei auffordern mußte, schärfer einzuschreiten. Viele potentielle Täter wurden daraufhin festgenommen, aber ihre Landsleute rächten sich mit blutigen Ausschreitungen gegen die Juden.«[6]

Mit dem Abbruch der meisten Behelfsläden im Jahr 1951 gehörte »die Möhlstraße« und ihr Schwarzmarkt der Nachkriegszeit bereits der Vergangenheit an.

Anmerkungen:

1 Juliane Wetzel. Jüdisches Leben in München 1945–1951. München 1987. (Neue Schriftenreihe des Stadtarchivs München) S. 338

2 Der Raum wurde Mitte der Fünfziger Jahre profaniert und als Gymnastikraum für schulische Zwecke oder den städtischen Kindergarten verwendet. Das ehemalige Thora-Gehäuse ist zum Teil hinter einer Rigips-Verkleidung noch erhalten.

3 Juliane Wetzel. Lebensmut im Wartesaal. Der Wiederaufbau der Israelitischen Kultusgemeinde und des jüdischen Lebens in München. In: Prinz, Friedrich (Hrsg.): Trümmerzeit in München. Kultur und Gesellschaft einer deutschen Großstadt im Aufbruch 1945–1949. München 1984. S. 142–148, passim

4 Richard Bauer. Ruinen-Jahre. Bilder aus dem zerstörten München 1945–1949. München 1983 S. 28

5 Wetzel. Jüdisches Leben a. a. O. S. 339.

6 Wetzel. Jüdisches Leben a. a. O. S. 341.

Am Priel, jetzt Oberföhringer Straße. Rechts Gasthof »Prielhof« mit alter Allee nach Oberföhring, 1938

Gasthaus »Zur Bundesschießstätte« am Vogelweideplatz 9, Steinhausen, Juni 1954

Anwesen Schreberweg 4 (ehemals Donaustraße 46) vor – 1957 – und nach – 1962 – dem Umbau

Abschied vom alten Bogenhausen, Monteglasstraße 24 (1954) und Ismaninger Straße 79 (1968)

Parkstadt Bogenhausen

Walter Kuhn

Das heutige Gelände der Parkstadt Bogenhausen zwischen Richard-Strauss-Straße im Westen, Gotthelfstraße im Osten, dem Schreberweg im Norden und der Stuntzstraße im Süden hatte ursprünglich eine ganz andere Zweckbestimmung. Vor dem Krieg war dieses 22 Hektar große Areal Teil des sogenannten »Führergeländes«, das sich nach Norden hin noch weiter bis zur Denninger Straße erstreckte.

Hier wollte sich Hitler ursprünglich einmal ein Wohnhaus bauen lassen. In der Sammlung des Münchner Stadtarchivs existieren Modelle von Gebäuden, die mitten auf einer parkartig zu gestaltenden Freifläche errichtet werden sollten. Direkt auf die nach Süden hin orientierte Gebäudefront war bis hin zum Vogelweideplatz eine breite, teilweise mit bis zu sechs Baumreihen bepflanzte Achse vorgesehen, die sich – jedoch schmäler – auch noch nördlich

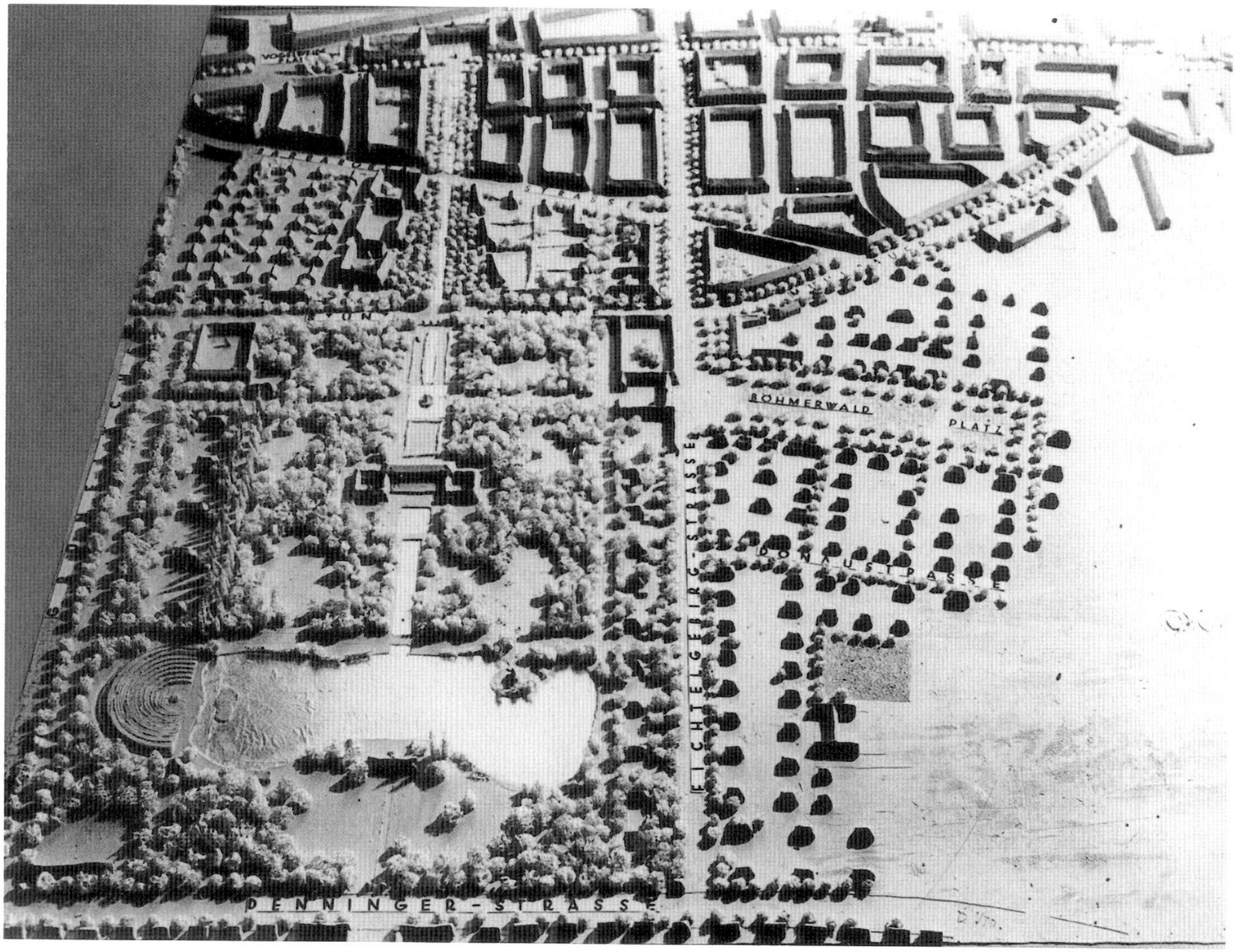

»Führergelände« in Bogenhausen, Modell um 1938

Zwei Jahre nach der Grundsteinlegung war die Parkstadt mit knapp 2000 Wohnungen komplett bezugsfertig

des Hauses zu einem künstlichen See fortsetzt. Am Ostrand des Sees, der vermutlich ehemalige Kiesgruben des Denninger Angers füllen sollte, war schließlich noch geplant, ein Theater nach griechischen Vorbildern zu erstellen. All diese Pläne wurden jedoch relativ bald wieder verworfen, so daß Hitlers Architekt Giesler 1940 den Auftrag erhielt, für ihn ein anderes Wohnhaus auf dem Areal des Palais Leopold zu planen.

Gelegentlich ist auch zu hören, statt seines Wohnhauses sei später die Errichtung eines Privatflugplatzes für Hitler auf dem hiesigen Gelände vorgesehen gewesen, jedoch fehlen hierfür sichere Quellen.

Nach dem Krieg befand sich das Gelände in städtischem Besitz und wurde Anfang der fünfziger Jahre zu einem Preis von 10,80 DM pro Quadratmeter an die Gemeinnützige Wohnstättengesellschaft Hamburg verkauft. Treuhänderin der »GEWOG« war die »Neue Heimat Bayern«, die hier unter der Geschäftsführung von Ludwig Geigenberger die bis dahin größte Wohnanlage Münchens nach dem Krieg errichtete.

Grundsteinlegung für das Projekt, in dem ca. 6500 Menschen wohnen sollten, war am 11. November 1954. Am 4. August 1955 gab es im Beisein von Ministerpräsident Wilhelm Hoegner das Richtfest

Hochhäuser mit 15 Stockwerken waren damals noch eine Sensation. Buschingstraße 41 und 45 in der Parkstadt Bogenhausen, 1957

zu feiern, und bereits vier Monate später konnten die ersten Häuser bezogen werden. Am 31. Dezember 1956 war die gesamte Anlage mit insgesamt 1960 Mietwohnungen, 135 Eigenheimen, 250 Kfz-Abstellplätzen in Garagen, einem Fernheizwerk, Zentralwäscherei, zwei Ladenzentren, Restaurant, Volksschule und Kindergarten fertiggestellt. Die Gesamtplanung des Projektes oblag dem Architekten Franz Ruf.

Obwohl für das Areal ein gültiger Baulinienplan existierte und nach der Münchner Staffelbauordnung nur »geschlossene Bauweise« mit bis zu viergeschossigen Gebäuden zugelassen war, gelang es der Großbaugesellschaft, sich doch über diese ursprünglichen Eckwerte hinwegzusetzen, so daß die Architekten weitgehend freie Hand bei der Planung der neuen Siedlung erhielten. Statt einer kleinparzellierten und gleichförmigen Blockbebauung mit regelmäßige Straßenraster entstand eine Siedlung mit sehr differenzierten Bauformen: Neben vier-, fünf- und achtgeschossigen Zeilenbauten und den 135 Eigenheimen am Ostrand der Siedlung, wuchsen auch drei zwölf- und sogar zwei 15geschossige Punkthochhäusher in den weißblauen Himmel . . . »für die Feinschmecker des Wohnens«, wie ein Artikel der Zeitschrift »Gut wohnen« 1955 gerade diese Häuser beschrieb.

In der Öffentlichkeit waren diese modernen Gebäudeformen dennoch nicht unumstritten. So sah der bayerische Kunstausschuß »in der Massierung von Wohnräumen der Höhe nach die unheilvolle Einleitung einer Rückbildung zur längst überlebten Wohnkaserne, wenn auch in neuer Form«, und auch die Presse berichtete vom »Kasernenstil« und von »Auswüchsen moderner Architektur« (zitiert nach Schmidbauer, G., 1958, S. 8). Dennoch waren es gerade die Hochhäuser, die damals als erste gemietet wurden, und zwar von oben nach unten – lange schon bevor der Bau der Siedlung begonnen hatte.

Insgesamt errechnete sich für die Parkstadt Bogenhausen eine anfängliche Wohndichte von ca. 290 Einwohnern pro Hektar. Durch die Massierung der Bauten konnten die Erschließungsstraßen auf ein Drittel der Länge reduziert werden, die bei einer normalen Blockbebauung im Rahmen der Staffelbauordnung notwendig gewesen wäre. Gerade darin lag das Hauptargument für die großen Wohnblocks und Punkthochhäuser zur damaligen Zeit. Daß man die hierdurch gewonnenen Freiflächen danach zunächst mit strikten Betretungsverboten vor einer besseren Inwertsetzung durch die Bewohner schützen wollte, war offensichtlich noch nicht als ein Widerspruch angesehen worden.

Die Verteilung der Baumassen orientierte sich an der Struktur der Umgebung: Im Süden entlang der Stuntzstraße standen bereits vier- und sechsgeschossige Wohnblöcke, so daß hier in der Parkstadt achtgeschossige Zeilenbauten (sog. Dreispänner), die sich nur mit ihrer Schmalseite zur Straße hin orientieren, von den Architekten als angemessene Fortsetzung empfohlen wurden. Architekt dieser Baugruppe war Helmut von Werz. Im Westen war auf die jenseits des Rings liegende Villenbebauung Rücksicht zu nehmen, weshalb die Architekten (Knapp – Schachleitner) dort lediglich fünfgeschossige, west-östlich gestreckte Reihen vorsahen. (Ob man damit bereits an den besseren Schallschutz der Bewohner gegenüber der Straße dachte, oder ob es eher ästhetische Gründe waren, die zu dieser Ausrichtung führten, sei dahingestellt.) Die großen Punkthochhäuser mit T-förmigem Grundriß (Architekt: von Werz), verbunden durch niedrigere Zeilenbauten (Architekt Schmölz), bildeten schließlich den Nordrand des Areals, wo sie gegenüber dem Denninger Anger als bewußt markante Grenze plaziert wurden. Den eigentlichen Siedlungskern ergeben die nur viergeschossigen Häuser entlang der als Schleife von der Buschingstraße abzweigenden Beblostraße (Architekten Ruf und Ludwig), an deren südliche Bebauung die größte Freifläche innerhalb der Parkstadt angrenzt.

Durchaus nicht selbstverständlich war es, daß gleichzeitig mit den Wohnungen auch sofort die notwendigen Versorgungseinrichtungen gebaut wurden. Das große, hufeisenförmig angelegte Ladenzentrum an der Buschingstraße hatte 1957 neben

Parkstadt Bogenhausen

einem »Konsumkomplex«, bestehend aus Metzgerei, Milchgeschäft, Obst- und Gemüsegeschäft sowie ein Selbstbedienungsladen auch noch ein Blumengeschäft, eine moderne Schuhreparaturwerkstätte, einen Modefriseur für Damen und Herren, ein Schreibwarengeschäft mit kleiner Leihbücherei, eine Reinigung mit Färberei, eine Filiale der Bank für Wirtschaft und Arbeit sowie eine Drogerie. Auch das zweite kleinere Ladenzentrum an der Buschingstraße etwas weiter östlich war bereits zu diesem Zeitpunkt existent. Es bestand aus einem Bäcker, einem Metzger, einem Milchgeschäft und einem Selbstbedienungsladen.

Daneben gab es die moderne Parkgaststätte mit großem und kleinem Speiseraum, einem Bierstüberl, einer Schwemme, zwei Clubzimmern und einem Kaffeeraum. Aus der Anfangszeit dieser Gaststätte ist bekannt, daß der Hauptteil ihrer

Speiseraum der Parkgaststätte

Kundschaft weniger aus der Parkstadt selbst kam. Vielmehr soll es einen festen Stamm vornehmer Herrschaften gegeben haben, die mit dem Wagen aus der Stadt oder vor allem aus dem Villenviertel

Eigenheimwohnanlage an der Gotthelf- und der Morgenrothstraße

kamen, um sich hier von der angesehenen internationalen Küche des weitgereisten Pächters verwöhnen zu lassen. Der Preis für einen frischen Hummer auf der Speisekarte lag hier 1958 bei damals stolzen 26,– DM (vgl. Schmidbauer, S. 24/25).

Wenn die unmittelbare Viertelsbevölkerung unter den Gästen nicht so häufig zu finden war, lag dies wohl auch daran, daß zur Zeit des Erstbezugs 84 Prozent der Wohnungen an Heimatvertriebene, Flüchtlinge und Bombengeschädigte vergeben worden waren, die ein Aufbaudarlehen aus dem Lastenausgleichsgesetz beanspruchen konnten, ihrerseits jedoch erhebliche Baukostenzuschüsse zu leisten hatten.

Die Gesamtinvestitionen für die Parkstadt Bogenhausen beliefen sich auf rund 37 Millionen DM, was Kosten in Höhe von 318,– DM pro Quadratmeter Wohnfläche entsprach. Dabei legte man bei Planung und Bau bereits besonderen Wert auf die Verwendung von Fertigbauelementen und Serienfabrikationen, um die relativ höheren Erstellungskosten der Hochhäuser durch Einbauten von Fahrstühlen, Lüftungsanlagen etc. über Rationalisierungsmaßnahmen wieder einsparen zu können.

Alle Wohnungen wurden frei finanziert. Von den Mietern wurde bei Einzug ein Darlehen in Höhe von 75,– DM pro Quadratmeter gefordert, dessen Rückzahlung in 25 jährlichen Raten unverzinst erfolgte. Die darüber hinaus zu entrichtende durchschnittliche Monatsgrundmiete betrug bei Erstbezug 1,72 DM pro Quadratmeter. Inklusive Nebenkosten lagen die Mieten damals je nach Wohnungsgröße und Hochhauslage zwischen 55,– und 185,– DM. Die kleinen Eigenheime entlang der Gotthelf- und der Morgenrothstraße wurden für 35 000,– DM verkauft (Reihenmittelhaus mit einer gesamten Grundstücksgröße von 150 Quadratmetern und 75 Quadratmeter Wohnfläche); für größere Eckhäusehr mit 116 Quadratmeter Wohnfläche bei einer Grundstücksfläche von 300 Quadratmetern waren 1956 44 000–45 000 DM zu bezahlen.

Über das alltägliche Leben in der Parkstadt bald nach ihrer Fertigstellung gibt es eine sehr lebendige Schilderung aus einer alten Staatsexamensarbeit von 1958 im Fach Geographie für das Lehramt an höheren Schulen. Sie ist gleichzeitig ein interessantes Dokument über die gesellschaftliche und ökonomische Situation in der Frühphase unseres sog. Wirtschaftswunders und soll deshalb zumindest auszugsweise zitiert werden:

»... Wer durch die Straßen der Anlage läuft, dem drängt sich neben dem bunten Bild der Häuser auch das ihrer Menschen auf. Vielleicht hat er das Glück, einen Mohammedaner laufen zu sehen oder einen Inder, Ägypter; sicherlich aber beobachtet er das bunte Gemisch von Buben und Mädels auf neuen Rollern, auf Rollschuhen oder mit dem Ball sich austollend; von jungen Frauen, welche teils in alltäglicher, teils in auffallender Kleidung und Frisur ihren Geschäften nachgehen und auch einzelnen jungen Männern; weiter zeigen sich bejahrte einfache oder sich mit gefärbten Haaren vornehm zeigende Frauen und Männer ... Der eine steigt dort in sein Goggomobil oder seine Isetta, der andere eilt aus der Gaststätte in seinen Mercedes 190 SL. Hier steht eine BMW-Kiste aus den Anfängen der Autotechnik, dort braust ein 1300 Porsche heran, und hier wiederum stehen Schlangen von Mercedes, BMW und Opelwägen zwischen den verschiedensten alten und neuen VW-Modellen. Viele weiße und schwarze Pudel mischen sich ... unter die verschiedenen Leute ...«

»... Um 5.30, 6.00, 6.15, 6.30, 7.00 Uhr wird es lebendig in der kleinen Stadt. Aus den teils geöffneten Fenstern hört man einen Wecker nach dem anderen rasseln, es dauert allerdings bis vor 7.00 Uhr, bis der Großteil der Bewohner aufgestanden ist. Auf der elektrischen Schnellkochplatte wird eilends das Frühstück bereitet, und ungefähr von 6.00 bis 7.45 Uhr gehen die Berufstätigen zu ihrer Arbeitsstätte, das heißt meist zu den Haltestellen der Straßenbahn bzw. des Omnibusses, größtenteils jedoch zu dem O 30 ...«

»... Nun stehen noch immer viele parkende Wagen auf der Straße, jedoch werden die meisten von ihnen gegen 9.00 und 10.00 Uhr verschwunden sein. Es handelt sich hier um Freiberufliche, Vertreter und Privatiers, die den Arbeitstag erst später beginnen. Einige kann man zum Beispiel jetzt noch im Schlafmantel am Rasensaume spazieren sehen, ihren Pudel ausführend ...

Als nächstes werden die Kinder an der Reihe sein, von denen viele zur Schule gehen müssen. Die meisten von ihnen haben hierzu allerdings nur einen Weg von 5–10 Minuten zu bewältigen; auf ungefährlichen schönen Gartenwegen laufen oder gehen sie vergnügt oder einträchtig zu dem modernen Gebäude. Alle Kinder der Parkstadt bis zur 7. Klasse können diese Schule besuchen. Sie sitzen in hellen modernen Klassenzimmern mit sehr großen Fenstern, in den Pausen tollen sie im Innenhof oder auf den Rasenflächen ringsrum ...«

»... Neben den schulpflichtigen Kindern gibt es auch kleinere in der Parkstadt ... Hat man auch an sie gedacht, daß sie, um sich richtig entfalten zu können, spielen müssen? Es ist traurig, aber sie sind ganz vergessen worden. Für die Erwachsenen hat man mit Garagen, Läden, Restaurant, gesorgt, die Kleinen aber müssen sich mit der Straße und den Wegen begnügen; der Rasen darf nicht betreten werden ...« »... Wenn sich auch manche Parkstadtbewohner gegen die Schaffung von Kinderspielplätzen inmitten der Rasenflächen, ›den Inseln der Ruhe‹, stellen, so nützt das nichts. – Die Interessengemeinschaft Parkstadt ... hat auch schon ein Wort an den Gesetzgeber gerichtet ..«

»... Jetzt aber regt sich das Leben der Hausfrau. Die allgemeine Reinigung beginnt, Betten werden zum Lüften an die Sonne gelegt. Letzteres soll allerdings laut Hausordnung auf ein zeitliches Minimum beschränkt werden, außerdem dürften die Gegenstände nicht über die Fenster oder Balkonbrüstung hinabhängen ...«

»... Ein großer Prozentsatz der Frauen in der Parkstadt ist berufstätig. Nach Geschäftsschluß, das heißt von 16.30–18.30 Uhr, ist dann Haupteinkaufszeit mit Hochbetrieb. Dabei lernt die berufstätige Frau das besonders zu schätzen, was auch die normale Hausfrau als angenehm empfindet: den Selbstbedienungsladen. Hat sie nur ein paar Kleinigkeiten zu besorgen, so ist sie schnell fertig, ohne warten zu müssen, bis alle vor ihr eingetretenen Kunden abgefertigt sind. Im übrigen ist es ein schönes Gefühl, sich seine Ware, meist sauber abgepackt, selbst zu suchen; man benötigt keinen Einkaufszettel mehr, da ja alles ausgebreitet daliegt. Kann die Hausfrau nun zum Letzten des Monats weniger großzügig einkaufen, so ist es ganz angenehm, wenn der Herr Ladeninhaber nicht genauestens davon unterrichtet wird. Freilich wollen die Parkstädter auch keinen anonymen Betrieb, und diesen finden sie auch zum Beispiel in dem großen Konsum nicht vor. Der Filialleiter steht vielmehr oft an der Türe, um die Leute mit Namen zu begrüßen; er nimmt ihre besonderen

Wünsche, wie zum Beispiel die Bestellung von Hummer oder Treibhausgemüse, entgegen, ebenso ihre Beschwerden über das unfreundliche Benehmen einer Verkäuferin und ähnliches. Ja, gerade in dieser Hinsicht können manche Bewohner sehr kleinlich sein; schon oft habe ich mich gewundert, wie kleine Unannehmlichkeiten groß aufgebauscht werden ...«

»... Gar manchmal könnte man sich den Weg zum Einkaufsladen auch sparen. Ein Glockenzeichen oder ein weit vernehmbares Geschrei kündigt die fahrenden Obst- und Gemüsehändler oder die Kartoffelhändler an. Ist der eine glücklich nicht mehr hörbar, folgt der andere ...«

»... Wenn die Hausfrau eines Tages vornehmen Besuch erwartet, so wird sie ihn gerne, statt mit viel Kochen die Zeit zu vergeuden, in die Gaststätte führen; die Parkgaststätte zeigt ja nicht den Charakter von üblichen düsteren verqualmten Räumen, in denen man in Gegenwart der vielen verschiedensten Menschen sich weder wohlfühlen noch ein persönliches Gespräch führen kann. Nein, hier findet man lichtdurchflutete Räume vor, in denen man gemütlich in einer Ecke sitzen und sich fast wie zu Hause unterhalten kann. Zudem zeigt die Speisekarte viele seltene Gerichte und Spezialitäten auf. Für sich selbst machen die Parkstädter von ihrer Gaststätte jedoch wenig Gebrauch, man kann sie höchstens vom 1.–10. des Monats in größerer Zahl dort antreffen, ab 15. jedoch nur noch wenige und ab 20. fast keinen mehr. Wenn sie auch von ihrer Gaststätte begeistert sind, so sind sie dafür nicht zahlungskräftig genug, vielleicht noch nicht, da sie noch an Ratenzahlungen gebunden sein mögen, vielleicht überhaupt nicht ...«

»... Treten in der Familie Krankheitsfälle ein, so ist in der Parkstadt fast in jeder Hinsicht schnelle Hilfe sicher. 9 praktische Ärzte, Spezialisten für: Hautkrankheiten, innere Krankheiten, Chirurgie und Frauenkrankheiten, 7 Zahnärzte, außerdem ein Tierarzt, stehen bereit ...«

»... Nun möchte ich noch einen kleinen Einblick in das weitere Leben der Parkstädter geben ... An einem warmen Sommer-Samstagnachmittag ist mindestens die Hälfte der Terrassen und Balkone belegt mit bunten Sonnenschirmen und sich bräunenden Menschen. Am Nachmittag hört man dazu das leise Klirren der Kaffeetassen, Plaudern und Radiomusik, mit wenigen Ausnahmen in einer Lautstärke, die nicht störend auf die Umgebung wirkt. Ein kleiner Teil der Bewohner geht elegant gekleidet in den Straßen spazieren; und von den parkenden Wagen verschwindet einer nach dem anderen hinaus ins Grüne ...«

»... Eine kleine Sonderstellung nehmen die Bewohner der oberen Stockwerke, wie die der 7stöckigen Bauten oder vor allem die der Hochhäuser ein. Sie haben es nicht nötig, mühsam einen Aussichtsberg zu ersteigen. Nein, in 30 Sekunden sind sie in ihrem 14. Stockwerk und können von hier so manches vor den anderen genießen. Höhensonne neben ›Höhenluft‹ und dazu eine vielseitige schöne Aussicht: sei es auf die Türme der Stadt, bei Sonnenuntergang in dunkles Rot getaucht, später manchmal durch Beleuchtung aus dem Schwarz der Nacht aufragend; oder auf die weite, weiße in Gold getauchte Alpenkette bis zu den markanten Spitzen des Großglockners und Großvenedigers, welche bei Föhn oft zum Greifen nahe heranrükken ... Bescheidene Menschen können sich so mit ihrer Wohnung manches Vergnügen ersparen. Es kommen ja sogar viele Stadtbewohner, um die Aussicht von den Hochhäusern zu genießen. Besonders in den Anfängen ihres Bestehens waren sie ständig von Schaulustigen bevölkert, welche in den obersten Gangstockwerken eifrige Diskussionen ausfochten. Die geplagten Hausbewohner hefteten daher ein Schild an die Türe: ›Dieses ist ein Wohnhaus und kein Aussichtsturm‹ ...«

Noch heute gilt die Parkstadt Bogenhausen – ähnlich wie etwa die Borstei aus den zwanziger Jahren – als eine interessante städtebauliche Leistung. Inzwischen trägt sie ihren Namen auch mit größerer Berechtigung als zur Zeit ihrer Entstehung, nachdem auf 111000 Quadratmetern Grünfläche von rund 5000 gepflanzten Bäumen und Sträuchern sowie 14000 Rosenstöcken inzwischen eine beachtliche Zahl zu voller Größe herangewachsen ist.

Für viele ihrer Bewohner ist die Parkstadt zur liebenswerten zweiten Heimat geworden, und auch heute noch gibt es manche unter ihnen, die die »Pionierzeit« vor 35 Jahren miterlebt haben. Ein Großteil der Wohnungen wurde inzwischen in Einzeleigentum umgewandelt, nachdem die Neue Heimat Bayern seit 1983 mit dem Verkauf der Parkstadt begann. Anfänglich wurden die Wohnungen den Mietern selbst zu Preisen zwischen 2200–2400 DM pro Quadratmeter zum Kauf angeboten (1983!). Alle damals nicht abgesetzten Einheiten erwarb später der Unternehmer Doblinger. Inzwischen erfolgten Sanierungsmaßnahmen, besonders aber die Anbindung durch die U-Bahn, haben zu erheblichen Wertsteigerungen geführt. Auch kommt die Größe der Wohnungen (zwischen 25 und 80 Quadratmeter) der gegenwärtig stark steigenden Nachfrage nach Wohnraum für Singles und Kleinfamilien sehr entgegen.

So nimmt es auch kaum mehr wunder, daß hier auf dem freien Markt bei Neuvermietungen von 25 Quadratmeter großen Appartements teilweise bereits mehr als 650 DM pro Monat (1990!) gefordert und bezahlt wurden, während die Neue Heimat für das gleiche Objekt kurz zuvor noch 200 DM verlangte. Die Parkstadt ist inzwischen zu einem Tummelplatz für große und kleine Spekulanten geworden, denn auch längst nicht mehr alle, die ihre Wohnungen zu Vorzugspreisen von dem ehemaligen Gewerkschaftsunternehmen erwerben konnten, nutzen diese heute noch selbst oder zeigen bei einer Weitervermietung durch gemäßigte Mietforderungen wenigstens jene soziale Verantwortung, die bei Errichtung der Parkstadt durch die Neue Heimat ursprünglich einmal Pate stand.

Quellen

Kuhn, Walter: München-Bogenhausen – Stadterweiterungskonzeptionen von der späten Gründerzeit bis zur Gegenwart, in: Geipel, R.; Heinritz, G. (Hrsg.): München. Ein sozialgeographischer Exkursionsführer. – Münchner Geographische Hefte, Nr. 55/56, Kallmünz/Regensburg 1987, S. 351–376.

Neue Heimat Bayern GmbH (Hrsg.): 25 Jahre Parkstadt Bogenhausen 1956–1981. Rückblick auf die Entstehung einer Münchner Wohnanlage der Neuen Heimat Bayern.

Rasp, Hans-Peter: Eine Stadt für tausend Jahre. München – Bauten und Projekte für die Hauptstadt der Bewegung. München 1981.

Schmidbauer, Gertraud: Stadtgeographische Untersuchung der Parkwohnanlage Bogenhausen. Staatsexamensarbeit für das Lehramt an höheren Schulen (masch. Skr.). München 1958.

Grund- und Hauptschule an der Stuntzstraße

Als Folge der regen Bautätigkeit in der Parkstadt Bogenhausen war natürlich auch die Errichtung einer neuen Schule notwendig geworden. Schon bald nach Fertigstellung der Wohnungen wurde daher – am 25. März 1957 – eine erste Volksschule in der Stuntzstraße eingeweiht. Ab 1959 folgte die Erweiterung um den Turnhallentrakt mit Gymnastiksaal sowie ein eigenes Schwimmbad. 1961 war dieses Projekt fertiggestellt. Der rasche Bevölkerungsschub in der neuen Siedlung machte bald schon einen Erweiterungsbau der Schule selbst erforderlich, der als sogenannte Schule II ebenfalls im Jahre 1961 in Betrieb ging. Unter den Festrednern waren Stadtschulrat Anton Fingerle und Bürgermeister Georg Brauchle als Vertreter des damaligen Oberbürgermeister Hans Jochen Vogel, dessen Kinder sogar selbst die Schule an der Stuntzstraße besuchten.

Zur Zeit ihrer Entstehung war insbesondere der zweite Teil der von dem Architekten Franz Ruf entworfenen Schule regelrecht ein städtisches Renommierobjekt, und durch die Vermittlung des Stadtschulrates Anton Fingerle kamen in den Anfangsjahren zahlreiche internationale Besuchergruppen zu ihrer Besichtigung. Architektonisch neu war z. B. der Klassentrakt, der um einen Atriumhof gebaut worden war, und dessen Räume zumeist doppelseitig Tageslicht erhielten. Daß Entwürfe selbst namhafter Architekten und funktionale Zweckmäßigkeit nicht immer übereinstimmen, ist der Schulchronik der sechziger Jahre zu entnehmen, in der u. a. Klagen über ungünstigen Lichteinfall, zu wenig Fläche für den Aushang von Schülerarbeiten in den Klassenzimmern, schlechte Sonnenschutzvorrichtungen und schließlich auch zu kleine Unterrichtsräume moniert wurden. Der zuletzt genannte Punkt, der damals noch als Mangel herauszustellen war, erweist sich inzwischen kaum mehr als gravierend, nachdem die Schülerzahlen – besonders der Hauptschule, in die die Schule II 1969/70 umgewandelt worden ist – drastisch zurückgegangen sind. Im Schuljahr 1991/92 waren gerade noch 192 Schüler in

Stuntz-Schule bei ihrer Eröffnung und Einweihung 1957

Ehrengäste Oberbürgermeister Thomas Wimmer und Stadtschulrat Dr. Anton Fingerle (1. Reihe, 2. u. 3. von links)

den Klassen 5–9 der Stuntzschule angemeldet. Auch die Grundschule mit heute insgesamt 153 Schülern hat seit Jahren rückläufige Zahlen, da sich mit zunehmender Alterung der Wohnsiedlung in der Parkstadt auch die Bevölkerungsstrukturen entscheidend geändert haben.

Quelle

Festschrift 25 Jahre Stuntzschule (II). München 1986.

St. Johann von Capistran

Wegen des raschen Bevölkerungszuwachses durch den Bau der Parkstadt entschloß sich das erzbischöfliche Ordinarat Mitte der fünfziger Jahre zur Einrichtung eines neuen Seelsorgebezirkes. Neben der Parkstadt selbst gehören seither auch Teile der benachbarten Pfarreien St. Gabriel und Heilig Blut zum Einzugsbereich von St. Johann von Capistran.

Die Vorbereitungen zur Errichtung der neuen Kuratie wurden dem damaligen Hilfspriester Ludwig Braun übertragen. Gleichzeitig erhielt der Architekt Professor Sep Ruf, ein Bruder des Parkstadterbauers, den Auftrag, einen liturgischen Zentralbau als neue Kirche zu entwerfen. Das hierfür vorgesehene Grundstück an der Ecke Stuntz- und Gotthelfstraße war bis dahin ein Schuttberg, der vor Baubeginn erst noch abzutragen war. Als Grundstückspreis wurde zwischen Kirchenstiftung und der Stadt München ein Betrag von 20,30 DM pro Quadratmeter ausgehandelt.

Zunächst wurde 1958 ein Pfarrsaal errichtet, der noch im Advent des gleichen Jahres eingeweiht werden konnte. Er diente anfangs auch als Notkirche, bis das neue Gotteshaus selbst fertiggestellt war. Dies ließ noch fast zwei Jahre auf sich warten, bevor Erzbischof Josef Kardinal Wendel am 26. Juni 1960 schließlich die feierliche Einweihung vollzog. Mit diesem Tag wurde die Kuratie St. Johann von Capistran zur Pfarrkuratie erhoben; seit 1. Juli 1963 schließlich ist sie – kraft eines Dekretes von Julius

Der Hl. Johannes von Capistran von Josef Henselmann vor der Kirche

Kardinal Döpfner – selbständige Pfarrei. Bald darauf erfolgte die Investitur des bisherigen Pfarrkuraten Ludwig Braun zum ersten Stadtpfarrer in der neuen Kirche. Er begleitete dieses Amt bis 1973.

Johannes von Capestrano, nach dem die Kirche benannt wurde, gilt als einer der bedeutendsten franziskanischen Wanderprediger und Volksmissionare des 15. Jahrhunderts. Am 24. Juni 1386 in dem Abruzzenstädtchen Capestrano geboren, trat er 1415 in den Franziskanerorden ein. Mitte jenes Jahrhunderts, in einer Zeit, in der die christlichen Völker Südeuropas dem muslimischen An-

sturm bereits größtenteils erlegen waren, rief er in Kreuzzugspredigten zur gemeinsamen Abwehr der Türken auf. Nicht zuletzt »durch seinen flammenden Einsatz trug Johannes von Capestrano wesentlich dazu bei, daß im Juli 1456 vor Belgrad – damals starke ungarische Grenzfestung – ein glänzender Sieg über das türkische Belagerungsheer errungen werden konnte« – so heißt es in einer Lebensbeschreibung des Heiligen. Im Jahre 1690, zu einer Zeit neuerlicher kriegerischer Auseinandersetzungen mit den Türken (1683: Türken vor Wien), wurde der unermüdliche Ordensmann und Streiter Christi heiliggesprochen. Eine Darstellung von 1614 zeigt Johannes von Capestrano vor dem Hintergrund mächtigen Schlachtengetümmels. Weit friedlicher hingegen finden wir den Heiligen heute auf einer modernen Steinplastik vor der Pfarrkirche beschrieben: Als Prediger in einem zweirädrigen Karren stehend, das Kreuz Christi in der hocherhobenen Hand, gelang dem Bildhauer Professor Josef Henselmann mit dem Flachrelief auf einem Granitfindling aus dem Fichtelgebirge eine künstlerisch überzeugende Nachbildung des Kirchenpatrons.

Beeindruckend ist auch die Architektur der Kirche: Bereits einige Jahre vor Beginn des Zweiten Vatikanischen Konzils (1962) ließ sich Professor Ruf von einem Gedanken leiten, der später in den Beschlüssen des Konzils ebenfalls seinen Niederschlag fand: Seit dem Bau der frühesten christlichen Kirchen befand sich der Altar mit dem Tabernakel als geistigem Mittelpunkt stets im Chorbereich des Kirchenraumes und somit eigentlich in einer Randlage. Bei dem neuen Gotteshaus sollte der Altar in die Mitte des Raumes gerückt werden, als Symbol dafür, daß eine Pfarrgemeinde während jeder heiligen Messe mit Christus eine Tischgemeinschaft bildet. So wie beim letzten Abendmahl die Apostel um Christus, sollte sich die Gemeinde um ihren Priester scharen, der nunmehr mit Blick zu ihr – und nicht mehr mit ihr zugekehrtem Rücken – Brot und Wein opfert und wandelt und danach die Gemeinde zum Opfermahl einlädt. Diese Grundidee hatte auch Konsequenzen für den gesamten Kirchenbau: Zwei ineinanderliegende Kreise unterschiedlichen Durchmessers bilden den Grundriß des Gotteshauses. Die Kreise sind exzentrisch zueinander angeordnet. An den Stellen, wo sich der kleinere mit dem größeren Kreis überschneiden würde, sind beide durch eine Sekante abgeschnitten und für den Kircheneingang geöffnet. Zwischen Innen- und Außenwand aus unverputztem Sichtmauerwerk ergibt sich ein sichelförmiger Hohlraum, der über vier Stockwerke verteilt, verschiedene Nebenräume der Kirche, wie Sakristei, Taufkapelle, Beichtkapellen, Abstellräume und schließlich auch das Orgelwerk aufnimmt. Das auf der äußeren Mauer ruhende, flachgewölbte Dach springt ringsherum 4,50 Meter hervor, was den Bereich des sog. »circuitus«, des Prozessionsumgangs, zugleich schützt und architektonisch betont. Die Mitte des Daches bildet eine Kuppel aus Plexiglas. Ansonsten erhält der Innenraum vor allem vom westlichen Eingangsbereich direktes Tageslicht. Einen interessanten Effekt erzielt die zwischen den beiden Rundmauern, nach außen durch Glas abgeschirmte Galerie, die nach innen einen schmalen unterhalb der Decke rund umlaufenden Lichtstreifen sendet.

Dachkonstruktion von St. Johann von Capistran 1959

St. Johann von Capistran, Gesamtanlage, erster kirchlicher Zentralbau Münchens 1959/60

Vor allem durch die Rundform dieses zentralen Kirchenbaus entsteht eine formale, ästhetische und künstlerische Einheit. Sie kann gleichzeitig auch als Symbol verstanden werden, daß christliche Kultur unserer Tage unter weitgehendem Verzicht auf äußere Repräsentation eher von innen heraus wirksam sein will. Vielleicht fehlt gerade deshalb auch ein alles überragender Kirchturm. Statt dessen rufen die drei 1963 geweihten Glocken von einer etwas abseits stehenden unterbrochenen Wand aus Nagelfluhblöcken die insgesamt rund 3500 Mitglieder der Gemeinde zu Gebet und Gottesdienst. Pfarrkirche und Pfarrzentrum stehen seit 1988 unter Denkmalschutz.

Quellen

Grimm, Richard: Unsere Pfarrkirche steht nunmehr unter Denkmalschutz, in: Pfarrbrief der Pfarrei St. Johann von Capistran, Mai, Juni, Juli 1989, S. 4–6.

Naumann, Günther (Hrsg.): 25 Jahre St. Johann von Capistran 1960–1985, München-Bogenhausen. München 1985.

Nazarethkirche

Wie schon erwähnt, hatte die Dreieinigkeitskirche als evangelische Mutterpfarrei Bogenhausens Ende der fünfziger Jahre kaum mehr genügend Platz, in den Sonntagsgottesdiensten alle Gläubigen aufzunehmen, nachdem durch die Errichtung großer Neubaugebiete, besonders der Parkstadt, die Zahl der Gemeindemitglieder beträchtlich angewachsen war. Ähnlich wie mit St. Capistran für die katholische Seelsorge wurde mit der Nazarethkirche daher auch für die evangelischen Neubürger ein zusätzliches Gotteshaus errichtet. Schon 1957 wurde ein hierfür, für das Gemeindezentrum und ein Pfarrhaus geeignetes Grundstück an der Ecke Hörselberg-/Barbarossastraße von der Firma Heilmann und Littmann erworben. Am 8. April 1962 kommt es schließlich zur feierlichen Einweihung durch Oberkirchenrat Hans Schmidt. Architekten des Gotteshauses waren Helmut von Werz und Johann Christoph Ottow. Erst ein Jahr später, am 23. April 1963, wird die Nazarethgemeinde selbständig. Gerhard Seifert wird ihr erster Gemeindepfarrer und bleibt dies bis zu seinem Ruhestand, den er 1972 antritt. Nachfolger wurde Pfarrer Hans-Martin Nägelsbach, zu dessen Amtszeit (bis 1983) sich die evangelischen Gemeinden des Münchner Nordostens (Immanuelkirche in Denning, Vaterunserkirche in Oberföhring, Ismaning/Unterföhring, der Sprengel Arabellapark und die Nazarethkirche) zu einer übergreifenden Subregion zusammenschlossen und seither sehr intensiv zusammenarbeiten. Weitere Nachfolger für das Amt des Pfarrers waren Markus Weidemann (bis 1991) und Christa Salinas (seit 1991).

Bevor die Kirche gebaut wurde, gastierte auf der ehemaligen Wiese zuweilen ein kleiner Wanderzirkus, der bei den Kindern der Umgebung sehr beliebt war. Noch in den Anfangsjahren stellte das Gotteshaus von der Steinhauser Straße aus einen markanten architektonischen Blickpunkt dar. Inzwischen jedoch ist sie ringsum eingeschlossen von großen Wohn- und Bürogebäuden. Trotzdem ist die Zahl der Gemeindemitglieder auch in der Nazarethkirche – wie in den meisten Kirchengemeinden – zurückgegangen und beträgt heute ca. 2200.

Zirkustiere in der Parkstadt 1962

Quelle

Evangelisch-lutherische Gemeinde Nazarethkirche (Hrsg.): Festschrift zum 25jährigen Jubiläum der Nazarethkirche. München 1987.

Nazarethkirche, Außen- und Innenansicht 1963

Arabellapark

Walter Kuhn

Ein Gang über den Denninger Anger zum Arabellapark ist gleichzeitig der Sprung in eine weitere Ära der Entwicklungsgeschichte Bogenhausens. Bis in die frühe Nachkriegszeit bildete die heutige Richard-Strauss-Straße die Grenze zusammenhängender städtischer Bebauung in diesem Gebiet. Außerhalb des hauptsächlich durch vornehme Villen und repräsentative Miethäuser charakterisierten Altbogenhausen erstreckten sich vor allem Wiesen und Felder. Dazwischen fand man auch immer noch neben alten Kiesgruben Quetschwerke und Ziegeleien, die die Reste der ehemaligen Lößlehmzunge der östlichen Münchner Schotterebene ausbeuteten. Ursprünglich hatte die Stadt vor, hier einmal einen großen Friedhof anzulegen, was zeigt, daß man dem hiesigen Standort bis in die fünfziger Jahre hinein seitens der Stadtplanung noch keinen besonderen Wert beimessen wollte.

Es gibt allerdings auch die Meinung, daß die Ausweisung des Geländes als Vorbehaltsfläche für diesen Friedhof lediglich andere Kaufinteressenten abhalten sollte. Der größte Teil des Geländes gehörte nach dem Krieg einer Erbengemeinschaft, von der es die Stadt eigentlich selbst erwerben wollte. Ein entsprechender notarieller Kaufvertrag trug bereits zwölf von 13 notwendigen Unterschriften der Erben. Der 13. jedoch verweigerte seine Zustimmung zu dem Verkauf – für den ein Preis von 3,45 DM pro Quadratmeter vereinbart worden war – im letzten Moment, so daß dieser Vertrag niemals rechtsgültig wurde.

Schafe auf dem Arabellapark. Im Hintergrund die Hochhäuser der Parkstadt Bogenhausen, Aufnahme um 1965

Der Plan für den Friedhof wurde später tatsächlich wieder verworfen (er kam statt dessen nach Perlach), und kaum mehr als drei Kilometer Luftlinie vom Marienplatz grasten hier bis weit in die sechziger Jahre noch die Schafe. Freilich war zu dieser Zeit das Ende der Idylle bereits abzusehen: Zwischen 1958 und 1965 begann ein Mann nach und nach große zusammenhängende Grundstücke im Bereich des heutigen Arabellaparks systematisch aufzukaufen oder im Tausch gegen andere von der Stadt zu erwerben, bis er schließlich die stattliche Fläche von rund 40 Hektar sein eigen nennen konnte: Die Rede ist von Josef Schörghuber, einem damals noch weitgehend unbekannten Besitzer einer kleinen Bauträgergesellschaft.

Josef Schörghuber wurde 1920 in Mühldorf am Inn als erstes von sechs Geschwistern geboren. Nachdem er im väterlichen Schreinereibetrieb den Beruf des Zimmermanns erlernt hatte, kam er 1937 im Alter von 17 Jahren nach München in eine große Zimmerei. Dort konnte er als Geselle erste Erfahrungen mit Großbauvorhaben machen, da dieser Betrieb viele Aufträge im Kasernenbau und für andere militärische Anlagen hatte. Nach einiger Zeit praktischer Tätigkeit und einem einjährigen Vorbereitungskurs an einer technischen Privatschule in München war es Schörghuber möglich, an der damaligen Staatsbauschule mit dem Ingenieurstudium zu beginnen, das er – nach viereinhalbjähriger Unterbrechung durch Militärdienst und kurze Gefangenschaft – erst nach dem Krieg beenden konnte. 1950, gleich nach der Währungsreform begann er damit, erste Ruinengrundstücke in München aufzukaufen. Hierunter war u. a. auch das Areal einer zerstörten Villa in der Bogenhausener Holbeinstr. 18. Nachdem er bis dahin lediglich als Zulieferer für andere Baufirmen gewirkt hatte, errichtete er auf diesem Grundstück erstmals als eigener Bauträger ein Wohnhaus mit 27 Einheiten, das er später mit beträchtlichem Gewinn an die Bayerische Versicherungskammer verkaufen konnte. Der große Aufstieg von J. Schörghuber und seinem 1952 gegründeten Unternehmen »Bayerische Hausbau« ist jedoch sehr eng mit der Entstehung des Arabellaparks verbunden.

Seine »Begehrlichkeit« für dieses Grundstück – so erzählt man sich – entwickelte Schörghuber bei einer Runde über der Stadt mit dem Sportflugzeug, wobei er das riesige Brachgelände aus der Luft entdeckte. Nachdem bereits in der Nachbarschaft mit der Parkstadt Bogenhausen durch das Gewerkschaftsunternehmen »Neue Heimat« ein großes neues Wohngebiet errichtet worden war, stand für ihn der Entschluß fest, ebenfalls in dieser Gegend zu investieren. Mit einem Gebot von 17,50 DM pro Quadratmeter für die ersten Grundstücke konnte er damals alle Mitbewerber für das Areal überbieten. Unter ihnen befand sich auch wieder die Neue Heimat, die hier eine sogenannte Parkstadt II errichten wollte.

Am 26. September 1961 beschloß die Landeshauptstadt München, für den heutigen Arabellapark einen Bebauungsplan aufzustellen, der nach der Diskussion von vielen unterschiedlichen Varianten schließlich am 18. Februar 1965 gebilligt wurde. Die hierin festgelegten Richtlinien standen ganz im Zeichen der damals modernen Auffassung von Städtebau: Aufgabe der Blockbauweise, Trennung der Verkehrsarten, möglichst intensive Durchgrünung und Mischung der Gebäudeformen – Vorgaben für die Struktur des Arabellaparks, wie sie letztlich auch noch in der Realisierung der jüngsten Bauabschnitte wiederzufinden sind, wenn auch die architektonische Aufrißgestaltung den Wandel des Zeitgeschmacks deutlich widerspiegelt.

Daß mit dem Arabellapark neue Dimensionen des Bauens in München zu erwarten waren, konnte man spätestens dann erkennen, als das Arabellahaus selbst in die Höhe zu wachsen begann. Es wurde von dem Münchner Architekten Toby Schmidbauer entworfen, der sich damit sehr stark an amerikanischen Vorbildern orientierte. Die insgesamt 23 Stockwerke zählende Hochhausscheibe wird in ihrer Gestalt im wesentlichen geprägt durch die vielfache Aneinanderreihung von Fertigbauteilen: Hinter einer Fassade, bestehend aus Hunderten gleicher Elemente, verbergen sich allerdings sehr unterschiedliche Nutzungen. Neben mehreren Hoteletagen findet man Stockwerke mit Boardinghouse-Appartements; normale Ein- und Zweizimmer-

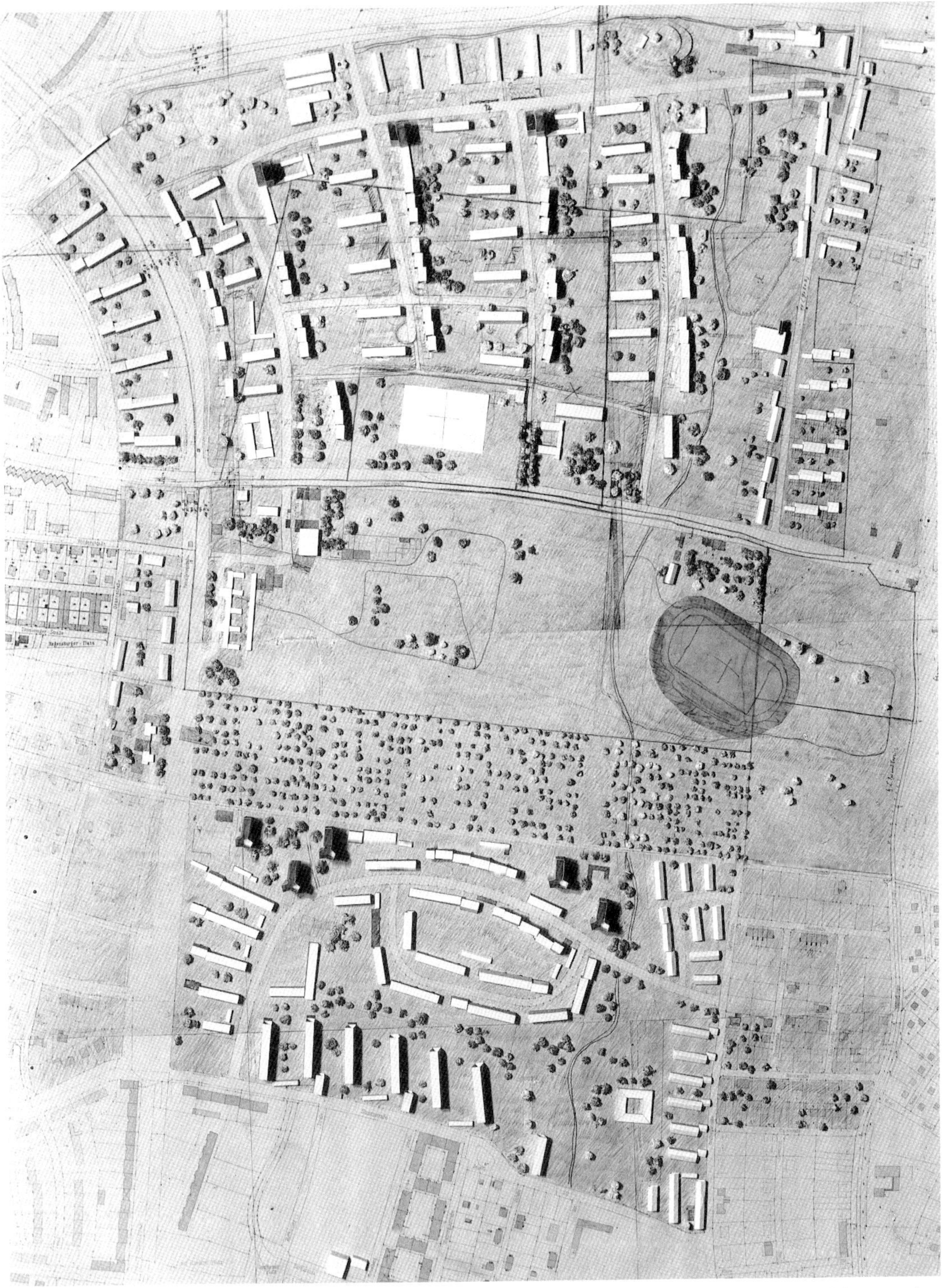

Modell für die auf dem Gelände des heutigen Arabellaparks ursprünglich geplante Parkstadt II (oben) und die verwirklichte Parkstadt I (unten). In der Mitte die Kleingartenanlage und der Denninger Anger.

Beginn der Bauarbeiten am Arabellapark (Bildmitte). Etwa zeitgleich entsteht das erste der 5 Punkthochhäuser an der Englschalkinger Straße und der erste Bürokomplex links der Denninger Straße. Noch scheint der Straßenbau am Effnerplatz und dem Mittleren Ring für den bestehenden Verkehr weit überdimensioniert, Aufnahme 1965

wohnungen (zu einem anfänglich reduzierten Mietpreis bei Erstbezug von 6,50 DM pro Quadratmeter) sind dort ebenso vorhanden wie großzügige Luxussuiten mit Fullservice. Sogar zwei Privatkliniken gibt es hier, zu deren Patienten früher auffallend viele Orientalen gehörten. Seit dem Golfkrieg sieht man sie allerdings nur noch selten. Auch gewöhnliche Arztpraxen, Büros, ein bekanntes Tonstudio im dritten Kellergeschoß, eine Einkaufsstraße mit rund 30 Läden, Restaurants und Fitneßcenter ergänzen das vielfältige Angebot des Hauses, dessen buchstäblichen »Höhepunkt« ein Swimmingpool im 22. Stockwerk darstellt. »Arabella-Mar« heißt dieser Ort, der dem Zeitgeist entsprechend inzwischen zu einem »tropischen Badeparadies« umgestaltet wurde, und in Pool, Sauna, Dampfbad oder der

Arabellahaus und Sternhaus (rechts), im Bau, Aufnahme September 1968

»Karibikbar«, hoch über den Dächern Bogenhausens, gelingt es vielleicht doch, die Anonymität ein wenig zu durchbrechen, die sonst mit dieser Art von Architektur häufig verbunden ist.

Das Arabellahaus verkörpert die Idee der sechziger Jahre, die Stadt mit möglichst vielen ihrer Einrichtungen in das Gebäude zu holen. Möglichst vollkommene Multifunktionalität unter einem Dach war das Ziel und gleichzeitig Reaktion auf immer weiter fortschreitende Entmischung von Funktionen in der allgemeinen Stadtentwicklung. Und der Slogan der »Stadt in der Stadt« wurde auch später wieder bemüht, um das Besondere des Arabellaparks als gedachtes Zentrum des Stadtteils Bogenhausen herauszustellen. Bevor aus dem Arabellahaus aber tatsächlich der heutige Stadtteil hervorging, verstrich zunächst noch lange Zeit, und längst nicht alle dabei entwickelten Pläne und Ideen haben auch ihre Verwirklichung gefunden. So wurden z. B. Entwürfe Ernst Hürlimanns für ein »Bavaria-Kongreßhotel« mit ursprünglich 17 Geschossen, 623 Zimmern und einem Kongreßsaal mit 1500 Plätzen erst gründlich umgearbeitet, bis daraus das heutige »Sheraton« entstand. Rechtzeitig zu den Olympischen Spielen 1972 eröffnete es nach vierjähriger Zeit für Planung und Bau seine Pforten. Architekt war Edgar Frasch. Mit insgesamt 1300 Betten, verteilt auf schließlich sogar 20 Stockwerke der Hochhausscheibe und einen niedrigeren zusätzli-

Arabellahaus (Bildmitte) und Sternhaus (rechts) im Bau. Im Vordergrund die Englschalkinger Straße. An der Stelle der Kleingartenanlage befindet sich heute das Krankenhaus Bogenhausen, Aufnahme Oktober 1968

chen Zimmertrakt, wurden hiermit in Münchens Hotellandschaft neue, amerikanisch anmutende Akzente gesetzt. Sogar ein sogenanntes Autohotel nach Vorbildern aus der neuen Welt war ursprünglich einmal auf der Fläche östlich des Rosenkavalierplatzes geplant – etwa dort, wo heute der Busbahnhof liegt. Daraus ist jedoch nichts mehr geworden, worum es sicherlich weniger schade ist, als um einige leider ebenfalls niemals verwirklichte Pläne kultureller Einrichtungen.

So existierte bereits Ende der sechziger Jahre ein Angebot Schörghubers an die Stadt, ihr östlich des Arabellahauses das Grundstück für eine Konzerthalle mit 2500 bis 2800 Plätzen zu schenken. Dieses Angebot wurde ebenso verworfen wie sein Vorschlag, die Stadt bei Zahlung eines Baukostenzuschusses von 16,5 Millionen DM zur 50prozentigen Miteigentümerin an der geplanten Konzerthalle zu machen, deren Gesamtkosten damals auf 36 Millionen DM veranschlagt worden waren. Es ist wohl in erster Linie das Veto der Münchner Philharmoniker selbst gewesen, welches auch diese Idee zu Fall gebracht hatte. Man sagt, daß sich das Münchner Ensemble vor allem deshalb dagegen wehrte, weil es dann nicht mehr alleine über die Besetzung des Hauses hätte entscheiden dürfen, sondern auch Dritten (vor allem Schörghuber) Belegungsrechte eingeräumt werden sollten. Vielleicht mag es in diesem Sinne sogar eher kontraproduktiv gewesen sein, daß Schörghuber als Befürworter seines Projektes gerade Herbert von Karajan gewinnen konnte, war dieser seinerzeit doch Chef der bereits weltberühmten Konkurrenz aus Berlin.

Auch ohne Beteiligungsangebot der Stadt wurde für das als Mehrzweckeinrichtung konzipierte Projekt, dessen Nutzungsspanne »vom großen Symphoniekonzert bis zum Kongreß und zur Fernsehshow« reichen sollte, ein Wettbewerb ausgelobt, und die siegreichen Architekten Paolo Nestler und Carlfried Mutscheler erarbeiteten Pläne bis zur fertigen Eingabereife. Daß es schließlich doch nicht zu deren Verwirklichung kam, hatte vor allem ökonomische Gründe: Das Projekt wäre wohl nur dann zu realisieren gewesen, wenn auf dem vorgesehenen Grundstück ein höheres Baurecht gewährt worden wäre. Das jedoch lehnte die Stadt ab, und so blieben die Münchner Konzerthausprovisorien im Deutschen Museum bzw. im Herkulessaal der Residenz noch weitere 15 Jahre ohne Alternative, bevor dann schließlich das Haus am Gasteig eröffnen konnte.

Zumindest aus heutiger Sicht ist zu sagen, daß sich die Stadt mit ihrer strikten Antihaltung in diesem Punkt selbst kaum einen Gefallen erwiesen hat. Gleichzeitig wurde freilich auch der Arabellapark einer möglichen Einrichtung beraubt, die für sein Image und vor allem für das multifunktionale Planungskonzept gleichermaßen bedeutsam gewesen wäre. Nicht übersehen werden darf dabei auch, daß eine solche Konzerthalle als zentrale Einrichtung einer Stadt allabendlich viele Besucher angezogen hätte, so daß es als Sachzwang vermutlich wesentlicher rascher zur besseren Anbindung an ein leistungsfähiges öffentliches Verkehrsnetz gekommen wäre.

Zu erwähnen ist schließlich noch, daß auch Pläne für ein »Modern Art Museum« im Arabellapark bestanden, die von einem hierzu eigens gegründeten Verein (unter Mitwirkung des Industriellen Gunther

Herbert von Karajan bei der Begutachtung des Modells für die geplante Richard-Strauss-Halle, rechts J. Schörghuber

Sachs) und Schörghuber zeitweise gemeinsam verfolgt wurden. Auch sie scheiterten letztlich an planungsrechtlichen Vorschriften, da die im Bebauungsplan von 1965 festgelegten Werte für das Maß der baulichen Nutzung überschritten worden wären.

Dieser Bebauungsplan umfaßte das Gebiet zwischen dem Denninger Anger im Süden, der Englschalkinger Straße im Norden, der Richard-Strauss-Straße im Westen und den entlang der Vollmanstraße im Osten bereits vorhandenen Häusern. Im westlichen Teil wurde sog. Kerngebietsnutzung für eine relativ dichte Bebauung ausgewiesen (Geschoßflächenzahl – GFZ – von 2,0), wobei alle Planungen Rücksicht zu nehmen hatten auf die Trasse der damals schon projektierten U-Bahn-Linie. Zumindest der östliche Teil des Grundstücks blieb weiterhin vorgesehen als »allgemeines Wohngebiet« (mit einer GFZ von 1,0), nachdem in früheren Plänen einmal sogar das ganze Gelände für den freifinanzierten Wohnungsbau ausgewiesen werden sollte.

Inzwischen jedoch wurde gerade die relativ enge Verzahnung von Wohnen und Arbeiten als das Besondere des Arabellaparks hervorgehoben und ganz bewußt als Gegenkonzept zur bis dahin verbreiteten Ideologie der weitgehenden Funktionstrennung propagiert.

Daß dieses Konzept der Architekten und Stadtplaner aufgegangen wäre, läßt sich bis heute allerdings nur sehr bedingt feststellen. Im Jahr 1990 ergab eine Befragung von rund 700 Beschäftigten des Arabellaparks, daß insgesamt nur wenig mehr als 2,5 Prozent davon hier auch tatsächlich wohnten. Aus ganz Bogenhausen kamen rund zehn Prozent der Beschäftigten; für alle übrigen lagen Wohn- und Arbeitsplatz nach wie vor räumlich deutlich voneinander getrennt.

Ein zweiter Planungsgrundsatz, der hier verwirklicht werden sollte, war die Ausweisung von Fußgängerbereichen im Quartier, gleichzeitig aber auch die Schaffung einer großen Zahl von Stellplätzen und Tiefgarargen, denn »autogerecht« sollte der neue Stadtteil natürlich zur damaligen Zeit dennoch bleiben. Schon die weiteren Projekte machten deutlich, daß am Ende viel mehr Arbeitsplätze entstehen sollten, als Wohnungen im unmittelbaren Umgriff vorhanden bzw. geplant waren. Abzusehen war damit auch ein großer zusätzlicher Parkplatzbedarf – wenn auch vielleicht noch nicht das heute vielfach auf den Straßen des Arabellaparks herrschende Chaos.

Das erste Bürohaus im neuen Stadtteil war das sechsgeschossige Gebäude zwischen dem heutigen Arabellahaus und der Denninger Straße, das vom gleichen Architekten (Toby Schmidbauer) wie die markante Hochhausscheibe selbst entworfen wurde. 1970 entstand am Rosenkavalierplatz das Haus des Bayerischen Staatsministeriums für Landesentwicklung und Umweltfragen (Architekt Edgar Frasch). Im gleichen Komplex untergebracht ist das Zentrum für Bildungsforschung mit den drei Staatsinstituten für Hochschulforschung und -planung, für Schulpädagogik und für Frühpädagogik. Zu den früheren Mietern gehörte u. a. auch MBB.

Die Entscheidung des Ministeriums für diesen dezentralen Standort wäre beinahe als demonstrativer Akt zu interpretieren, der für eine Verlagerung von Verwaltungen und Behörden aus der überlasteten Innenstadt hätte sprechen können. Einrichtungen wie das Europäische Patentamt und jüngst auch der Neubau der Bayerischen Staatskanzlei zeigen jedoch, daß dieses Signal – wenn es ein solches hätte sein sollen – weitgehend ungehört geblieben ist... Oder sollte die Zuweisung dieses zunächst relativ peripheren Standortes für das damals erst eingeführte Ministerium nur Ausdruck dafür gewesen sein, daß man innerhalb der Regierung dieser neuen Behörde nicht die gleiche Bedeutung beimessen wollte wie den traditionellen Ressorts?

Kontrastierend zu den beiden genannten Gebäuden entwarf Toby Schmidbauer das sog. »Sternhaus« an der Kreuzung Englschalkinger- und Effnerstraße (1967–1969). Als architektonisch interessant gilt dessen Grundriß. Er erinnert an Windmühlenflügel, deren Achsen in sich etwas verschoben sind. Ursprünglich von Schörghuber als Mietbürohaus errichtet, wurde das 18geschossige Objekt 1976 von der BayWa AG im Leasingverfahren erworben und später durch einen modernen Sockelanbau ergänzt (Architekten: C. Winkler, E. Effinger, G. Altmann). Heute arbeiten hier ca. 1800 Menschen.

Die letzten Bauten der frühen Entwicklungsphase waren der Stahlbetonbau der Bundespost, parallel zur Arabellastraße, sowie eine Bürohausscheibe mit 14 Geschossen auf dem östlich angrenzenden Grundstück. Der zentrale Teil des Arabellaparks zwischen Denninger- und Elektrastraße sowie die Baugrube des verhinderten Konzerthauses östlich des Arabellahauses, blieb jedoch noch über ein Jahrzehnt unbebaut.

Abgesehen von den bereits erstellten Wohngebäuden nördlich der Elektrastraße kamen weitere 1490 geplante Wohneinheiten sowie 94000 Quadratmeter Bruttobürogeschoßfläche zunächst nicht mehr zur

Vision des Arabellaparks nach Modellvorstellungen der 60er Jahre. In der Fotomontage vorweggenommen die Idee der »kleinen Tunnellösung« am Effnerplatz. Der Flachbau links neben dem Arabellahochhaus sollte die Richard-Strauss-Halle werden

Ausführung, da die Stadt hierfür keine Baugenehmigung erteilte. Begründet wurde dieser faktische Baustopp in erster Linie damit, daß die nötigen infrastrukturellen Folgeeinrichtungen (insbesondere eine Grundschule und der Ausbau des Öffentlichen Personennahverkehrs) nicht finanziert werden könnten. Zudem hatten sich die Zielvorstellungen der Stadtentwicklungsplanung zwischenzeitlich geändert. Insbesondere schien es zeitweise, daß der Münchner Wohnungsmarkt nach dem Bauboom im Vorfeld der Olympiade vorerst gesättigt sei, und freifinanzierter Wohnungsbau, wie er hier geplant war, zur damaligen Zeit nicht mehr im »öffentlichen Interesse« lag.

Im Oktober 1973 beschloß der Stadtrat daher, bis zum Vorliegen neuer Erkenntnisse die Ausweisung von Baurecht äußerst restriktiv zu handhaben.

»Neue Erkenntnisse« von Planern und Politikern führten Mitte der siebziger Jahre dann zum zweiten Stadtentwicklungsplan. Vor dem Hintergrund wachsender Verkehrsprobleme in der Innenstadt wurde von den Fachleuten darin das Konzept der polyzentrischen Stadtstruktur entworfen. Hierbei sollte die Entwicklung eines Kranzes neuer Nebenzentren mit guter Ausstattung an Versorgungs- und Dienstleistungseinrichtungen forciert werden, die zu einer Entlastung der City beitragen könnten. Auch für den Münchner Nordosten war ein solches Subzentrum vorgesehen, als dessen Standort im Entwurf des Planes zunächst jedoch nicht der Arabellapark, sondern Englschalking empfohlen wurde. Diese Entscheidung hätte freilich auch ganz erhebliche Konsequenzen für die weitere Zukunft des Arabellaparks mit sich gebracht, und die Vision der »Stadt in der Stadt« vermutlich gänzlich zum Scheitern verurteilt. Einige Zeit später wurde der ursprüngliche Plan jedoch nochmals geändert und in der endgültigen Fassung des Stadtentwicklungsplanes dann doch noch der Arabellapark als künftiger Zentrenstandort ausgewiesen. Grund für den nochmaligen Meinungsumschwung war schließlich die Einsicht, daß im Arabellapark mit Bau oder Planung von zwei Hotels, Ministerium, Gymnasium, Hallenbad und Krankenhaus sowie einer beträchtlichen Zahl von Arbeitsplätzen bereits Fakten geschaffen worden waren, die für die Entwicklung eines Zentrums ausgenutzt werden sollten. Ein nicht unwesentlicher Punkt war darüber hinaus auch die Tatsache, daß der Großteil der für die Entwicklung des Stadtteilzentrums in Frage kommenden Flächen in einer Hand lag, und die Stadt bei den bodenordnenden Maßnahmen nur mit einem, anstatt mit sehr vielen Eigentümern verhandeln mußte. Außerdem zeigte sich Schörghuber auch bereit, die für das Konzept der Stadt erwünschten privaten Investitionen zu tätigen. Die endgültige und verbindliche Entscheidung für den Arabellapark fiel schließlich durch Stadtratsbeschluß am 7. Juli 1976.

Als besondere Schwierigkeit und Problematik für die Standortwahl erwies sich vor allem die sehr weitläufige Siedlungsverteilung im Münchner Nordosten. Die punktuelle Neubautätigkeit in Johanneskirchen, Fideliopark, Cosimapark und Arabellapark bei relativ großen, dünnbesiedelten Zwischenräumen konnte keinen zusammenhängenden Einzugsbereich für höherrangige Funktionen schaffen. Aus diesem Grund war die Versorgungssituation im Stadtteil Bogenhausen außerhalb des Mittleren Rings von jeher sehr schlecht. Den 3,3 Prozent der dort wohnenden Bevölkerung Münchens standen Mitte der siebziger Jahre nur 1,1 Prozent der gesamten Verkaufsfläche gegenüber, so daß zwei Drittel aller Einkäufe in der City oder den Innenstadtrandgebieten getätigt wurden. (Quelle: Standortkonzept, 1976.)

Obwohl sich zu Anfang der siebziger Jahre wegen der beschriebenen Rechtsunsicherheit im Arabellapark äußerlich – wenig bewegte (mit Ausnahme des begonnenen U-Bahn-Baus), wurden dennoch weiterhin große Pläne geschmiedet. Dies betraf insbesondere die Errichtung künftiger Bürobauten. Schon seit 1969/70 arbeiteten namhafte Architekten an den Entwürfen für ein Verwaltungsgebäude der Hypobank, die bestrebt war, ihre aus Platzmangel über immer mehr Standorte der Innenstadt verteilte »Zentrale« wieder räumlich zusammenzufassen. Auch hierfür sahen die Architekten überwiegend Hochhausscheiben, Klötze und Kuben in unterschiedlicher Anordnung zueinander vor. Der erste Preis eines Architektenwettbewerbs wurde vergeben für einen 13geschossigen Vierkanter mit 77 Metern Seitenlänge, der auf einer knapp zwei Meter über Straßenniveau angehobenen Plattform hätte stehen sollen. Da dieser Bau den Blick vom Mittleren Ring auf das Arabellahaus fast völlig versperrt hätte, folgte auch prompt der Einspruch des Grundstücksnachbarn Schörghuber. Dieser Einspruch hatte schon deshalb besonderes Gewicht, da die Bank noch einen Teil des notwendigen Grundstücks von ihm kaufen wollte. Daneben existierte jedoch auch der Wunsch der Stadt, bei der architektonischen Lösung doch nach einer überzeugenden städtebaulichen Dominante zu suchen, was schließlich zu dem heute realisierten Gebäudeentwurf führte, mit dessen Ausführung im September 1974 begonnen wurde.

Über einem gewaltigen sechsstöckigen Basisbau von 80 Metern Länge und 40 Metern Breite erheben sich die drei an schlanken Pfeilern aufgehängten Prismentürme mit bis zu 25 Geschossen. 18 Meter unter der Erde liegt der 2500 Quadratmeter große Tresorraum, in dem alle Effekten verwahrt werden, die zuvor auf 150 Stellen der Bank verteilt waren. (Schon bald nach Einzug lagerten hier 1,5 Millionen Depoteinzelbestände für insgesamt 300000 Kunden.) Die silbrig glänzende Aluminiumglashaut mit ihren gerundet-eckigen Füllungen gibt dem Bau ein vornehm-gediegenes Gepräge, das die Repräsentationszwecke einer Bank auf interessante Weise erfüllt. Insgesamt 2400 Beschäftigten bietet das 1981 fertiggestellte Gebäude Platz, das mit seinen 114

Emporwachsen der Pfeiler des Hypo-Turms, Juli 1979

Brunnen am Hypo-Haus

Die Richtkrone über dem Hypo-Haus (3. 3. 1980) mit Blick über Bogenhausen und Englischen Garten zur Altstadt

Metern Höhe in der Stadt bis heute nur vom Olympiaturm und dem Schornstein eines Heizkraftwerks überragt wird. »Manhattan an der Isar« wird seither der Arabellapark auch oft genannt, wenngleich Bankzentralen andernorts nicht selten noch weit höher in den Himmel wachsen. Auch als »Pfahlbau von Bogenhausen«, als »Sparzinsen-Walhalla«, »Neu-Wahnstein« oder als »Babylonische Türme der Unvernunft« wurde das Werk der Architekten Walther und Bea Betz in der Presse tituliert. Auch was den Preis betrifft, läßt sich das Gebäude nur mit Superlativen beschreiben: Immerhin 485 Millionen DM ließ sich die Bank ihr neues Domizil kosten, und an vielen Stellen der Stadt sind es nun nicht mehr die alten Türme der Frauenkirche, die die

Die Zentrale der Bayerischen Hypotheken- und Wechselbank München mit dem Hypo-Turm und begrünten Dachflächen am Mittleren Ring (Richard-Strauß-Straße) gegen Süden, links das Arabella-Hochhaus, am oberen Bildrand die Heimgartenanlagen am Schreberweg

Stadtteilzentrum Arabellapark nach Fertigstellung im Sommer 1984

Silhouette der bayerischen Metropole bestimmen, sondern die – unabhängig von allen Meinungsverschiedenheiten – jedenfalls sehr interessante Architektur einer Bank aus Bogenhausen. Eine Entwicklung mit Symbolwert, sicherlich weit über den Stadtteil hinaus.

Nachdem die Entscheidung im Stadtrat gefallen war, als Stadtteilzentrum für den Münchner Nordosten nun doch den Arabellapark auszuweisen, konnten auch die übrigen Pläne wieder aufgegriffen werden, an denen Schörghuber als betroffener Grundstücksbesitzer über all die Jahre der Planungsunsicherheit beständig festhielt. Jetzt ging es um die Vervollständigung der Bürobebauung, um das Wohngebiet entlang der Elektrastraße und schließlich um die Gestaltung des eigentlichen Zentrums östlich des Arabellahauses, für dessen Funktionieren mehr Wohnungen in der Umgebung ja von höchster Bedeutung waren.

1976 wurde hierfür der Architektenwettbewerb ausgeschrieben, der das verbleibende Grundstück von ca. 14 Hektar umfaßte. Als erster Preisträger ging das Team Stöter-Tilmann, Kaiser, Friedrichs und Kleye hervor; den zweiten Preis erhielt das Büro von Busse und Partner, Blees, Buch und Kampmann. Für die Ausführung wurden schließlich die Entwürfe der zwei erstplazierten Büros gemeinsam verarbeitet. Die Gesamtdurchführung der Baumaß-

Luftbild des fertigen Arabellaparks Ende der 80er Jahre

nahmen war bereits in der Wettbewerbsbeschreibung Schörghubers KG Bayerische Hausbau-GmbH & Co. vorbehalten, die beabsichtigte, »die vorgeschlagene Bebauung auf eigenen Grundstükken selbst durchzuführen und zu betreiben«.

Grundsteinlegung für das, was schließlich erst offiziell den Namen Arabellapark bekam, war am 23. April 1980, und acht Jahre später war das Werk vorerst abgeschlossen. Das letzte der drei für die Bayerische Versicherungskammer errichtete Bürogebäude an der Arabellastraße konnte 1988 bezogen werden, nachdem kurz zuvor auch der Neubau der Kirche St. Rita das bis dahin bestehende Provisorium abgelöst hatte.

Auch andere bedeutende Versicherungen, wie die Allianz, die Hamburg-Mannheimer und die Münchner Rück, daneben die Bayerische Ärzteversorgung, der Burda-Verlag, um nur die größeren Unternehmen zu nennen, haben sich im Arabellapark eingekauft. Die Bürogebäude werden teilweise selbst genutzt, vielfach jedoch auch von den Erwerbern an andere Firmen weitervermietet, wobei der Standort Arabellapark inzwischen zu einer sehr repräsentativen und attraktiven Geschäftsadresse geworden ist.

Die Bürohausarchitektur der jüngeren Generation wird bestimmt durch überall wiederkehrende Grundrißabkantungen von 45 Grad und ständiger

Höhenvariation, wodurch sie sich deutlich abhebt von den wesentlich ruhigeren und stärker funktional verhafteten Blöcken der sechziger und siebziger Jahre.

Interessant ist auch der Gang durch die Elektrastraße, bietet sich hier doch erneut ein guter Eindruck vom Wandel der Architekturauffassungen innerhalb von nur 20 Jahren – diesmal für den Wohnungsbau: Die fünf Punkthochhäuser auf der Parzelle zwischen Elektra- und Englschalkinger Straße, hineingestellt in großflächiges Abstandsgrün, waren der Zeitgeschmack noch in den späten sechziger Jahren. Nicht zuletzt als Reaktion auf die vielfältige Kritik an der angeblichen Beziehungslosigkeit und Anonymität dieses Baustils entstanden später die differenziert gestaffelten Gebäude auf der Südseite der Elektrastraße. Durch vier U-förmig angelegte, bis zu acht Stockwerken hohe Gebäudekomplexe ergeben sich jeweils offene »Innenhöfe«, die durch eine etwas niedrigere, leicht konkave Reihe von Eigentumswohnanlagen im Süden optisch geschlossen werden. Für den Wohnkomplex entlang der Elektrastraße wurden die Pläne von Stöter-Tilmann, Kaiser und Kleye verwirklicht. Die Wohngebäude westlich der Daphnestraße haben Eberhard Fischer und sein Büro entworfen. Insgesamt 3600 Wohnungen zählt das neue Quartier des Arabellaparks, dessen Menschen das Schicksal von Neubürgern in manch anderen modernen Großwohnanlagen weitgehend erspart geblieben ist: Die meisten Einrichtungen für den täglichen Einkauf und häufigere Dienstleistungen etc. wurden nämlich bereits früher oder annähernd zeitgleich fertiggestellt.

Auch wenn sich die noch engere Verzahnung verschiedener Einkaufs- und Dienstleistungseinrichtungen mit den Wohnbereichen (wie sie für die um die Jahrhundertwende gebauten Innenstadtrandgebiete kennzeichnend ist) auf dem freien Markt wohl nicht hat durchsetzen lassen, so liegt das Zentrum der Versorgung noch immer in fußläufiger Entfernung der Bewohner. Rund um den vor allem nach Plänen von Busse und Partner gestalteten Rosenkavalierplatz konzentrieren sich jene Ladengeschäfte, die von den Bewohnern und Beschäftigten des Arabellaparks häufiger benötigt werden. Daneben gibt es auch eine Außenstelle der Münchner Volkshochschule, eine große Stadtbücherei, ein Altenservicezentrum, einige Restaurants, Bistros etc. und sogar zwei inzwischen stadtbekannte Kinos. Verglichen mit den kulturellen Plänen von einst, ist dies freilich nur ein bescheidener Rest, und an der Stelle, wo heute auch die Richard-Strauss-Halle stehen könnte, befindet sich nun ein kleines Kongreßzentrum (für maximal 420 Personen).

Zwar sind auch einige »edle« Geschäfte vorhanden, die ihre Kundschaft vor allem unter den Hotelgästen finden und damit offensichtlich genügend Umsatz erwirtschaften; die Bewohner und Beschäftigten des Arabellaparks würden sich jedoch ein umfassenderes Einzelhandelsangebot für die mittel- und langfristige Bedarfsdeckung wünschen. Dennoch scheint es offensichtlich schwer zu sein, eine genügend große Nachfrage zu finden, damit sich solche Geschäfte rentieren. Einerseits gibt es unweit entfernt im Gewerbegebiet Unterföhrings gewichtige Konkurrenz, aber auch die City mit ihrem naturgemäß vielfältigeren Angebot ist durch die inzwischen günstige Anbindung mit der U-Bahn eher noch attraktiver für den Münchner Nordosten geworden. So nimmt es auch nicht wunder, daß aus dem ursprünglich hier geplanten Kaufhaus letztlich nur ein – für die Grundversorgung allerdings wichtiger – Supermarkt geworden ist.

Verhungern also brauchen sie nicht, die Bewohner und Beschäftigten des Arabellaparks. Auch gibt es eigene Bäcker und Metzger, deren Handwerkszunft sogar als Symbol am traditionellen Maibaum auf dem Marktplatz zu finden war; ebenso waren Berufe wie Maler, Maurer und Friseur, Kindergärtnerin und Krankenschwester dort vertreten. Daneben aber war dies wahrscheinlich der einzige bayerische Maibaum, der auch den modernen High-Tech-Berufen bereits den gebührenden Respekt zollte: Da war auch ein Mann dargestellt, wie er mit Computerauszug in der Hand vor einer Großrechenanlage

Von links: Josef Schörghuber, Schauspieler Max Grieser, Georg Kronawitter, Paul Reinhardt

steht... Die Begegnung zwischen Tradition und Moderne – sie hat im Arabellapark viele Spielarten...

Alles in allem wurden hier über zwei Milliarden DM investiert. Insgesamt 15 Millionen Arbeitsstunden waren die Bauhandwerker tätig, und was dabei an Bauvolumen entstand, könnte die Cheopspyramide fast eineinhalbmal aufnehmen.

Seit 27. Oktober 1988 ist schließlich auch die U-Bahn-Linie fertiggestellt, die den Arabellapark in knapp zehn Minuten mit dem Hauptbahnhof verbindet. Damit wurde die langjährige Forderung Schörghubers nach einer auch mit öffentlichen Verkehrsmitteln leistungsfähigen Anbindung des neuen Stadtteils endlich erfüllt. Nachdem durch den westlichen Ast dieser U-Bahn-Linie an der Theresienhöhe und am Heimeranplatz ebenfalls Großprojekte des Unternehmers verkehrsgünstig erschlossen wurden, war für diese Strecke zeitweise auch die Bezeichnung »Schörghuber-Linie« zu hören... und es gehört zu den Visionen jenes Bauherrn, daß ihm die Nachwelt ob seiner unternehmerischen Leistung vielleicht doch eines Tages jene Anerkennung zollt, die ihm heute im Trubel meist politischer Auseinandersetzungen von vielen noch vorenthalten wird.

Begegnung zwischen Tradition und Moderne am Marktplatz des Arabellaparks

»Eine Straße werden sie schon wenigstens nach mir benennen«... meint der oft etwas despektierlich als Münchner Spekulant, Bau- und Braulöwe titulierte Josef Schörghuber am Ende eines Interviews im Stammhaus des Unternehmens am südöstlichen Ende des Arabellaparks, in unmittelbarer Nachbarschaft zu dem, was man mit Fug und Recht als sein Lebenswerk bezeichnen kann,... und wie sehr ihm die Bezeichnung Arabella ans Herz gewachsen ist, mag man auch daran erkennen, daß seine Tochter auf den gleichen Namen getauft wurde.

Quellen

Kuhn, Walter: München-Bogenhausen – Stadterweiterungskonzeptionen von der späten Gründerzeit bis zur Gegenwart, in: Geipel, R.; Heinitz, G. (Hrsg.): München. Ein sozialgeographischer Exkursionsführer. – Münchner Geographische Hefte Nr. 55/56, Kallmünz/Regensburg 1987, S. 351–376.

Landeshauptstadt München. Referat für Stadtforschung und Stadtentwicklung: Standortkonzept für das Stadtteilzentrum Bogenhausen. München 1976 (unveröffentlicht).

Peters, Paulhans: Die Geschichte des Arabellaparks in München (unveröffentlicht, ca. 1987).

Wilhelm-Hausenstein-Gymnasium

Mit den Planungen der Bebauung am Arabellapark und im weiteren Umkreis war abzusehen, daß auch die Schulinfrastruktur im Münchner Nordosten verbessert werden mußte. Im Schuljahr 1970/71 begann man daher mit dem Aufbau eines Gymnasiums, dessen erste Klassen zunächst in Räumen der Schulen an der Ostpreußen- bzw. Regina-Ullmann-Straße in Oberföhring untergebracht waren. Schon bald aber wurde mit dem Bau des eigenen Gymnasiums begonnen.

Ein Ausschnitt aus dem Richtspruch für das neue Haus, der am 28. März 1973 gehalten wurde, lautet:

Wilhelm-Hausenstein-Gymnasium, im Hintergrund die Englschalkinger Straße in der zur Zeit der Aufnahme (Mitte der 70er Jahre) noch die Trambahn fuhr (Endhaltestelle Cosimapark rechts)

Der Großstadtlärm kommt immer näher
die Häuser werden immer höher,
die Straßen werden immer breiter,
und d' Leut, die werden immer gscheiter.
Oder vielmehr: Sie möchten gern,
daß ihre Kinder gscheiter werdn.
Drum sagen sie: »Jetzt geht's nimmer um,
wir brauchen ein Gymnasium.«

Mit Beginn des Schuljahrs 1973/74 hatte das Provisorium ein Ende, und das »Gymnasium an der Englschalkinger Straße«, wie die Schule zunächst hieß, konnte bezogen werden. Die offizielle feierliche Eröffnung erfolgte jedoch erst mehr als ein Jahr später, am 6. Dezember 1974, nachdem auch der Turnhallenbau abgeschlossen war.

Seit Anfang des gleichen Jahres trägt das Gymnasium den Namen Wilhelm Hausensteins, des bekannten Kunstschriftstellers und Essayisten. 1882 in Hornberg im Schwarzwald geboren, kam er als Student 1903 nach München, wo er 29 Jahre lang – darunter sechs Jahre in der Bogenhausener Montgelasstr. 8 – wohnte. (Danach zog er nach Tutzing am Starnberger See.) 1948 wurde Hausenstein Mitglied der Bayerischen Akademie der schönen Künste und 1950 deren Präsident. Neben seiner schriftstellerischen Tätigkeit übernahm Hausenstein im gleichen Jahr – auf Bitten von Konrad Adenauer – das Amt des Generalkonsuls in Paris und wurde dort 1953 erster deutscher Botschafter nach dem Krieg. Seine ganze Kraft widmete er dabei der Wiederherstellung gutnachbarschaftlicher Beziehungen zwischen dem deutschen und dem französischen Volk. Hausenstein starb am 3. Juni 1957. Sein Grab liegt im alten Bogenhauser Friedhof. In unmittelbarer Nähe, oberhalb der Isaranlagen, benannte die Stadt einen schönen Spazierweg nach Wilhelm Hausenstein und erwiderte auf diese Weise dessen »Liebe zu München«, wie der Titel eines seiner Werke, das erst 1958 posthum veröffentlicht wurde, heißt.

Quellen

Der Elternbeirat des Wilhelm-Hausenstein-Gymnasiums (Hrsg.): Lebenslauf von Wilhelm Hausenstein und Bibliographie Wilhelm Hausensteins, o. O. 1990.

Gymnasium an der Englschalkinger Straße (Hrsg.): Jahresbericht 1972/73.

Wilhelm-Hausenstein-Gymnasium (Hrsg.): Jahresberichte der Jahrgänge 1973/74, 1974/75, 1976/77.

St. Rita

Obwohl die Kirche selbst erst am 11. Oktober 1987 eingeweiht worden ist, so besteht die Seelsorgegemeinde St. Rita von München-Bogenhausen doch schon fast 20 Jahre länger. Bereits Ende 1968 hielt Kurat Josef Hurler die ersten Gottesdienste in einer hölzernen Notkirche an der Arabellastraße, während ringsum noch für längere Zeit die Schafe weideten. Außerliturgische Zusammenkünfte der damals noch sehr kleinen Gemeinde fanden nicht selten in der Privatwohnung des Priesters statt. Ein erster Bauauftrag auf Errichtung eines Pfarrzentrums wurde 1973 von der Lokalbaukommission der Stadt zunächst einmal als »nicht genehmigungsfähig« zurückgewiesen. 1974 erfolgte erneut eine Ablehnung des Bauvorhabens für die inzwischen auf ca. 2500 Seelen angewachsene Gemeinde. Erst 1976 konnte dann schließlich doch ein neues provisorisches Gemeindehaus – ebenso wie die Notkirche aus Holzfertigteilen montiert – eingeweiht werden. Dennoch war das Weiterbestehen der Eucharistiegemeinde lange nicht gesichert. Noch im Frühjahr 1982 wurde von Vertretern des erzbischöflichen Ordinariats der Plan geäußert, die Kuratie St. Rita wieder aufzulösen. Dies stieß allerdings auf heftigsten Widerspruch der Kirchenverwaltung und der Pfarrgemeinderatsmitglieder, so daß der Plan schließlich doch wieder zurückgezogen und – wenig später – statt dessen die Genehmigung zur Errichtung eines Pfarrzentrums erteilt wurde. Am 21. Juli 1983 kam es endlich zum ersten Spatenstich für das neue Pfarr- und Sozialzentrum mit Pfarrbüro und Pfarrhaus, Caritasbezirksstelle, ökumenischer Sozialstation und Eheberatung sowie Hausmeisterwohnung, katholischer Jugendstelle für das Dekanat München-Bogenhausen, Jugendräumen,

St.-Rita-Gesamtanlage, um 1988

Seniorenstube und Gemeindesaal. 1985 wurde dieser Bau eingeweiht, zu dem auf dem nördlichen Teil des Grundstücks inzwischen noch der dreiteilige Kindergarten hinzukam. Am 18. November 1984 konnte schließlich auch die Grundsteinlegung zur Kirche erfolgen. Knapp drei Jahre später, am 11. Oktober 1987, nahm Erzbischof Friedrich Kardinal Wetter die Weihe der neuen Kirche vor und erhob die bisherige Pfarrkuratie zur selbständigen Pfarrei.

Die Konzeption der gesamten Anlage, die sich – mit Ausnahme des Kindergartens – um einen ruhigen, atriumartigen Brunnenhof angenehm gruppiert, stammt von den Münchner Architekten Adolf und Helga Schnierle. Ihnen ist die schwierige Aufgabe zugefallen, den himmelstrebenden und aufregenden Großbaukomplexen des benachbarten Arabellaparkes ein beschauliches Pendant entgegenzusetzen – auch wenn der Kirchturm bei weitem nicht das höchste Gebäude in dieser Pfarrgemeinde darstellt. Die vier Glocken von St. Rita (»Pater-Rupert-Mayer-Glocke«, »Michaels-Glocke«, »Marien-Glocke« und »Rita-Glocke«) sind jedenfalls auch hoch droben in den obersten Stockwerken des neuen Stadtteilzentrums zu hören und laden ein, am Leben der Pfarrgemeinde, die inzwischen auf 3 600 Mitglieder angewachsen ist, teilzunehmen.

Quelle

Katholische Pfarrkuratie St. Rita (Hrsg.): Weihe der Kirche St. Rita. München, 11. Oktober 1987.

St.-Rita-Notkirche von 1968. Im Hintergrund die ersten »Punkthochhäuser« mit Wohnungen im Arabellapark von 1967

Blick vom Prinzregentenplatz Richtung Nordosten auf die Parkstadt, den Denninger Anger und den Arabellapark, 1977. Im Hintergrund der Stadtrand mit Denning, Engelschalking (Cosimapark) und Johanneskirchen. Im Vordergrund die Wohnanlage der Bayerischen Versicherungskammer (Architekt Peter Lanz) an der Mühlbaurstraße, gegenüber das Max-Josephs-Stift

Die Prinzregentenstraße, rechts davon Alt-Bogenhausen mit St. Georg, mit Blick nach Westen über die Isar, die Innenstadt, Schwabing, Maxvorstadt und zum Olympiagelände, 1977

Städtebauliche Dominante am Arabellapark: Die Zentralverwaltung der Bayerischen Hypotheken- und Wechselbank am Mittleren Ring nach Nordosten, 1991 (Architekten: Walther und Bea Betz)

Im Herzogpark, Pienzenauerstraße zwischen Isarring und Vilshofener Straße. Eine Idylle im Umbruch?, 1992

Nachwort

Die Eingemeindung Bogenhausens nach München vor 100 Jahren hatte die erwünschten Verbesserungen des Lebensstandards gebracht: den Anschluß an das Stadtversorgungssystem – Wasser und Kanalisation, Gas uns Strom – an das Nahverkehrsnetz mit bald zwei Trambahnlinien, an das vorbildliche städtische Schulsystem und die Aufrechterhaltung der öffentlichen Ordnung durch die städtische Polizei. Durch das schnelle Wachstum war damit der Verlust dörflicher Überschaubarkeit und Nähe, Vertrautheit und Unverwechselbarkeit verbunden. Das alte Haufendorf um Montgelas-, Möhl-, Törring- und Ismaninger Straße hatte seine natürlichen Brennpunkte um St. Georg (mit Friedhof und Schule) und die Betz'sche Wirtschaft gehabt.

Das neue Bogenhausen hatte zwar mit der Prinzregentenstraße eine neu »Erschließungsachse« und neue Straßenzüge mit stattlicher Villen- und Mietshausbebauung im »oberen« und »unteren« – so wurde der Herzogpark auch genannt – Bogenhausen.

Aber einen echten Stadtviertelskern hatte dieses Bogenhausen nicht. Auch der Herkomerplatz geriet nie über einen Verkehrsknotenpunkt, eine Tram- und Bushaltestelle, hinaus. Es mangelte ihm an differenzierten Einkaufs- und Versorgungseinrichtungen, an einer über Schule und Kirche hinausreichenden kulturellen Zentralität und umfassenden Urbanität.

Der Charakter der neuen Großsiedlungen, zuerst der Parkstadt der Nachkriegszeit, dann des Arabellaparks unserer Tage vermittelt andere Arten von Lebensgefühl. Der Charakter als »Schlafstadt« hat sich bei der Parkstadt Bogenhausen erst durch die Ansiedelung spezialisierter Verlags- und Graphik- bzw. Druckerei-Betriebe im angrenzenden Ortsteil Steinhausen gemildert.

Die »Arbeitsstadt« des Arabellaparks – die Zahl hochspezialisierter Büroarbeitsplätze übersteigt die Zahl der Anwohner bei weitem – hat eine verbundene Kommunikationsstruktur erst durch Eröffnung der U-Bahn-Linie 4 erreicht. Um den Rosenkavalierplatz sind neben den Wohn- und Arbeitsplätzen zahlreiche Funktionen von Kultur, Freizeit und Konsum vorhanden. Dennoch fehlte ein zentraler Identifikationspunkt, wie ihn im alten Ortskern Bogenhausen bis heute unverwechselbar der Kirchturm von St. Georg darstellt. Der – wieder abgebaute – Maibaum zwischen Stahl-Glas-Beton-Flächen machte beklemmend darauf aufmerksam. Eine Entfaltung urbaner Kommunikation und Kultur kann hier nur erfolgen, wenn ansässige Bürger und Steuerbürger darin Geist und Geld investieren, gemeinsame Vollzüge des Alltags und der Festtage hier zu schaffen oder zu verstärken. Die U-Bahn bietet nicht nur die Möglichkeit, den Arbeitsplatz und die Wohnung in Richtung City und Kulturbetrieb schnellstens zu verlassen, sondern auch Gäste als Mitwirkende und Teilnehmer neuer gesellschaftlicher und kultureller »events« nach Bogenhausen in den Arabellapark einzuladen.

Die besondere Problematik Alt-Bogenhausens ist es, daß es sozusagen gänzlich unter Denkmalschutz, wenigstens unter Ensembleschutz, steht. Daher verliert sich leicht der Blick für Unterscheidungen und Abgrenzungen. Wenn im Hinblick auf die Wirtschaftlichkeit und Vermarktung von Grundstücken und Immobilien der Schutz eher formal – z. B. in Bezug auf die Bauhöhe – gehandhabt wird, wirken Fehlentscheidungen bald wie Flächenbrand. Zwar läßt sich die herrschende Entwicklung der Umwandlung von großbürgerlichen Villen und Wohnungen zur gewerblichen Nutzung von Musik- und Filmverlagen, Rechtsanwaltskonsortien und Bürogemeinschaften kaum zurücknehmen. Doch müßten die Behörden ihren Handlungsspielraum ausschöpfen und die Bürger und Nachbarn ihr Stadtviertelbewußtsein zum politischen Protest mobilisieren, um die ärgsten Schamlosigkeiten inneren Entkernung und äußerer Verbauung zu verhindern. »Nachbarschaft verpflichtet« könnte zum Motto einer alle umfassenden Einladung zur Integration von Neubürgern in das soziale und kulturelle Ambiente der Wohnquartiere Alt-Bogenhausens werden, ob es sich dabei z. B. um das Ifo-Institut für Wirtschaftsforschung (Poschingerstraße 5–9) oder das Bildungszentrum Weidenau der Konservativ-Katholischen Laienorganisation Opus Dei (Pienzenauerstraße 38) handelt. Es wäre wert, die Reserven an Gemeinschaftssinn dafür zu mobilisieren und die Anonymität von Immobilien-Holdings zu durchbrechen.

Soweit es das alte Ensemble um St. Georg betrifft – die Kirche, den Friedhof, den Pfarrhof, die in städtischem Besitz befindlichen Schul- und Kindergartengebäude am Bogenhauer Kirchplatz bzw. in der Neuberghauser Straße –, so bedarf auch eine Idylle der sorgsamen Pflege. Ob die derzeitigen Nutzungen des Rätsels Lösung sind, sei dahingestellt. Erst unlängst ist die Zeit einer reformfreudigen pädagogischen Provinz am Bogenhauser Kirchplatz abgelaufen. Könnte hier auf altem Kulturboden nicht etwas Neues entstehen, das etwa den Geist der Widerstandskämpfer um St. Georg wider den Ungeist ihrer Zeit verbindet mit dem Überlebenswillen des Judentums der Möhlstraße der Nachkriegszeit? Oder weiter gefaßt: eine Stätte interkultureller und multikultureller Arbeit und Begegnung, die sich aus ihren örtlichen Quellen speist. Früher machten sich die Protagonisten und Förderer neuer umfassender Entwicklungen und örtlicher Neugestaltungen direkt in der Nachbarschaft ansässig: in den ehemaligen Edelsitzen Neuberghausen und Stepperg.

Bildnachweis

Umschlagbild: Bertram-Luftbild, München
Vor- und Nachsatz: Photogrammetrie, München
Bayer. Hauptstaatsarchiv, München: S. 9, 10, 19, 39, 42, 73
Bayer. Hausbau, München: S. 219, 225, 226 (Prugger)
Bayer. Hypotheken- und Wechselbank, München: S. 223, 224, 228 l., 235
Bayer. Landesamt für Denkmalpflege, München: S. 112, 125, 134 o.
Bundesfinanzhof, München: S. 129
Deutsche Bauzeitung: S. 124 o., 127 o.
Evang. Luth. Dreieinigkeitskirchengemeinde, München: S. 163, 160–164
Evang. Luth. Nazareth Kirchengemeinde, München: S. 59, 211, 212
Gebele Schule, München: S. 149–152
Historische Topografie des Königreichs Bayern . . . v. C. Lebschée, München; 1930: S.13
Kath. Pfarrei Hl. Blut, München: S. 101 o., 152, 157–159
Kath. Pfarrei St. Rita, München: S. 230, 231
Kath. Pfarrei St. Johann von Capistran, München: S. 208–210
Landeshauptstadt München, Baureferat/Hochbau: S. 148, 207
Landeshauptstadt München, Planungsreferat: S. 142, 187, 215, 216 (Prugger), 217, 218, 221 (Stalf-Sesselmann), 233–234 (Schillinger)
Landeshauptstadt München, Liegenschaftsamt: S. 135
Münchner Bürgerliche Baukunst der Gegenwart: S. 115, 119, 122 r., 127 u., 130, 140 o.
Neue Heimat, München: S. 200, 202
Sammlung Ludwig, München: S. 131 u., 132, 133
Sammlung Weickmann, München: S. 30, 31, 32, 35, 40, 44, 49, 51, 52, 54–56, 77, 94, 95, 98 o.
Stadtarchiv München: S. 35, 53, 76, 81, 86, 90–93, 99 o., 111, 121, 128, 146, 155, 165, 166, 177 u., 178–183, 185, 186, 189, 192, 193, 195 u., 197–199, 203, 207 o. und Mitte, 213
Städt. Vermessungsamt, München: S. 14, 15
Togal Werke, München: S. 11, 102–105 o., 106–108, 171–174, 184
Universitäts-Sternwarte, München: S. 63, 64, 66, 67, 69, 71
Villa Franz von Stuck (Ostini): S. 121 u. r.
Wilhelm-Hausenstein-Gymnasium, München: S. 229

Privatbesitz: Andreas: S. 169; Karl: S. 98 u., 236; Klein: S. 110, 115 o., 116–118, 123, 124 u., 126, 131 o., 134 u., 138–140 u., 141, 190, 228 r.; Kuhn: S. 46, 97, 105 u., 190, 228; Lutz: S. 99 u., 101 u., 196; Model: S. 176, 177 o., 195 o.; Neumüller: S. 122 o. l.; Roth: S. 48, 100; Schiffler: S. 165 u.; Stöcklein: S. 137; Werdert: S. 136

GIESING

Vom Dorf zum Stadtteil

288 Seiten mit 236 Abbildungen, Pappband

Ein Führer durch die Geschichte und Gegenwart Giesings und Harlachings; es wird die historische Entwicklung der alten Siedlung Giesing in verschiedenen Beiträgen beschrieben und durch reichhaltiges Bildmaterial optisch ergänzt.

Der Schwerpunkt der Themen liegt dabei im 19. und 20. Jahrhundert, dem Zeitraum also, in dem Giesing seinen einschneidendsten strukturellen Wandel vom ehemaligen Dorf zum dichtbesiedelten Stadtteil Münchens erfuhr.

Hermann Wilhelm

HAIDHAUSEN

Münchner Vorstadt im Lauf der Zeit

224 Seiten mit 230 Abbildungen, Pappband

Ein umfangreicher Text- und Bilderbogen über insgesamt 8 Jahrhunderte, über die Entstehung des heutigen Stadtteils vom Straßendorf am Rande der großen Handelsstraße nach Wien (heutige Wienerstraße), über das Leben im Mittelalter und die Industrialisierung ins angehende 19. Jahrhundert bis hin zu den wichtigen politischen Ereignissen in der ersten Hälfte dieses Jahrhunderts berichtet das Buch.

Dorfberufe und Ziegeleiproduktion, Dreißigjährger Krieg und Adelsresidenzen, das Leben in den Herbergsvierteln, über die Entstehung der Großbrauereien am Rosenheimer Berg, Hitlerputsch und Widerstand gegen den Nationalsozialismus sind nur eine kleine Auswahl dieser umfangreichen Texte.